中国现代文学编年史（1895—1949）

总主编 刘勇 李怡

第二卷 1906—1915

本卷主编 林分份 黄育聪

文化艺术出版社
Culture and Art Publishing House

图书在版编目（CIP）数据

中国现代文学编年史. 第二卷/刘勇,李怡总主编. —北京：文化艺术出版社,2014.12
ISBN 978-7-5039-5553-2

Ⅰ.①中… Ⅱ.①刘… ②李… Ⅲ.①中国文学—现代文学史—1906~1915 Ⅳ.①I209.6

中国版本图书馆CIP数据核字（2014）第277247号

中国现代文学编年史·第二卷

总 主 编	刘 勇 李 怡
本卷主编	林分份 黄育聪
责任编辑	陈文璟 潘 艳
封面设计	姚雪媛
出版发行	文化艺术出版社
地　　址	北京市东城区东四八条52号　（100700）
网　　址	www.whyscbs.com
电子邮箱	whysbooks@263.net
电　　话	（010）84057666（总编室）84057667（办公室）
	（010）84057691—84057699（发行部）
传　　真	（010）84057660（总编室）84057670（办公室）
	（010）84057690（发行部）
经　　销	全国新华书店
印　　刷	国英印务有限公司
版　　次	2015年11月第1版
印　　次	2015年11月第1次印刷
印　　张	13.5
字　　数	220千字
开　　本	710毫米×1000毫米　1/16
书　　号	ISBN 978-7-5039-5553-2
定　　价	60.00元

版权所有，侵权必究。如有印装错误，随时调换。

本书编委会

总主编
刘勇 李怡

编委会成员
刘勇 李怡 邹红 钱振纲
沈庆利 黄开发 万安伦 陈晖
林分份 黄育聪 李春雨 张武军
胡福君 冉红音 宋媛 陈思广
黄菊 孙伟 张悦

本卷主编
林分份 黄育聪

本卷编撰人员（按姓氏笔画排列）
余明发 林分份 黄育聪 曹典

本卷主编简介

林分份 福建漳州人,文学博士。2001年、2004年在福建师范大学获得中国语言文学学士学位、中国现当代文学硕士学位,2008年在北京大学获得中国现当代文学博士学位。2008年8月起任教于北京师范大学文学院。在《文学评论》、《中国现代文学研究丛刊》、《当代作家评论》、《鲁迅研究月刊》等核心期刊上发表学术论文二十多篇。目前主要研究领域为五四文化史、现代小说诗学、周氏兄弟研究等。

黄育聪 福建平和人,文学博士。2003年、2006年在福建师范大学获得中国语言文学学士学位、中国现当代文学硕士学位,2013年在北京大学获得中国现当代文学博士学位。2006-2009年在福建社会科学院文学所工作,2013年8月起任教于福建师范大学文学院。曾参与多项国家、教育部课题,并发表学术论文多篇。目前主要研究领域为近现代京津文化史、晚清小说研究等。

总序：中国现代文学编年史的理论价值和实践意义

刘 勇 李 怡

奉献在读者诸君面前的这一套《中国现代文学编年史》，是北京师范大学中国现当代文学学科点牵头编撰的中国现当代文学系列编年史著之一，仅"现代"部分，组织编写的时间就历时五年之久，加之先前已经推出的《中国当代文学编年史》，总体时间更在八年以上，如今总算初具规模，可以说是大体完成了我们对于中国现当代文学历史的一种表述。

编年史，顾名思义也就是以时间为经、以事件为纬的历史记录方式。编年史的写作，中外并见，既是中国自己的一种传统，也是西方古典时代就存在的叙述方式，古罗马历史学家李维（Titus Livius，公元前59年—公元17年）的《罗马自建城以来的历史》、塔西佗（Tacitus，约公元55年—120年）的《编年史》和中国的《春秋》《左传》及《资治通鉴》等都属于著名的编年史经典。《春秋》被称作是中国现存最早的一部编年体史书，《左传》被誉为中国古代最早的一部叙事详尽的编年体史书，《资治通鉴》则是我国现存编年体史书中影响最大的一部。文学编年史的写作始于现代人的自觉探求,历史学家陈寅恪建议文学研究不妨借鉴"史家长编之所为","能尽取当时诸文人之作品,考定时间先后,空间离合,而总汇于一书"。① 这就是文学编年史。武汉大学陈文新教授任总主编的《中国文学编年史》由湖南人民出版社2006年出版,著述上至周秦,下迄当代,共分十八卷,每卷约80万字,总计1400万字,这是我国第一部系统完整、涵盖古今的编年史,其中於可训主持的现当代部分也是迄今最详尽的中国现当代文学编年通史。进入2013年,更有钱理群主编的《中国现代文学编年史》、刘福春的《中国新诗编年史》等面世,有学者据此而称是"又一次文学史写作的高潮到来了"。当然,是不是真的掀起"高潮"还可以继续观察,但是,中国学者试图以新"编年"方式入手发现文学的"新历史"则是毫无疑问的。

中国现当代文学编年史的出现首先是中国现当代文学在新时期以来持续不断的"重写"工程的有机组成部分。中国现当代文学史的写作,曾经分别在1950、1980、1990年代出现过三次大的高潮。1950年代是响应教育部将"中国新文学"纳入大学中文系课程的需要,以王瑶的《中国新文学史稿》、丁易的《中国现代文学史略》及刘绶松的《中国新文学史初稿》为代表;1980年代伴随着改革开放、思想启蒙的大潮,"重写文学史"蔚然成风,如果说唐弢、严家炎主编的《中国现代文学史》是承上启下的成果,那么钱理群、吴福辉、温儒敏、王超冰的《中国现代文

---

① 陈寅恪:《元白诗笺证稿》,上海古籍出版社1978年版,第9页。

学三十年》则是开拓创新的展示，其他如黄修己《中国现代文学发展史》、郭志刚等主编《中国现代文学史》、杨义《中国现代小说史》、严家炎《中国现代小说流派史》、朱寨《中国当代文学思潮史》等等构成了文学史写作的繁盛景观；1990年代文学史写作更加多元化，继续追踪文学研究动态的《中国现代文学三十年》修订版、陈思和主编《中国当代文学史教程》分别成为中国现代文学、中国当代文学史著的经典之作，洪子诚《中国当代文学史》则开启了关注文学生产体制的新格局。进入新世纪之后，文学史的写作基本上沿袭了1990年代的多元化方向，不断拓展新的叙述空间，范伯群的《中国现代通俗文学史》第一次系统勾勒了雅文学主流之外的通俗文学的世界，孟繁华、程光炜的《中国当代文学发展史》标志着当代文学历史化的最新成果。

中国现当代文学史之所以值得"拓展"乃是因为"以论代史"依然在很大的程度上影响了我们的文学史叙述。作为1980年代中后期以来"重写文学史"的潮流的继续表现，中国现当代文学编年史也和"重写文学史"思潮一样充满"拨乱反正"的意味，经过多少年"以论代史"的干扰，我们对于"文学"历史的诸多基本情况——作家作品与期刊图书出版的基本情况本身其实是相当隔膜的，仅仅是"论"的展示并不足以揭示文学的历史演进，不足以还原文学历史的真相，"编年史"的价值可能正在这里，它力求将文学的发展还原为一系列最基本的文学现象的素朴的呈现，尽可能真实地告诉我们究竟"发生了什么"。《中国新诗编年史》的著者刘福春先生曾经感慨说，目前出版的中国新诗史，算上全部有名目的诗歌出版物，也不到他所掌握的数量的一半，如此比例的研究基础，实在令人质疑不断。所以，从进入中国新诗研究的那一天开始，刘福春先生就另辟蹊径，将主要的精力置于中国新诗原始材料的搜集、整理和勘探、分析之中，先后为我们推出了《中国现代文学总书目·诗歌卷》、《中国当代新诗编年史（1966—1976）》、《中国新诗书刊总目》等系列著作，一步一个脚印地为我们积累了中国新诗历史的点滴史料，刚刚由人民文学出版社隆重推出的《中国新诗编年史》可以说就是这数十年心血的结晶，中国新诗终于有了自己厚重的档案和家谱，不能不说这真是中国现代文学界的一件大事。

当然，随着当代文学持续不断的发展，随着现代文学领域不时出现对"新文学主流"、"雅文学主流"、"白话文学主流"的"独占"历史的质疑，文学史写作似乎也出现了一种逾越边界或者说模糊边界与范围的可能，以致引发了另外一类疑虑：仅仅只有百年历史的中国现当代文学，是否应该不断扩大我们的写作面积？是不是以时间为线索的编年史写作就成了可以收罗一切文学现象的框架？

其实，正如我们从来也不曾有过放弃主观思想认识的历史叙述一样，文学史的写作从来都不可能是不偏不倚、客观中性的材料完善工作，因为材料本身就是一个永远无法真正完结的活动，何况对于同样的材料，如何挑选、如何陈述依然是一种"态度"的结果，史料与史识的协调配合才是文学史写作的应有之义。从这个意义上看，所谓"重写文学史"并不就是叙述范围的不断扩大——从新文学扩大到旧文学，从雅正文学扩大到通俗文学，从各种可见的"地上文学"扩大到犄角旮旯里的"地下文学"……编年史的出现也不能够简单理解为是这一"扩军"过程的理所当然的产物。

在我们看来，现代文学史的重写从来都是史识与史实的同时建构，对"以论代史"的突破最终依靠的并不只是一大堆的史料，同时也需要更坚实有力的、更具有启发意义的历史思想。在透过新的思想扩大我们的认知范畴之后，在新的认识框架拓展了文学视野之后，等待我们的工作恰恰是回过头来，切实把握中国现代文学的新的历史内涵与特点，重新确立现代文学的经典，重新梳理现代文学的历史逻辑，重新解释现代文学自己的传统。在新的历史经典的构建之中，所谓的"多元标准"并不意味着毫无原则地容纳一切，"多元"并不能够成为没有标准的理由。正如温儒敏先生所指出的那样："基本的价值标准放弃了，表面上似乎包容一切，结果呢，此亦一是非，彼亦一是非，公说公有理，婆说婆有理，连起码的学术对话也难于进行，只好自说自话。过去是一个声音太过单调，全都得按照某种既定的政治标准来研究，学术创造的通道被堵上了；现在则放开了，自由多了，但如果缺少基本的评判标准，'多元化'也只落下个众声喧哗，表面热闹，却无助于争鸣砥砺，还会淹没那些独特的学术发现。"[①]

[①] 温儒敏：《谈谈困扰现代文学研究的几个问题》，《文学评论》2007年第2期。

最近几年，出现在我们视野中的有价值的文学编年史都不是原始材料的无限罗列，其中显然包含了著者诸多深刻的学术思想与良苦的学术用心。中国新诗尤其是当代中国诗歌常常受制于各种"非艺术"的社会事件，包括政治生活事件，也包括私人生活事件，"以论代史"的诗歌史不过是将文学艺术注解为一系列国家形势的反映，而总是忽略这些国家大事背后的异样人生与复杂生态。刘福春敏锐地注意到了这种缺失，所以他的《中国新诗编年史》将大量的篇幅花在"文学周边"的一些事件或者活动上，比如某些文坛官司的来龙去脉，还有不少的作家日记，有张光年日记、陈白尘日记、郭小川日记等等，这些日记折射出当时诗人的生活状态和遭遇，这些表面看来好像跟诗人的创作没有关系——他哪天做检讨了、哪天被谈话了——但实际上这就是真实的中国诗歌的生存，我们就是在这样的状态中生存下来的。这都是今天诗歌的生态环境，是当代文化、当代文学非常重要的场景。在这个意义上，刘福春先生的编年史其实又可以说是中国诗歌的生态景观汇编，是中国诗歌的生态史。当我们的史家能够将诗歌发展的生态环境和作家的文字创作联系在一起，寻找两者之间的很好的映衬、说明，"还原"出我们诗歌发展百年来非常重要的细节时，这些细节带给我们的就不再是一些干枯的文字符号，而是以新的思想智慧烛照我们发现历史的道路，是以论者的思想高度吸引我们重新进入历史情境，感同身受地体验中国新诗的时代与氛围。这样的处理和安排，显然又是一般的文学史所不容易做到的。钱理群主编的《中国现代文学编年史》不仅仅以副标题的形式特别标明这并非一部泛泛的文学大事记,而是"以文学广告为中心"的相当个人化的历史叙述,在"总序"中,更有明确的思想提示:"更重要的是,全书条目的选择与叙述,都暗含着我们对现代文学发展的一些基本关系的持续关注,如文学与时代政治、社会、经济问题的关系,文学与出版、教育、学术……的发展,等等,都形成了我们的历史叙述中的内在线索,看似散漫无序、时断时续,但有心的读者是不难看出其间的蛛丝马迹的。""'个人文学生命史'应该是文学史的主体,某种程度上文学史就是由一个个具体的个人文学生命的故事连缀而成的。文学史就是讲故事,而且是带有个人生命体温的故事。"①

那么,文学编年史到底是什么呢?在我们看来,它应该是目前文学史研究最基本的文学发展史料的有机组织。与一般的文学史论著不同,它主要通过文献史料本身的整理铺排来展示历史的过程;与一般的史料汇编不同,其中依然包含着编著者对历史的理解和认识——虽然不是那种长篇大论的思想定义和概念阐述,但却应该包含着或者说提示着编著者对历史内在逻辑的理解。

这种理解归根结底就是对文学"谱系"的一种梳理和解读。

从文学史到编撰史,从学术史到接受史,从思潮史到编年史,中国现代文学研究不断拓展,寻找历史"谱系"的价值也愈发引人注目。所谓"谱系",就不是将历史看作乱七八糟的无序堆砌,

---

① 钱理群:《中国现代文学编年史总序》,载《中国现代文学编年史——以文学广告为中心(1915—1927)》,北京大学出版社2013年版,第3—5页。

而是承认在纵横交错、四方融汇、相互关联之中，有着清晰的某种变化发展的流脉，留意于这些事物之间的互动关系，立体地观照事物多层面的复杂关联，方能深刻地揭示事物自身的特质。

近年来，随着西方尼采、福柯的学说在中国大陆学界的深入研究，"谱系"这一概念开始广泛出现在各类人文社会学科的研究著作和论文当中，特别是对于西方"谱系学"理论的大量译介和运用，反映出人们打破以往将历史看成是一个既定的、有目的性、连续性的过程，期望在具体历史情境中去探索不同社会的冲突、博弈关系，重新解释历史的努力。根据福柯自身对于"谱系学"的解释，他所谓的谱系学就是要"将一切已经过去的事件都保持在它们特有的散布状态上；它将标示出那些偶然事件，那些微不足道的背离，或者，完全颠倒过来，标识那些错误、拙劣的评价以及糟糕的计算，而这一切曾经导致那些继续存在并对我们有价值的事情的诞生；它要发现，真理或存在并不位于我们所知和我们所是的根源，而是位于诸多偶然事件的外部"。[①] 以往的历史研究把历史看成是一个具有本质意义、连续性的东西，我们可以从中推演出历史的起源和发展脉络，但是"谱系学"则注重历史背后的断裂、差异和偶然性，反对一味地追问历史规律和逻辑性，关注世界中一些边缘存在和历史本身的丰富性。简而言之，福柯的"谱系学"是对于历史的一致性和规律性的反拨和拒斥。

---

① 【法】米歇尔·福柯：《尼采·谱系学·历史学》，苏力译，载汪民安、陈永国编《尼采的幽灵：西方后现代语境中的尼采》，社会科学文献出版社2001年版，第121页。

与西方的"谱系学"不同，中国自古以来就有着自己关于谱系的知识，并且已经在中国古代文学、史学、哲学的研究当中被广泛运用，体现了中国古代对于谱系的理解和对于世界的认知。根据汉语大词典出版社1993年版《汉语大词典》对于"谱系"一词的考察，中国对于谱系一共有三种解释：第一种解释是记述宗族世系或同类事物历代系统的书。《隋书·经籍志二》曾有"今录其见存者，以为谱系篇"。第二种是指家谱上的系统。明代归有光著《朱夫人郑氏六十寿序》，中间写道："至于今四百余年，谱系不绝"，清代顾炎武《同族兄存愉拜黄门公墓》诗云："才名留史传，谱系出先公"，章炳麟在《驳康有为论革命书》一文中："而文化语言，无大殊绝，《世本》谱系，犹在史官，一日自通于上国，则自复其故名，岂满洲之可与共论者乎？"。第三种解释则是指物种变化的系统。①

相较于现代西方福柯的那种强调发现历史的复杂性和差异性、解剖政治、分析权力的"谱系学"而言，中国的谱系研究更加注重历史性、秩序性、考据性，通常是为了加固传统礼教、秩序和价值观，突出某种伦常观念和文化理念，使其更好地延续传承，强调文化上的一致性和连续性。同样是以历史本身和其中的事物为对象，西方的谱系研究强调其中的断裂、差异性，中国的谱系研究则看重其中的联系性、关联性。这其实是对于认知的两种态度和方法，一方面，一般的"谱系"是指事物在历时的演变

---

① 《汉语大词典》，汉语大词典出版社1993年版。

过程或共时的相互关联中，同根同源、共生互养而又共同发展、相互影响的系统；另一方面，在这个系统的生成、发展过程中，又充斥着边缘性、偶然性、异质性的因素，这些因素同样决定了历史和事物系统最后的形成和形态，两种谱系的研究方法实质上都是一种对于还原历史的努力。

我们认为，抛开传统"谱系学"中那些僵化的礼教秩序和道统价值观，中国式的谱系学对于历史"变中有常"的认识依然具有明显的文学史建构价值：我们既要从传统的僵化理念中解放出来，不断发现新的历史细节，辨析各种矛盾与偶然，同时，这一切的努力并不意味着我们就此放弃对包含其中的历史性质与历史方向的寻觅。

变中有常的中国谱系学理念，在很大程度上可以成为我们文学编年史构建的基础理论。我们需要尊重历史过程的种种偶然、种种"变量"，需要对这些变化的细节做出尽可能详尽的梳理，同时，处理这些历史材料的方式又不应当是漫不经心的，对于晚清至20世纪的文学发展，我们显然存在自己的理解和观察，我们有必要通过对历史材料的呈现来传达我们的基本认识。当然，这样一来，我们也就绝不会认为，中国现代文学的历史编年，只能以我们的方式进行，因为，出于不同的历史认知，当然也就存在不同的历史编年模式，未来的中国现当代文学编年，肯定会在多种形态的共生与对话中走向成熟，共同推进中国现当代文学研究的发展。

北京师范大学中国现当代文学学科创建于新中国建立之初，

至今已历时半个多世纪,如果追踪本学科重要学者李何林先生的学术活动,更可以上溯到上世纪30年代。新中国建立后,我校叶丁易先生的《中国现代文学史略》与王瑶先生的《中国新文学史稿》、刘绶松先生的《中国新文学史初稿》并称为三部最有影响的新文学史教材;同时,随着新中国文学的发展,我们又适时展开了追踪研究,是国内最早开设当代文学课程的单位之一,1979年由郭志刚教授等主编的《中国当代文学初稿》在国内产生了很大影响。从叶丁易到郭志刚,我们参与了中国现当代文学史写作的两个主要阶段,至1990年代以降,以王富仁教授为代表的学者更积极地投入到"重写文学史"的理论建构之中,并不断有文学史著问世。今天,我们学科点组编的《中国当代文学编年史》已经出版,《中国现代文学编年史》马上就要付印,这可以说代表了新一代学科同仁对于中国现当代文学历史研究的新的努力和开拓,虽然我们的这些努力还显得稚嫩、笨拙,这样规模的编年史著也难免疏漏多多,但究竟是在我们理解的学科发展的方向上迈出了有意义的一步。但愿我们所有的努力和所有的疏漏一起都能够成为中国现当代文学史研究的新的基础,在不断的借鉴和不断的反省批判中实现新的学术突破。

本套《中国现代文学编年史》丛书共11卷,历述自晚清1895年1月至新中国第一次文代会召开前夕的1949年6月半个世纪的文学历史。内容包括文学发展的社会历史背景、主要作家行踪、文学活动、文学思潮、文学出版、主要文学作品的基本情况,书后附录整个编年史涉及的主要人物索引,便于读者进一步查证,也列出了我们著述所使用的主要参考文献，有兴趣的读者可以就此进一步拓展、探究。担任各卷主编的主要是北京师范大学中国现当代文学学科点的老师，鉴于1942年以后战争年代中国文学发展特殊的地域性，为了更准确地把握中国现代文学的这种时代特征，我们特别约请了重庆与四川从事现代文学研究的两位学者加盟。在本书完成的过程中，还有许多博士和硕士研究生同学积极参与其间，在查阅资料方面，他们付出了大量的心血。经过四年多的精诚努力，如今总算定稿完成，作为主编，我们要深深感谢所有这些学科点同事、学界同仁以及各位同学的辛勤付出，在当今，为这样一个浩大而又并不一定讨好的"集体工程"而孜孜工作，需要多么难能可贵的奉献精神！在本丛书出版之际，我们要向这些令人尊敬的学者致以诚挚的谢意！

2015年盛夏于北京师范大学

本卷导言：清末民初的文学

胡福君　林分份

五四文学革命之前，清末民初中国文学的变革主要表现在以西方近代文学范型为参照，不断粉碎传统的旧文学体系和引进、吸收西方文学观念与文学思潮，建立新型的文学形态两个方面。对旧文学的不满与批判，正是孕育新质的开始。维新派矫枉过正式的激愤之辞，很快便为理性的思考所取代。他们发现，彻底抛弃与摆脱母体文化和文学，是决计不可能的，唯一的出路在于打破封闭、僵化的传统文学体系，在于输入新的能量与物质，使其焕发新的活力，产生新的机制。有鉴于此，维新求变的思想家们开始了各种尝试。

严复、夏曾佑1897年在《国闻报》创刊号上合作发表《本馆附印说部缘起》，首次把进化论与人性的理论引入文学研究。文章把人和人性看作是人类文明进化的产物，而人性的共同点在于"崇拜英雄"、"系情男女"。中国古典的说部、戏曲之所以经久不衰，为人所喜爱的程度远远超出圣贤经传及一般史书，关键在于它反映了"英雄"、"男女"这些普遍的人性，这便为小说、戏曲的登堂入室找到了理论支点。谭嗣同、夏曾佑试图向旧体诗发动冲击，他们袭用格律诗的形式，撷取佛教与基督教经典中的典故，掺杂以科学术语及外国语译音，写出诸如"纲伦惨似喀私德，法会盛于巴力门"一类"挦扯新名词以表自异"的新派诗。梁启超以中西兼采、平易畅达、"笔锋常带感情"的"新文体"鼓吹变法维新，其文赢得"一纸风行，海内观听为之一耸"的赞誉，使一切古文派相形见绌。

戊戌变法失败后，维新思想家把政治热情转移到以新民为核心的思想启蒙运动中来，文学因其具有左右人心之"不可思议之力"，而被认作是新民救国的最好途径。作为整个新民救国运动领袖人物的梁启超，相继打出诗界革命、文界革命、小说戏曲界革命的旗帜。梁启超为诸种文体革命所设置的目标，很大程度上以西欧、日本资产阶级近代文学的范型为依据，充分表现出维新派对西方资产阶级上升时期进取风貌的热切追慕。与此同时，梁启超还为国人编造了许多有关域外文学救国的神话。这种"求新声于异邦"和"托外改制"的手段，有力地推动了文学改良运动的发展，并促进了域外文学的介绍与引进。

这一时期，虽然旧的文学形态与守旧的文学流派并未销声匿迹，但新的文学风气与充满新思想的文学作品，已经逐渐成为文坛的主导潮流。一向不登大雅之堂的小说，因其向民众启蒙最为得力，被推为文学的最上乘，占据了中心地位。在接踵而来的各种文学改良与革新运动中，新小说、新传奇杂剧、新文体散文、谴责小说等等新的文学类型，占据了文坛的主流。新式话剧也诞生了，就连旧的地方戏京剧也有了时装新剧的种类。而伴随散文的通俗化运动，白话文也开始被自觉采用，并形成相当大的声势。以启蒙、新民为目的的晚清白话文运动明确提出"崇白话而废文言"的口号，康有为、梁启超、章太炎、秋瑾、柳亚子、李伯元、吴趼人、苏曼殊等成为这一时期的代表作家。文学各个方面都呈现出新的面貌，预示着一个新时期的到来。

为适应资产阶级维新、启蒙的需要，在19世纪末20世纪初，白话报刊陆续出现。从章伯和、章仲和兄弟主办的《演义白话报》，到陈独秀主编的《安徽俗话报》、胡适等人主编的《竞业旬报》，清末白话报刊的发展势头可谓迅猛。蔡乐苏曾著《清末民初的一百七十余种白话报刊》一文，可见数量之多。此一时期白话文的提倡和白话报刊的繁荣，为后来的五四白话文运动打下了重要的基础。然而，在一个相当长的时期内，对文字通俗变革的鼓吹，都是从政治宣传的角度来认识的，并没有考虑白话本身的美学价值，这也是文体改革基本囿于散文领域的根本原因。在韵文范围内，只有为了进行通俗教育而撰写的歌词，因与散文变革的目的相同，有明显的通俗化表现。在传统的诗歌领域，则基本还是旧体式。提倡"言文合一"的黄遵宪的诗歌仍然是文言旧体，而且用典甚多，其诗歌美学观并没有发生根本的变化。提倡诗界革命的梁启超，也还高举"以旧风格含新意境"的旗帜，明确主张旧瓶装新酒，显然还在传统诗歌审美趣味的左右之下。资产阶级革命文学团体南社的诗歌，表现了民主革命的新思想，但体式格调仍与旧体无异。可是，在与思想启蒙关系密切的散文领域,梁启超则带头创造了更适宜自由表现新思想与更适应广大读者接受的"新文体","平易畅达,时杂以俚语韵语及外国语法,纵笔所至不检束"①,实际上是报章文体的进一步发展。

在由文言向白话转化的历史性变革中,梁启超从文学进化的观点谈了其必然性,这是一个明显的进步。他说:"文学之进化有一大关键,即由古语之文学,变为俗语之文学是也。各国文学史之开展,靡不循此轨道。"②虽然看到文学语言和文体的变革是一种必然趋势,但由于传统文学观念、审美习惯的作用,其创作实践仍然呈现出艰难复杂的状态。为了向民众进行思想启蒙,梁启超很强调文学语言的通俗,但涉及到文学的美学价值,却又不免踌躇起来。为此,他将文章分为"传世之文"与"觉世之文",并对之提出不同的要求:"传世之文,或务渊懿古茂,或务沉博绝丽,或务瑰奇奥诡,无之不可;觉世之文,则辞达而已矣。当以条理细备、词笔锐达为上,不必求工也。"③"传世之文"追求美学价值,"觉世之文"则不追求美学价值,清楚地反映了清末维新派的这种思想状态。事实上,此一时期的思想家、文学家中,不少人难以摆脱对古雅美的恋旧情结,抱着古语文学不肯放,甚至思想很新而文体却极其守旧。严复是传播西方资产阶级主要思潮最为得力的人物之一,他的政论文《救亡决论》《原强》等,笔锋之尖锐,思想之激进,都可谓深具近代性质,但他却是坚持古文最力的一员。翻译了大量西方小说的林纾,更是顽固地坚守古文堡垒。即算是思想方面同西方更为接近的鲁迅、周作人兄弟,在他们翻译、介绍西方文学的《域外小说集》中,所用的仍然是佶屈聱牙、令人费解的古文。因此,近代作家、学者们从美学意义上对白话进行自觉的肯定和推崇,则是到五四新文化运动时期的事了。

经由晚清以来作家、学者们的种种努力,传统文学的根基被动摇了。与此同时,新的文学形态、文学表现形式乃至新的语体文纷纭呈现。如此空前未有的喧嚣与骚动,绵延到民初,最终酝酿成五四文学革命的大潮。在此过程中,中国的文学

---

① 梁启超:《清代学术概论》,上海古籍出版社1998年版,第85页。
② 饮冰等:《小说丛话》,陈平原、夏晓虹编《二十世纪中国小说理论资料》(第1卷,1897—1916),北京大学出版社1989年版,第65页。
③ 梁启超:《湖南时务学堂学约》,周岚、常弘编《饮冰室书话》,时代文艺出版社1998年版,第485页。

乃至文化产生了诸多方面的内在新变：

文学重在表现人之情感的观念被普遍接受。严复、夏曾佑以表现人类共性的多寡和方式评判小说、戏曲与经史贤传，梁启超以"薰、浸、刺、提"来概括小说支配人道的力量，都是以情感作为其立论支点的。稍后，系统地接受了康德、叔本华、席勒美学思想的王国维，对情感说的认同则表述得更为明确："若夫知识道理之不能表以议论，而但可表以情感者，与夫不能求诸实地，而但可求诸想象者，此则文学之所有事也。"① 这种对文学特质的认识，已接近西方近代关于文学的理念，一定程度上完成了对中国传统的杂文学体系的超越。鲁迅、周作人兄弟留日时期的文学观念，虽曾受维新派的影响，但也都超越了维新派。他们对文学的认识，已不再像梁启超那样视文学为宣传新思想的工具，或者把文学作用夸大到不符合实际的地步，而是在明白文学具有社会效用的同时，也认识到其"涵养人之神思"、"不用之用"② 的一面。

文学进化的观念被相当一部分人接受。求奇创新，不依傍古人渐成为新的文学风尚。同时，以进化的观点看待中外文学史的递进，古语之文学变为俗语之文学被看作是历史发展的必然。王国维在民国二年（1913）完成的《宋元戏曲史》一书中认为："凡一代有一代之文学，楚之骚，汉之赋，六代之骈语，唐之诗，宋之词，元之曲，皆所谓一代之文学，而后世莫能继焉者也。"③ 而到了民国六年（1917），胡适更从进化论的角度对此作了进一步的发挥："文学者，随时代而变迁者也。一时代有一时代之文学。周秦有周秦之文学，汉魏有汉魏之文学，唐宋元明有唐宋元明之文学。此非吾一人之私言，乃文明进化之公理也。"④

小说戏曲被引进文学的殿堂。小说被推为文学之最上乘，改变了诗文被视为正宗，而小说戏曲往往不被人看重的传统文学观念。随着小说地位的提高，各种小说刊物与新小说如雨后春笋，令人目不暇接。政治问题小说、社会谴责小说、言情小说、科幻小说等，品种繁富形式多样，给文学界带来异常喧闹的热烈气氛。

---

① 王国维：《〈国学丛刊〉序》，姚淦铭、王燕编《王国维文集》第4卷，中国文史出版社1997年版，第366页。
② 令飞（鲁迅）：《摩罗诗力说》，《河南》第2—3号，1908年2—3月。
③ 王国维：《〈宋元戏曲史〉序》，《东方杂志》第9卷第10期，1913年4月。
④ 胡适：《文学改良刍议》，《新青年》第2卷第5期，1917年1月。

小说堂而皇之地成为20世纪中国文学中的巨大家族,而观念的转变,却是从这里开始的。

现代悲剧意识的萌生。在戏剧界革命的讨论中,蒋观云以西方为参照,指出我国戏剧界的最大缺憾,在于缺乏震撼人心的悲剧,因而热情呼唤"陶写英雄之力"的悲剧在中国早日出现,以传达民族蒙难时期悲壮的美感与崇高感。这种对英雄悲剧的呼唤与时代的牺牲、尚武精神取得了完美的和谐。几乎与蒋观云同时,王国维在《红楼梦评论》中,也吸收运用了西方悲剧观念。但他较多地接受了叔本华哲学思想中的悲观主义成分,用生活、欲求、痛苦无限循环的观点来看待人生和描写人生悲剧的作品,更赞赏悲凉的美感。他们对悲剧的召唤和对悲剧意识的阐发,无疑开启了现代悲剧意识的先河。

创作方法的区分。梁启超在《小说与群治之关系》中,把小说分为表现理想与反映现实两种。表现理想的称之为理想派小说,反映现实的称之为写实派小说,表明在这一时期中国文学家对艺术地把握世界的不同方式——创作方法的区分有了初步的认识。而五四时期创造社所代表的浪漫主义创作倾向与文学研究会所代表的现实主义创作倾向的双峰并峙,则是这种认识的进一步深化并走向创作自觉的体现。

文学批评的更新与学术视野的开阔。在这一时期的文学批评中,中国传统评点式的文学批评方式虽仍被沿用,但批评的原则与方法却有了更新的趋势。王国维《红楼梦评论》第一次尝试运用西方哲学、美学的观点和方法研究中国文学作品,建立了一个严谨缜密的批评体系。更为重要的是,该文突破了传统诗歌、散文为正宗的研究传统,按照西洋的文学观念,将小说作为学术研究的对象,这是中国文学研究与世界学术接轨的重要一步。此后,王国维又在《宋元戏曲史》中将"戏剧"、"戏曲"作为研究对象,无疑是新的文学观念与学术视野进一步开阔的体现。而五四时期鲁迅对中国小说史的相关研究、胡适的《红楼梦》、《水浒传》考证等,则是学界在文学观念、研究范式转换之后所取得的代表性成果。

翻译文学的独立和自觉。埃兹拉·庞德说:"一个伟大的文学时代必定也是一个伟大的翻译时代。"翻译文学作为一种新的文学发展过程中必不可少的养料成分,被清末民初的文化人置于非常突出的位置。严复、林纾、包天笑、伍光健、吴梼等对西方学术、文学的翻译,不仅滋润了"五四"一代,而且引领了20世纪翻译文学的高潮。据施蛰存对1890年到1990年的文学翻译所做的统计，认为："从1890年到1919年这三十年，是迄今为止，介绍外国文学最盛的时期"，其间翻译小说是创作的两倍；从1918年到1950年又是30年，其间外国文学的译本"反而少于前一个三十年"；从1950年到1990年又是四十年，"外国文学……出版数字恐怕更少"。①

"立人"意识与个体精神的确立。近代以来文学与文化的变更，集中在对国民意识的重铸上。晚清一代的思想家、文学家没有也不可能充分意识到，中国传统文化中群体与个体的冲突，以及这一冲突必然会因为中西文化冲突交汇而变得日趋激烈、难以调和。因此，在重铸国民意识的同时，忽略了个体意识的确立与人的本体存在问题。而"五四"一代的文学家，自他们的青年时代起，便纷纷把重心转移到这一问题上。鲁迅从"立业"到"立人"的转变，以及他在《摩罗诗力说》《文化偏至论》中所呼唤的正是"独立自由人道"与"掊物质而张灵明,任个人而排众数"的个体精神。这不仅是文化意识的变革，也是哲学主体意识的变革。这种具有强烈自我意识的"立人"精神，至五四时期，终于演化为"人的文学"和对传统（包括晚清鸳鸯蝴蝶派等）非人文学的彻底批判与否定。

从以上所列举的几个方面看，我们不难得出结论：清末民初的文学，实乃中国文学发展的重要阶段，正是其文学与文化的不断新变，引领了后来五四文学革命的爆发，也直接启蒙了现代文学的发生。而在清末民初时期成长起来的一批作家、学者，不仅得益于彼时文学革新成果的润泽，而且亲与时代的变革，不懈探索，最终成为五四文学革命的中坚力量。因此，《中国现代文学编年史》的"清末民初的文学"部分，我们重点关注的内容主要有四类：一、重要作家、学者的相关文学、文化和社会活动；二、重要作品的刊发、出版及演出等；三、在文学史上具有重要影响的报刊杂志、文学社团的创办和发展；四、对文学史产生重要影响的相关政治、文化事件和社会思潮。总之，这一部分力求通过对这几个方面的爬梳、扫描，以期书写中国现代文学"前史"的大事记，由此展示中国现代文学从古代文学、近代文学中脱胎、成长的历史演变线索。

---

① 施蛰存：《西学东渐与外国文学的输入》，《中国文化》1991年第5期。

目 录

1906年
一月	1
二月	1
三月	3
四月	5
五月	6
六月	8
七月	9
八月	10
九月	11
十月	13
十一月	14
十二月	16
本年	17

1908年
一月	38
二月	39
三月	42
四月	43
五月	45
六月	46
七月	47
八月	48
九月	50
十月	50
十一月	51
十二月	52
本年	53

1910年
一月	71
二月	73
三月	74
四月	76
五月	77
六月	78
七月	79
八月	80
九月	82
十月	83
十一月	84
十二月	85
本年	85

1907年
一月	20
二月	21
三月	22
四月	25
五月	26
六月	27
七月	28
八月	31
九月	32
十月	33
十一月	34
十二月	35
本年	36

1909年
一月	55
二月	56
三月	57
四月	58
五月	59
六月	60
七月	61
八月	63
九月	64
十月	65
十一月	66
十二月	68
本年	69

1911年
一月	88
二月	89
三月	91
四月	93
五月	95
六月	96
七月	99
八月	100
九月	103
十月	103
十一月	104
十二月	106
本年	107

1912年

一月	108
二月	110
三月	112
四月	113
五月	114
六月	116
七月	117
八月	118
九月	119
十月	121
十一月	123
十二月	124
本年	125

1913年

一月	127
二月	128
三月	129
四月	131
五月	132
六月	134
七月	135
八月	136
九月	137
十月	139
十一月	141
十二月	142
本年	143

1914年

一月	145
二月	146
三月	148
四月	148
五月	150
六月	151
七月	153
八月	155
九月	157
十月	158
十一月	158
十二月	160
本年	161

1915年

一月	163
二月	164
三月	166
四月	167
五月	168
六月	170
七月	170
八月	171
本年	173

1906年

一月

6日,《教育杂志》在天津创办。同年4月24日改为《直隶教育杂志》,1909年又改名《直隶教育官报》。由直隶学务处(后改名为直隶学务公所)编辑发行,总理杨士骧、严修。每年约出二十期,内容有诏令、章奏、论说、文牍、报告、学制、学术、时闻、杂录。该刊注意介绍西方的教育法和学术成就,主张教育救国,逐步实施义务教育,抨击官办教育落后和腐败;对各级教育及教育理论均有许多论述。1911年停刊,共出一百三十七期。

17日,出使日本大臣杨枢上奏《出使日本国大臣杨枢密陈学生在东情形折》。谓东洋留学生已多至八千余人,留学生中或因看重留学的名气;或因到东洋较近,可免路途辛苦;或因挟利禄功名之见,务为苟且,取一知半解之学而去,无补文明。所以"拟请饬下学部,严定选派学生出洋留学章程"。

二月

8日,汪优游公演《江西教案》《捉拿安德海》等文明戏。

汪优游(1888—1937),戏剧家。原名效曾,字仲贤。安徽婺源人(现江西婺源)。早年求学于南京江南水师学堂,毕业后参加文明戏演出。1905年组织中国最早的业余戏剧团体文友会、开明演剧会,1908年6月与任天知、朱双云等人组织一社,在上海天仙茶园演出。"五四"时期受新文化运动影响,积极从事现代戏剧创作与演出。1921年与沈雁冰、欧阳予倩、陈大悲等人组织民众戏剧社,并创办《戏剧》月刊,宣传爱美剧。1922年与谷剑尘、应云卫等人在上海组织戏剧协社,从事话剧演出。曾任《戏剧》月刊、上海《时事新报》编辑。著有剧本《好儿子》《球大王》、《角先生》,自传《我的俳优生活》,评论集《优游室剧谈》等,对我国早期话剧运动的发展有所贡献。

18日,小说《侠黑奴》开始在《东方杂志》第3卷第1期连载,至第3期(1906年4月18日)结束,署"〔日〕尾崎红叶著,吴梼译演"。

同日,小说《灯台卒》在《绣像小说》第68期刊出,至第69期(1906年2月23日)结束。题"星科伊梯撰,〔日〕抱一庵主人译,吴梼重演"。星科伊梯即波兰作家显克维支。

吴梼(1880?—1925),翻译家。字丹初,号宣中。浙江钱塘(今杭州)人。曾经留学日本,精通日语,并曾任历史教员。他的小说翻译主要是通过日文转译,阿英谓其"选本虽亦有所失,然其在文学方面修养,却相当的高"。译有〔俄〕莱门忒甫(莱蒙托夫)的《银钮碑》(即《当代英雄》中的《贝拉》)、〔英〕勃来雪克的《车中毒针》、〔俄〕契诃夫《黑衣教士》,以及《卖国奴》《美人烟草》《薄命花》《寒桃记》《寒牡丹》《侠黑奴》《五里雾》《侠女郎》等十九种,均由商务印书馆刊行。此外,译有〔波〕显克微支的《灯台卒》、〔美〕马克吐温的《山家奇遇》,以及《理想美人》《斥候美谈》等短篇,刊登在《东方杂志》《绣像小说》上。吴梼的译作每篇都明确标出作者和国籍、转译者及国籍,以直译为主,很少有删节。

本月,中国公学在上海虹口创办。中国留日学生因反对《清国人ヲ入学シムル公私立学校ニ关スル规程》(《关于准许清国学生入学之公私立学校之规程》,即当时译为《清国留学生取缔规则》),东京八千余名留学生罢课抗议,其中一部分退学回国。留学生姚宏业、孙镜清等在上海"谋自建学,以免邻辱",招收返抵上海的留日学生。4月10正式开学,共招学生318人。除中学外,学校还设高等班、普通班、师范班、理化班等。郑孝胥任校长,姚宏业、李博沙、王抟沙实际负责校务。教员有马君武、陈伯平、马相伯,并聘有日、英、法、德籍教员。1917年停办。1919年恢复,设商科及中学,由王家襄任校长。1932年毁于日军炮火。次年租赁临时校舍复学,由熊春武出任校长。后由国民政府教育部下令停办。

本月,《北洋学报》在天津创刊。由北洋官局主办,杨毓辉、唐宝谔等主撰。

系 1904 年的《北洋官报》改名而成，并设为五日刊，期数另起，故以此为创刊号。以"立宪"、"治兵"、"重格致新学"、"兴女学"为方针，设甲编文学、丁编质学、丙编科学丛录，泛登社会、自然科学论著。发行四十六期后停刊。

本月，黄小配的小说《洪秀全演义》(又名《绣像太平天国演义》、《洪秀全》)由香港《中国日报》社出版，单行本，五十四回，署"番禺黄小配撰"。首发于《有所谓报》附页连载，刊至第二十九回，《有所谓报》停刊，改由《少年报》附页从第三十回起续刊。载至第五十四回，《少年报》停刊，书未完。单行本首章有章太炎(炳麟)丙午九月序言。

黄小配(1872—1912)，小说家、报人。又名世仲，别号禺山世次郎，笔名有黄帝嫡裔、世界第一人等。广东番禺人。曾在广东、香港办报，如《少年报》、《中外小说林》(香港)等。所著小说有《洪秀全演义》、《廿载繁华梦》、《宦海升沉录》(一名《袁世凯》)、《大马扁》、《陈开演义》、《岑仲煊》、《五日风声》等。作品暴露晚清政治黑暗，同情太平天国革命，当时曾广泛流传。

本月出版的创作小说还有：《扫荡粤逆演义》(一名《湘军平逆传》)，上海书局刊行，四卷八回石印本，署"勾章醴泉居士著，侄崇熙摹，男崇猷撰，甥礼焉校"，书首有王鸣藻序，序署"光绪己亥季夏，西庄王鸣藻撰于海上咏梅轩"；《赠履奇情传》，上海书局刊行，四卷二十回石印本，原书不提撰人，内封题"绣像赠履奇情传"，下署"光绪丙午孟春上海书局石印"，有序，尾署"爱腊花居士作于海上之鸿雪轩"。

三月

6 日，鲁迅(周树人)决定退学。清驻日公使馆留学生监督李宝巽向仙台医专校长山形仲艺发关于周树人申请退学公函。本月 15 日仙台医专批准退学。退学起因于该年 1 月 8 日中川爱咲开设的细菌学，在讲授一段落时，教师放日俄战争幻灯片。幻灯片上麻木的中国人与周围欢呼的日本人使鲁迅受到很大刺激。《〈呐喊〉自序》说："我便觉得医学并非一件紧要事，凡是愚弱的国民，即使体格如何健全，如何茁壮，也只能做毫无意义的示众的材料和看客，病死多少是不必以为不幸的。所以我们的第一要著，是在改变他们的精神，而善于改变精神的是，我那时以为当然要推文艺,于是想提倡文艺运动了。"

12日,我佛山人(吴趼人)撰《二十年目睹之怪现状》由上海广智书局出版分册的单行本。该小说最初连载于1903年至1906年的《新小说》杂志;广智书局首出版单行本甲卷(一至十五回);4月29日出乙卷;11月8日出丙卷;12月17日出丁卷,至1911年出齐八册,共一百〇八回。

《二十年目睹之怪现状》全书以主人公"九死一生"的经历为主线。从他为父奔丧开始,至其经商失败终止,通过他二十年间的遭遇和见闻,记录了二百来件"怪现状",勾勒出充斥着"蛇鼠"、"豺虎"、"魑魅"的世界。小说结构"举定一人为主,如千军万马,均归一人操纵","遂成一团结之局","且开卷时几个重要人物,于篇终时皆一一回顾到,首尾联络",较同类小说更为注意结构安排。但谴责过多,鲁迅《中国小说史略》评价说:"惜描写失之张皇,时或伤于溢恶,言违真实,则感人之力顿微,终不过连篇'话柄',仅足供闲散者谈笑之资而已。"

13日,学部电告各省,传达《通行各省选送游学限制办法电》,规定"学长期者,除习浅近工艺,仅须预备语言,于学科无庸求备外,凡欲入高等以上学校及各专门学校者,必有中学堂以上毕业之程度,且通习彼国语文,方为及格。有一不足,应先在本国补习"。

14日,《法政杂志》月刊在日本东京创刊。由日本东京法政杂志社事务所创办,蔡承煐、林鹍翔发行,张一鹏、林鹍翔编辑。宗旨为"备当局者着手之方针","饷普通人民以法政之知识"。该刊以翻译日本法政书籍、报刊为主,讨论纂述为辅。它分论丛、译汇、讲演、法令以及法政琐闻和时事录要等栏目。仅出六期,同年九月停刊,由天津北洋官报总局接办,更名《北洋法政学报》,改为旬刊,1910年12月出至第156期又易名《北洋政学旬报》,1911年停刊。

25日,小说《理想美人》在《绣像小说》第71期刊出,至72期(1906年4月8日)完,题"葛维士著,[日]文学士中内蝶二译,钱塘吴梼重演"。

27日,中国公学干事姚宏业因经费不济,加筹款困难,愤而投黄浦江而自杀身亡。29日,中国公学同人在上海新马路顾园召开姚宏业、陈天华两烈士追悼会。由学校内务总干事主持,黄兆祥报告烈士生平,王敬吾宣读遗书。姚宏业在《遗书》里写道:"我之死,为中国公学死,即不啻为我全国四万万同胞死也","我生即无可补,我即死,亦不足惜。我愿我死之后,君等勿念我,但念我中国公学"。他的死造成巨大社会影响，震动上海各界，为中国公学争取来生存与发展的希望。

本月，小说《活地狱》四十回至四十二回在《绣像小说》第70期刊出。按此作原署"南亭亭长（李伯元）著"，《绣像小说》第1—69期（1903年5月29日—1906年2月23日）；后李伯元因病转而由吴趼人续撰，署"茧叟"，《绣像小说》第70—71期，（1906年3月9日—3月25日），第72期署"茂苑惜秋生"（欧阳钜源）。《活地狱》描写了晚清中国山西、江苏、安徽、湖南、浙江、山东、陕西、直隶等省的十二个州、县衙门，通过十五个典型案例揭露了衙门、监狱的残酷和暴虐。作者通过这些故事，揭露了官僚腐败、政治昏聩及由此而造成的衙役横行，乡霸强权、监狱生活极其黑暗，描绘出了"活地狱"的景象。该小说是晚清小说里较为少见的专门暴露衙狱的小说。

本月，长篇小说《新孽镜》由科学会社刊行，十二回，署"南支那老骥"（马仰禹）。

四月

3日，小说集《中国侦探案》由上海广智书局刊，署"南海吴趼人述"，内含小说三十四则。

7日，李伯元（1867—1906）去世，享年40岁。《绣像小说》因而停刊，共出七十二期。

13日，《地心旅行》（一名《地球遂》）署"［英］佚名著，上海知新主人周桂笙译述"，上海广智书局刊。

22日，鲁迅所译《地底旅行》单行本出版，上海启新书局发行。署"［英］威男著，之江索子译"。《地底旅行》是法国作家凡尔纳1864年创作的科幻小说《地心游记》，鲁迅根据日人三木爱华、高须墨浦合译的《拍案惊奇：地底旅行》转译而来。鲁迅此前还译过《月界旅行》。在《〈月界旅行〉辨言》里他说明翻译科幻小说的原因："盖胪陈科学，常人厌之，阅不终篇，辄欲睡去，强人所难，势必然矣。惟假小说之能力，被优孟之衣冠，则虽析理谭玄，亦能浸淫脑筋，不生厌倦……故掇取学理，去庄而谐，使读者触目会心，不劳思索，则必能于不知不觉间，获一斑之智识，破遗传之迷信，改良思想，补助文明，势力之伟，有如此者！"

23日，《陈天华绝命书（附事略）》在《广益丛报》第103号刊出。

24 日,《潮声》半月刊本月在汕头创刊。由乙符、伟侯等编辑。以方言潮语撰著,宣传新学。停刊时间未详。第 1—16 期(1906 年 4 月 24 日—11 月 30 日),曾连载小说《南宋亡国恨》,作者署"惠"。

本月,《民报》以号外形式刊出《民报与新民丛报辨驳之纲领》,列举双方在十二个的根本分歧,表示将"自第四期以下,分类辨驳,期与我国民解决此大问题",向《新民丛报》正式宣战,拉开一场空前规模的两派报刊间的论战。

本月,王国维刊行《人间词甲稿》。赵万里《王静安先生年谱》:"三月,集此二年间所填词刊之,署曰《人间词甲稿》。盖先生词中'人间'二字数见,遂以名之。"在《〈人间词甲稿〉序》里王国维说:"夫自南宋以后,斯道之不振久也。元、明及国初诸老,非无警句也,然不免乎局促者,气困于雕琢也。嘉道以后之词,非不谐美也,然无救于浅薄者,意竭于摹拟也。君之于词,于五代喜李后主、冯正中,于北宋喜永叔、子瞻、少游、美成,于南宋除稼轩、白石外,所嗜盖鲜也。尤痛诋梦窗、玉田,谓梦窗砌字,玉田垒句,一雕琢,一敷衍,其病不同,而同归于浅薄。六百年来词之不振,实自此始。"这些对词的看法与实践,逐渐发展出《人间词乙稿》的"境界"说及此后《人间词话》的"意境"概念。

本月出版的创作小说有:《绣球缘》石印本,书首序署"光绪三十一年三月小楼氏书并撰",书内封题"绘图巧冤家",由洋左书局出版。出版的翻译小说有:《情海劫》上册,署"任墨缘译,小说林总编译所编辑",由小说林社出版,下册于本年八月出版;《白巾人》二卷,署"[英]歇复克著,商务印书馆编译所译",由商务印书馆出版,1914 年再版。

本月,陈春生的戏剧《东方伊朔》由上海美华书馆出版,署"陈春生演话"。

五月

4 日,鲁迅与顾琅合著的《中国矿产志》由上海普及书局出版发行,书中附有《中国矿产全图》。署名"顾琅、周树人合编"。后来收入《鲁迅全集补遗续编》。马良作序,称此书"罗列全国矿产之所在,注之以图,陈之以说,我国民深悉国产之所有,以为后日开采之计,不致加藏货宝为他人所攘夺,用心至深,积虑至切","深有裨于祖国"。书首有《例言》,后附《中国矿产志》广告、《中国矿产全图广告》。因全书分述全国地产状况及矿产分布的情况,出版之后,受到广大读者的欢迎,年底又增订再版。清政府农工商部认为此书对中国地质源流言之甚详,绘图精审,通饬各省矿物商务界购阅;学部则批准此书为中学堂参考书。

8日,《复报》月刊由柳亚子、田桐、高旭(天梅)等在日本东京创办。报纸前身为江苏吴江油印小报《自治报》。柳亚子、田桐主编,撰稿者有高旭、高缨、陈去病、金天朗、马君武、章炳麟等。宣传民主革命,反对君主立宪,和《民报》相呼应,与《新民丛报》《中国新报》论战。文言白话并列,分社说、政法、传记、历史、演坛、小说、文苑(后改为诗薮、诗界)、音乐、歌谣、批评、谭丛、来稿等。1907年8月停刊,共出十一期。

15日,《学部奏定劝学所章程》发布,规定:"各厅州县,应各于本城择地特设公所一处,为全境学务之总汇,即名曰某处劝学所,每星期研究教育,即附属其中。"

18日,《美人烟草》由《东方杂志》连载,第3年第4—7期(1906年5月18日—8月14日),署"[日]广津柳浪著,吴梼译演"。单行本由上海商务印书馆1906年10月刊行,1914年4月再版。

23日,小说《斯文变相》由上海小说林社出版,小说林丛书,作者署"遯庐"。作者资料不详,除该小说外,作者还著有《学生现形记》《苏州新年》《当头棒》等小说。书叙主人公冷镜微访师、拜师的经历,勾勒出当时"斯文人"的种种丑态。

本月,林纾、魏易所译《红礁画桨录》由商务印书馆出版,上下卷,标"言情小说",署"[英]哈葛德著,林纾、魏易译"。

魏易(1881—1930),翻译家。字冲叔。浙江仁和(今杭州)人。自幼父母双亡,十六岁时,考入上海圣约翰学校。毕业后当过上海《译林》杂志执笔者,又任教育部翻译,任职京师译书局时遇林纾,开始合作,翻译有《黑奴吁天录》等近五十种作品。

本月,商务印书馆出版了以下小说:《海外轩渠录》二卷,标"寓言小说",署"[英]狂生斯威佛特著,林纾、魏易合译",是书又有署"林纾、曾宗巩合译";《三字狱》,标"言情小说",署"[英]赫穆著,商务印书馆编译所译"(1913年9月商务印书馆再版);《华生包探案》,标"侦探小说",署"商务印书馆编译所译";《澳洲历险记》,题"[日]樱井彦一郎著,金石、褚嘉猷译";《秘密电光艇》,标"科学小说",署"[日]

押川春浪著,金石、褚嘉猷译"。

本月,小说林社出版了以下小说:《身毒叛乱记》二册,署"[英]麦度克著,蟠溪子(杨紫驎)、天笑生(包天笑)合译";《深浅印》(小说),[英]柯南道尔著,鸳水不因人译;《骷髅杯》,三册,署"[英]楷陵著,奚若译";《秘密隧道》上下卷,署"[英]和米著,奚若译"。

本月,吴梅的戏曲《风洞山传奇》由上海小说林总发行所据小说林社排印,署"长洲呆道人",有自序,末尾题:"乙巳秋八月呆道人题于奢摩陀室"。

六月

13日,天津北洋女子师范学堂开学。傅增湘任监督。初设简易科,招收学生四十人,一年半毕业。不久,在沪招生五六十人,合为两班,建校舍,增聘教师。1908年设预科和完全科。预科专学国文、英文、数学等普通学科,两年毕业;完全科又分第一、第二两部,第一部以历史、地理、文学为主要课程,第二部以博学、理化、数学为主要课程。均四年毕业。1913改名为直隶女子师学校,1930年并入河北省立女子师范学校。该校为中国近代最早的女子师范学堂。

22日,包公毅的短篇小说《卢生》在《新新小说》第3年第9号刊出,署"笑"。

同日,长篇小说《学生现形记》由上海乐群小说社出版,题"著者遯庐"、"校者均民"。

29日,章太炎出狱。1902年10月章太炎等人创办的爱国学社,在《苏报》上撰文抨击清政府。1903年因"苏报案"遭清政府缉捕,章太炎、邹容等人入狱。被关押三年后,期满出狱。

本月,周作人的小说《孤儿记》由小说林社出版,署"会稽平云"。

周作人(1885—1967),散文家、诗人、文学翻译家。原名櫆寿,自号启孟、启明(又作岂明)、知堂等。浙江绍兴人。1906年到日本留学,"五四"时期任新潮社主任编辑,参加《新青年》的编辑工作,1921年参与发起成立文学研究会,抗日战争爆发后,居留沦陷后的北平,出任伪南京国民政府委员、伪华北政务委员会常务委员兼教育总署督办等职。解放后曾在人民文学出版社从事日本、希腊文学作品的翻译和写作有关回忆鲁迅的著述。主要著作有散文集《自己的园地》、

《雨天的书》、《泽泻集》、《谈龙集》等,诗集《过去的生命》,小说集《孤儿记》,论文集《艺术与生活》、《中国新文学的源流》,论著《欧洲文学史》,文学史料集《鲁迅的故乡》、《鲁迅小说里的人物》、《鲁迅的青年时代》,回忆录《知堂回想录》,译有《日本狂言选》、《伊索寓言》、《欧里庇得斯悲剧集》等。

七月

3日,章太炎乘法国邮船离沪赴日,本年八月接任《民报》主编。

6日,《图书月报》月刊在上海创刊。上海书业商会编辑及发行,陆费逵主编。该刊是中国近代最早有关出版方面的刊物,主要设有"社说"、"出版界"、"杂俎"、"本会纪事"等。文章主要涉及图书与教育有关的内容及外国出版法介绍,载有《著作家之宗旨》、《论我国教科书》、《中国书业发达预算表》等。次年5月19日停刊,仅出三期。

陆费逵(1886—1941),出版家、教育家。字伯鸿,幼名沧生。祖籍浙江桐乡。自学成才后曾参与汉口《楚报》主编,并在上海昌明、文明书局工作。1908年秋,任商务印书馆任国文部编辑,次年春,升出版部部长兼《教育杂志》主编、讲义部主任,在《教育杂志》上连续撰文,宣传教育救国论,主张国民教育、人才教育、职业教育三者并重。1912年1月1日,参与创办中华书局,任经理,提出"教科书革命"。在任职其间,先后出版《中华小说界》、《中华实业界》、《中华妇女界》、《大中华》等刊物,遂成为国内第二家华商大书局。1936年为中华书局董事长,1941年病逝。在中华书局任职三十年期间,除手编中华教科书、出版期刊外,还先后编辑出版了《中华大字典》、《辞海》、《四部备要》(重印)等要籍,总计出版书籍两万种以上。并著有《教育文存》五卷,《青年修养杂读》和《妇女问题杂谈》等。

同日,徐念慈的《未来之中国图书同盟会》开始在《图书月报》第1册连载,至第2册(1906年8月4日)完结,署"觉我"。

15日,东京中国留学生开会欢迎章太炎,据《民报》第6号记载:"是日至者二千,时方雨,款门者众,不得遽入,咸植立雨中,无惰客。"《民报》第6号刊出章太炎当时的《演说》谓:"大概为人在世,被他人说个疯颠,断然不肯承认……独有兄弟却承认我是疯颠,我是有神经病,而且听见说我疯颠,说我有神经病,倒反格外高兴。为甚么缘故呢,大凡非常可怪的议论,不是神经病人,断不能想,断不能百折不回,孤行己意。所以古来有大学问成大事业的,必得有神经病才能做到。"章氏谈及近日办事方法,认为首重"感情",而"感情"则需要由以下两方面来增进:"第一,是用宗教发起信心,增进国民的道德,第二,是用国粹激动种性,增进爱国的热肠。"他认为"是近日办事的方法,全在宗教国粹两项"。

16日,《新世界小说社报》在上海创刊。警僧主编。以"小说谋教育之普及"为宗旨,标榜小说乃"开通民智之津梁,涵养民德之要素"。每期内容分五目:首图画,次论著、小说、时评,而殿以杂志。小说栏所占篇幅最多,以长篇政治小说为主,亦有短篇小说,并载传奇(戏曲)。翻译小说多于创作,包括西洋的言情小说、科学小说、侦探小说等多种。论著和时评内容多政论,杂志一栏则多讽刺小品。小说总数包括创作和翻译共十五种。

23日,学部颁行第一次审定初等小学暂用书目。计商务印书馆出版五十四册,文明书局出版蒙学修身等三十册,直隶学务处出版心算教授法十册,南洋公学出版初等小学读本四册。共一百〇二种。以后又公布第一次审定高等小学暂用书目表和中学暂用书目表。

25日,《民报》第6号刊出章太炎的《告白》和《民报》"广告":"本报社编辑人兼发行人张继君有南洋之行,适余杭章炳麟枚叔先生出狱来东,特继其任。自此号始。"

28日,学部奏定《各省设教育会章程》,分宗旨、设立及名称、总会与各会之关系、会员、会务、等共八节十五条。

本月,鲁迅从日本仙台医专回到东京,弃医从文,专门从事文学活动。

本月出版的小说有:创作小说《当头棒》(署"遯庐")、《苏州新年》(题"旧人作",版权页题"著者遯庐"),由上海乐群小说社出版;翻译小说《血蓑衣》([日]村井弦斋著,署"商务印书馆编译所译述")、《旧金山》(署[美]诺阿布罗克士著,金石、褚嘉猷译"),由商务印书馆出版。

八月

7日,学部电各省《通行各省限制游学并推广各项学堂》:"顷查日本学生一万二三千人，习速成者最占多数，已足以应急需。嗣后此项速成学生，无论官费、私费，师范、政法，应即一律停派，不予给咨。"要求各省迅速推广各项学堂。

20日，《小说七日报》周刊在上海创刊。小说七日报社主编。其宗旨为："开通智慧、鼓舞兴趣"。设论说、章回体、短篇、传奇、传记、新剧、时评、杂俎、文苑、附录等栏。第1期还载"留"所作《发刊辞》及短篇小说《月下荒村》、《杀征兵》等。

26日，学部奏准嗣后京外派遣游学生，无论官费私费，皆应切实考验，性行纯谨，具有中学堂毕业程度，通习外国文字，能直入高等专门学堂者，始予给咨。

本月出版的翻译小说有：《大魔窟》（原题《塔中之怪》，署"[日]押川春浪著，吴弱男译"）、《红泥记》（署"[英]包福著，竹书译"）、《新恋情》（二册，署"[英]赫德著，鹤笙译"）等，均由小说林社出版。

九月

1日，清政府颁诏预备立宪，声明俟数年后察看"民智"，再定实行年限。

3日，陈景韩所译小说《莫爱奴丽传》由上海时报馆出版，署"[日]泪香小史（黑岩泪香）译，上海时报馆记者译"。有正书局同年再刊。

陈景韩（1877—1965），小说家、翻译家、报人。又名景寒，别署冷血、冷、华生；又与包天笑合署冷笑。江苏松江（今属上海）人。1904年任上海《时报》主笔之一，首创"时评"专栏，以笔名"冷"，排日刊出短评。又创"教育"、"实业"、"妇女"、"儿童"、"图画"、"文艺"等周刊，均为各报所仿效。同时在该报刊出著译小说，开大报附登小说之先河。1909年任《小说时报》主编，1911年又兼任《妇女时报》主编。1913年起，长期任《申报》总主笔。陈景韩既是报人，也是一位勤于笔耕的多产作家和翻译家，作品达数十种。作品以翻译小说为主，如《土里罪人》、《火里罪人》、《白云塔》（一名《新红楼》）、《侠客谈》（短篇集）、《侦探谈》（短篇集）、《虚无党》等；创作小说则有《新西游记》、《短篇小说丛刊》（与包天笑等合刊）等。

8日，章太炎的《诸子学略说》在《国粹学报》第2年第4册第20期刊出，至第21期完。

16日，上海《申报》、《时报》、《南方报》、《同文沪报》、《中外日报》等在张园举行"报界庆祝立宪会"。

17日,《粤东小说林》旬刊在广州创刊。黄世仲与黄伯耀创办,发行所在广州十甫。每期三万字左右一册,以刊载小说、谐文、诗歌等文艺作品为主。1907年6月19日更名为《中外小说林》。

18日,《国事日报》在广州创办。主办人为保皇党人徐勤等。该报宣称:"不偏徇一党之意见,非好为模棱,实鉴乎党见,以论国事,必将有辟于所亲好,辟于所贱恶。"主要栏目有:上谕、本馆特电、电报、本省要闻、本省新闻、东京要闻、海外要闻、牌示、专件、辕报、副刊等。该报与革命派报刊曾多次论战。

21日,陈玉澍去世,享年54岁。

陈玉澍(1853—1906),作家、学者。原名玉树,字惕庵;后更名玉澍,自谓"以时雨润物,有济于世"。江苏盐城人。陈玉澍早年以治经为主,专《尔雅》。稍后"更浸渍于历史舆地、政治掌故,与夫百家之说,纬以经谊。故能驰辨博喻,援证古今,奇偶错陈,烂然溢目"。所为诗文,每关涉时事,"忧殷语迫,恒有《兔爱》、《苕华》之慨,论者怪其无丧而戚。及甲午军兴,国势凌迟,端忧早计,发为文章,语益壮烈"。(陈钟凡《惕庵府君行述》)著有《毛诗异文笺》十卷、《尔雅释例》五卷等。

29日,北京《京话日报》、《中华报》被巡警部以"妄议朝政,容留匪人"、"颠倒是非,淆乱民听"等罪名封禁。主持人彭翼仲、杭辛斋被捕受审。

彭翼仲(1864—1921),报人。名诒孙,字翼仲。江苏苏州人。庚子事变后痛心于北京的报纸"都是外国人所开",于是弃官卖产,毕生从事报刊工作,以期"争回这说话的权柄"(彭诒孙《答锦州赵礼南先生来函并谢曾孟二公》,《京话日报》第165号)。先后在北京创办《启蒙画报》半月刊、《京话日报》及《中华报》日报。其中维持时间最长、影响最大的是《京话日报》,该报以下层民众为读者对象,使用北京方言,其内容除刊登新闻、演说、政论外,还辟有时事新歌、小说、讲书等专栏,刊登各种通俗易懂的文艺作品,尤以"京味小说"最为突出,连载不下数十种。他还倡言剧曲教育,于自办各报刊上刊出过大量演说词及评论文章,皆未成集。

本月,上旬,黄兴从南洋经香港抵沪,与马君武、童俊、吴超澂等人创立广艺书店,作为同盟会交通机关,地点在四马路。

本月,《游戏世界》月刊在杭州创刊。寅半生编,仅见十八期。以游戏文章为主,首期曾载陶佑曾撰《论小说之势力及其影响》，亦有戏曲、小说和评论。

本月，吴趼人的长篇小说《九命奇冤》单行本由上海广智书局出版。书中所叙凌、梁两家亲戚因争夺风水龙脉结仇。凌家恃其财势，纵人放火，烧死梁家八人。梁天来愤而起诉，但由于凌家贿赂官府，使原告败诉，且将证人打死，酿成九命奇冤。最后梁家告了御状，由雍正皇帝派钦差大臣查访，澄清事实，冤案得到昭雪。小说揭露官场的黑暗与人情的险诈。在艺术上，继承章回小说传统又吸取西方小说中倒叙和对话开头等技巧，故事曲折，布局严密，将公案小说与谴责小说融合一体，在晚清公案小说中较为成功。

本月出版的创作小说还有：《刺客谈》六回，署"新中国之废物（陈景韩），南营蛮子评校"，新世界小说社出版；《拒约奇谈》，署"中国凉血人"，作者自述此书为"开智小说"，启智书社出版。翻译小说则有：《冰山雪海》，著者不详，李伯元译，科学会社出版；《地中秘》，署"[日]江见忠功著，香叶阁主人凤仙女史译"，广智书局出版；《铁锚手》，署"[英]船福德伦纳著，商务印书馆编译所译"，商务印书馆出版。

十月

4日，《宪法白话报》在北京创刊。创办人金天根。该报宗旨为："中国立宪开四千年未有之创局，惟下流社会未识宪法之意，动辄妄生猜揣，疑窦丛生，故筹集股款，在京创办《宪法白话报》，以期词意显明，广开民智。"

8日，章太炎的论文《无神论》、《革命之道德》二篇在《民报》第8号刊出。

9日，《晋阳白话报》三日刊在山西太原创刊。

15日，《云南》月刊杂志在日本东京创刊。云南留日学生李根源、赵伸等主办，总编辑张镕西，副总编辑席上珍、孙志曾。该刊以揭露清廷黑暗，宣传民主主义，反对帝国主义侵略为宗旨。也刊载过不少主张地方自治、争回路矿利权的文章。创刊初期每期销约三千册，最多时销达一万册。1911年10月停刊，共出二十三期，另增刊《滇粹》一册（1908年9月出版）。

16日，基督教美国南北浸礼会绍兴学道院迁至上海，更名上海浸会道学书院，院长万应远。1908年更名浸会大学，1915年改称沪江大学。

18日,《洞庭波》在日本东京创刊。由湖南留日学生杨守仁、陈家鼎、宁调元等主编,以宣传革命为宗旨,文字较《民报》通俗。重要论著有铁郎(陈家鼎)《二十世纪之湖南》、《论各省宜速响应湘赣革命军》,锄非(刘道一)的《驱满酋必先杀汉奸论》、《敬告我汉族军人书》及《三合会讨满清檄文》等。铁郎的文章,以为湖南是"日耳曼二十五联邦中之德意志、美国十三州中之华盛顿",主张湖南"首举义师,号召海内,北清中原",在湖南影响甚大。

同日,《盛京时报》在奉天创办。创办者日本人中岛氏,至1944年9月14日停刊,历时38年。该报收罗广泛,涉及内政、外交、经济、军事、文化、教育、社会风情等,特别是当时发生的重大事件,均有详略不等的报道。

28日,《竞业旬报》在上海创刊。上海竞业学会主办,主要编撰人大多是同盟会在上海创办的中国公学的学生。有傅君剑、谢诮庄、蒋翊武、刘复基、胡适等。以提倡民族主义为宗旨,抨击清政府,反对立宪派,宗旨是"注重于振兴教育,提倡民气,改良社会,主张自治"。因编辑离沪,仅出十期。1908年4月11日复刊,1909年6月18日停刊,共出四十期。

本月,麦鼎华、杨维新、陈国权等组织新会国文研究社,举梁启超为社长。该社章程记述其缘起说:"本社社友以近日吾国道敝文丧,深抱忧惧,因不敢自弃,窃取曾氏文会之义,创此社研究国文,恭推梁新会师为社长,指挥一切,以冀上资师长夹持之力,旁获友朋切磋之功,俾学业大成,起衰有术,此同人等朝夕所咸抱之宗旨也。故名此社为新会国文研究社。"

本月,吴趼人的长篇小说《恨海》由上海广智书局出版,十回,署"我佛山人"。作品以1900年义和团运动蓬勃兴起、八国联军攻入北京为背景,描写北京南横街一所院落中,陈戟临、王乐天、张鹤亭三户人家的悲欢离合,尤其是陈伯和与张棣华、陈仲蔼与王娟娟两对青年男女曲折坎坷的爱情故事。

本月出版的创作小说还有:《立宪镜》十回,新小说社出版,署"杭州戊公演义,谢亭亭长平论",封面题"社会小说立宪镜",自陈目的在于"唤起一般国民之预备,使人人有预备之精神";《钱塘狱》十回,小说总编译所编辑,上海小说林刊袖珍铅印本二卷,小说林小本小说第1集第3册。

十一月

1日,《月月小说》月刊在上海创刊。最初为汪庆祺主办,第1年第4号起编辑为吴趼人,印刷兼发行为汪庆祺。第9号起,编辑改许伏民,印刷兼发行改沈济宣。第1年第1号首载"中国元代小说巨子施耐庵先生遗像",并有吴趼人《〈月月小说〉序》,申其宗旨:"吾感夫饮冰子《小说与群治之关系》之说出,提倡改良小说,不数年而吾国新著新译之小说,几于汗万牛充万栋,犹复日出不已而未有穷期也。……吾于群治之关系之外,复索得其特别之能力焉。一曰足以补助记忆力也,……一曰易输入知识也。"期刊内容有小说(包括翻译小说)、传奇、论文等栏目。所载小说,多属悲欢离合类;翻译小说,大半属侦探类。总发行所是乐群书局,至1909年1月停刊。

同日,周桂笙的翻译小说《八宝匣》在《月月小说》第1年第1号刊出,标"虚无党小说",署"上海知新室主人周桂笙译",至第2号完结。同期刊出的还有洪炳文的传奇剧本《悬岙猿》,连载至第4号完结。该剧本叙明末张苍水抗清殉国事迹,"极悲壮苍凉",全剧关目排场紧凑妥帖,曲词宾白优美流畅。刊出后很快就被搬上舞台。

洪炳文(1848—1918),戏曲家。字博卿,号栋园,别署祈黄楼主、悲秋散人等。浙江瑞安人。一生著述颇富,尤以戏曲创作成就最著。著有传奇、杂剧、时调新剧剧本三十余种,数量之多,题材之广泛,形式之多样,在近代戏曲史上均属罕见。其中《悬岙猿》《警黄钟》《后南柯》《水岩宫》等,均有刊本传世,部分剧目如《悬岙猿》曾搬上舞台演出。其他诗文杂著有《花信楼文稿》八卷、《栋园乐府》四卷等数十种。

同日,《国民报》在广州创办。编辑发行人卢谔生等。分庄、谐两部,庄部设有论著、朝谕、粤事、时评、中国新闻、外国新闻、辕报、牌示、专件等;谐部名"亦有谓",设有落花梦、小说丛、新趣语、伟人迹、辎轩录等。以"唤醒国民精神,而发起其爱国思想"为宗旨。

15日,章太炎的论文《建立宗教论》和《说林》二篇在《民报》第9号刊出。

16日,《正宗爱国报》在北京创刊。发起人王子贞、丁宝臣。创刊前后在京津各报刊出启事称:"本馆开设在北京琉璃厂东北园,已于十月初一日出版。新闻悉用白话,体例格外精神。演说稿多系著名家。又,随报附印竹园白话全集。不但宗旨正大,材料丰富,而且门类繁多,记载的确,雅俗共赏,无美不臻。是白话报中最有思想,最有精神者。"自称其宗旨为:"合四万万人为一心",让各族民众"痛痒相关,彼此相顾,同心协力,共谋同种的幸福,以国土为性命,人人发出一团热力,爱国如命,保卫中华"。

29日,汪宗沂去世,享年71岁。

汪宗沂(1836—1906),学者,字仲伊,又字咏春,号弢庐,安徽歙县人,治学博杂,所专在经。"治经稽古,志存济世,恒欲推经术施之于用,以所学礼乐兵农之实拯济世变。"著有《礼乐一贯录》《周易学统》《尚书合订》《孟子释疑》《三家兵法》《疑龙经校注》等数十种,并编纂《庐州府志》一百卷。

30日,《教育》月刊在东京创刊。三十二开本,一百二十页左右一册。为冯世德等所发起组织的"爱智会"所主办,教育杂志社编辑及发行。主编蓝公武、冯世德、张东荪,经常撰稿的有潘志僖、钱应清、王颂贤等。设有社说、学说、科学、思潮、批评、记事、杂俎、文苑、问答等栏目,主张融和东西学说以"匡正人心",鼓吹教育救国,反对政治革命。仅出两期即停。

本月出版的翻译小说有:《雾中人》([英]哈葛德著,林纾、曾宗巩译)、《橡湖仙影》([英]哈葛德著,林纾、魏易译),商务印书馆出版;《印雪簃译丛》([英]维多夫人著,陈鸿璧译),小说林社出版。

十二月

2日,学部奏准《管理游学日本学生章程》四十条,酌定在驻日出使大臣署内设游学学生监督处,为管理游学生治事机构,并由出使大臣兼任总监督,另设副总监督一人,由学部会商出使大臣奏派。

同日,《民报》在日本东京神田锦辉馆召开一周年纪念会。纪念会由黄兴主持,章太炎读祝词,孙中山刊出题为《三民主义与中国前途》的演说,系统阐述三民主义及五权宪法思想,日本友人池亨吉、宫崎寅藏、北辉次郎、萱野长知等致贺词。此外,在会上刊出演说的还有田桐等人。纪念会从上午八时至下午二时,一共进行了六个小时,"人人感情淋漓,无倦意"。会间为《民报》募集经费,"即席出资相助者,数凡七百余元"。

6日,胡适所译小说《暴堪海舰之沉没》在《竞业旬报》第5期刊出,著者不详,署"适之译"。

胡适(1891—1962),诗人、学者、教育家。初名词糜,原名洪骍,字适之。安徽绩溪人。早年就学于上海中国公学,1910年赴美,先入康乃尔大学农科,后转哥伦比亚大学专治哲学,为实用主义哲学家杜威的学生。从1916年起提倡文学改革,获博士学位后于1917年回国,在北京大学任教。曾参加编辑《新青年》,力倡新文学运动,成为当时新文化运动的领袖人物。先后参与创办《每周评论》《努力周报》《独立评论》等。主张考据的研究方法,在学术界极有影响。1922年宣扬"好人政府"的主张,曾任北大文学院长,1938年出任驻美大使,1942年回国后任行政院高等顾问。抗日战争胜利后曾任北京大学校长,1949年移居美国,1962年2月24日在台北病逝。著有《胡适文存》《中国哲学史大纲》《白话文学史》等。

16日,《预备立宪官话报》月刊在上海创刊。由庄景和发起,上海预备立宪社创办。宗旨为鼓吹君主立宪,提倡社会改革。内容有论说、宪法、地方自治、教育等栏目。仅出两期。

30日,《豫报》月刊在东京创刊。由河南籍留日学生主办。次年改为《河南》,为同盟会河南分会机关刊物。设有图画、社说、论说、学说、政治、教育、文苑、小说等栏目。创刊号刊出的《豫报弁言》(署"补天")阐明刊物目的在于使"吾河南父老忆过去之腐败,当激其耻心;睹现在之危险,当兴其惧心;更虑及将来之苦痛,而矢其奋心"。自称"以改良风俗,开通民智,提倡地方自治,唤起国民思想为唯一之目的"。兼用文言与白话两种文体。由于编辑部成员复杂,政治倾向也不完全一致。1908年4月30日出至第6期后停刊。

本月,同盟会员马君武在广西桂林创办《漓江潮》,只出了两期就遭查封。

本月,小说《秘密党》由有正书局出版,署"[英]顾熊著,杨心一译"。

本年

本年,鲁迅在夏秋之间奉母命与山阴朱安女士完婚。据许寿裳《亡友鲁迅印象记》:"朱夫人是旧式女子,结婚系出于太夫人的主张,鲁迅曾对我说过:'这是母亲给我的一件礼物,我只能好好地供养它,爱情是我所不知道的。'"鲁迅仅在家乡停留四天即重返东京。当时,周作人已被批准赴日留学,即随鲁迅一同赴日本。

本年,春柳社在日本成立,由李叔同、曾存吴、谢抗白、李涛痕等组成。刊出《春柳剧场开幕宣言》,演出《茶花女》、《黑奴恨》等。春柳社的戏剧活动可分为前期春柳和后期春柳两个时期。前期春柳包括1907—1909年在日本东京的演出活动。其中,影响最大的两次演出,一次是1907年6月1日、2日公演的《黑奴吁天录》,剧本按现代话剧分幕形式用口语写成,因而被欧阳予倩称之为"可以看作中国话剧第一个创作的剧本"。这次演出在东京引起轰动,其影响达于国内。另一次是1909年初夏演出的4幕话剧《热血》,这出戏无论在内容还是运用话剧形式上,都获得中国留学生的好评。辛亥革命后,春柳社员陆续归国。1912年春,陆镜若邀集欧阳予倩、马绛士、吴我尊为骨干,成立了新剧同志会,开始了后期春柳的戏剧活动。1912—1915年,新剧同志会以上海为基地,先后在常州、苏州、无锡、长沙、杭州一带作巡回演出,保留剧目有《家庭恩怨记》、《不如归》、《猛回头》、《社会钟》等,对新剧的发展起到了推动作用。1915年陆镜若去世,新剧同志会也随之解体。春柳社作为新剧初创时期自成一体的一大流派对于这一新兴剧种的形成、发展,起到了奠基作用。

本年,张春帆的长篇小说《九尾龟》出版,署"漱六山房著,点石斋刊行"。全书计划写二十集,每集十六回,1906—1910年于《点石斋画报》连载,至1910年全部刊行,计十二集,一百九十二回。书述江南名士章秋谷,到上海嫖妓,由于工于心计,能恣情声色而又左右逢源,使该书仿佛成了一部嫖妓指南。

张春帆(1872—1935),小说家。名炎,江苏常州人。1928年6月创办三日刊《平报》,以刊登文艺掌故为主,主要撰稿人有范烟桥、赵眠云等。性嗜电影,每有新片必看,必写影评文章,是我国早期电影评论家之一。其作品以小说为主,以狎邪小说《九尾龟》闻名于文坛。此外长篇小说还有十几种,如《政海》、《魔海》、《情波》、《情毒》、《球龙》、《摩登淫女》、《反倭袍》、《天王老子》、《嵩山拳侠》、《烟花女侠》、《风尘剑侠》等。

本年,钱锡宝的小说《梼杌萃编》(又名《官海钟》)由汉口中亚印书馆出版排印本,十二编二十四回,署"诞叟"。本书结构完整,文笔辛辣。全书十二编分别为禹、铸、鼎、温、燃、犀、抉、隐、伏、警、贪、痴,每编分上、下,含两回。

首回前有《缘起》，末回后有《结束》。真实细腻地再现了晚清官场、仕林和工商业者腐朽淫糜、放荡庸俗的生活。

本年，翻译小说《最新侦探案汇刊》由新民丛报社译印，内收：《窃毁拿破仑遗像案》，[英]陶高能著，知新子（周桂笙）译；《失女案》，著者不详，知新室主人（周桂笙）译；《毒药案》，著者不详，无歆羡斋主译；《双公使》，著者不详，知新室主人（周桂笙）译。

本年，吴梅作《暖得楼》一折，为《湘真阁》初稿；汪笑侬撰《哭祖庙》（六场京剧），作者借剧中人刘堪之口，抒发悲愤心情，讽刺清政府的投降卖国政策；王钟声编成《张文祥刺马案》，系时装京剧。

1907年

一月

14日,《中国女报》创刊。编辑兼发行人为秋瑾、陈伯平,主要撰稿人有黄公、陈志群、徐寄尘等。该报称:"以开通风气,提倡女学,联感情,结团体,并为他日创设中国妇人协会之基础为宗旨。"设有社说、译编、小说、文苑、新闻等栏目。陈志群为创刊号献辞说:"这个女报能够好好办下去,也可以在二十世纪中国帝国报界舞台中,独树一帜。""那中国女界就有起色日子了。"出版两期后与《女子世界》合并,改为《神州女报》。

同日,小说《女英雄独立传》在《中国女报》第1期刊出,未完,续载于第2期,仅二回,作者署"挽澜女士"(陈渊)。

同日,《政法学交通社杂志》月刊在日本东京创刊。政法学交通社编辑兼发行,发起人孟森、秦瑞玠、孟昭常等人,常登载小说等,停刊时间未详。第一号开始连载《橘英男》,至第三号,标"军事小说",题"[日]枫村居士著,金匮汪廷襄译"。

20日,《中国新报》月刊在日本东京创刊。第1卷第7期后迁至上海出版。主编杨度,主要撰稿人有熊范舆、薛大可、李谠、谷钟秀等。以"谋开国会"、"改造放任政府"、"变吾专制国家为立宪国家"为主旨。只设论说、时评、译件,杂著等栏目。各期常印至二、三、四版不等。

杨度(1875—1931),学者、社会活动家。原名承瓒,字皙子;改名度,号虎公,别号虎禅师等。湖南湘潭人。早年留学日本,1902年参与创办《游学译编》,曾担任东京中国留学生会会长。1906年创办《中国新报》,鼓吹君主立宪,1907年充任宪政编查馆提调。辛亥革命爆发前后，依附袁世凯。1915年组设筹安会，策划恢复帝制。袁世凯死后思想转变，1922年投向孙中山，加入国民党，为民主革命奔走甚力。1927年曾设法营救李大钊。1929年秋加入中国共产党，以秘密党员身份坚持党的工作。1931年在上海病逝。杨度从王闿运治经史，能诗词，工挽联，擅长政论。作品生前未结集出版，1986年有《杨度集》问世。

25日，《汉帜》月刊在日本东京创刊。编辑人兼发行人署黄一簿，实系同盟会员陈家鼎等所主持，由原来的《洞庭波》演变改组而成。以"光复祖国，防护人权，唤起黄帝种魂，扫除白山鞑虏，建二十世纪民国，还五千年神州，而尤以维持各国公共安宁，鼓吹汉人实行革命"为宗旨。共出两期。

本月，汪优游、朱双云、瞿保年等在上海筹组开明演剧会。提出六大改良：（一）政治改良，演五大臣出洋考察宪政；（二）军事改良，演教练新兵；（三）僧道改良，演破除迷信；（四）社会改良，演禁烟禁赌；（五）家庭改良，演文明婚姻；（六）教育改良，讽刺私塾。以六大改良为总主题的演出，面向社会，公开售票，连续演出三天。

二月

5日，《中国新女界》月刊在日本东京创刊。该刊以宣传妇女解放，男女平等为宗旨，以"发明关于女界最新学说；输入各国女界新文明；提倡道德，鼓吹教育；破旧沉迷，开新社会；结合感情，表彰幽遗"。设有论著、演说、译述、史传、记载、文艺、谈丛、时评、小说、教育界、通俗科学、卫生顾问、杂纂等栏目。该刊刊出的文章多以批判男尊女卑，批判封建妇德，宣传女权为内容，并且每期介绍一些科普知识，插有一些中外女杰的照片事迹。1907年7月5日停刊。

同日，诗人、学者俞樾（1821—1907）去世，享年87岁。

12日，苏曼殊（24岁）偕刘师培夫妇东渡日本，与章太炎同往东京《民报》社。

15日，吴梅作《奢摩他室曲话》，并作序，在《小说林》第2期刊出。

20日，《汉风》月刊在日本东京创刊。时甡（但焘）主编。专以"网罗焚书佚籍"为主旨。刊载历朝名人宣导民族主义、发扬国民精神之诗文，期以"摅怀旧之蓄念，发恩古之幽情，光祖宗之玄灵，振大汉之天声"，借古喻今，鼓吹排满革命。仅见一期。

本月,《小说林》月刊在上海创刊。小说林总编辑所编辑,小说林社、宏文馆有限合资会社发行,黄摩西、徐念慈(东海觉我)主编,曾朴为主要撰稿人。以刊出著译小说为主,并有关于小说的论著及批评。创刊号刊出徐念慈《小说林缘起》,申明宗旨为:"小说林之于新小说,既已译著并刊,二十余月,成书者四五十册,购者纷至,重印至四五版,而又必择尤甄录,定期刊行此月报者,殆欲神其薰、浸、刺、提(说详《新小说》第1号)之用,而毋徒费时间,使嗜小说癖者之终不满意云尔。"署"丁未元宵后三日,东海觉我识"。其中设图画、论说、社会小说、历史小说、科学小说、侦探小说、文苑平林、杂录等十二栏。1908年10月停刊,共出十二期。

本月,曾朴所著长篇小说《孽海花》第二十一回开始在《小说林》第1期连载。此前,1905年第一至二十回已出单行本,《小说林》连载第二十一至二十五回,其三十回足本到1931年才出版。《孽海花》以状元金雯青和妓女傅彩云的故事作为贯串全篇的主要线索,其中穿插了许多达官贵人、风雅名士的遗闻琐事,展现了同治中期至光绪后期的政治和文化重大事件。结构较为精致,作者自言:"譬如穿珠,《儒林外史》等是直穿的,……我是伞形花序,从中心干部一层一层地推展出各种形象来,互相连结,开成一朵球一般的大花。"鲁迅称之"结构工巧,文采斐然"。

本月出版的翻译小说有:《窃电案》(一名《英日同盟电被盗案》,署"曼陀(杨莹)译")、《雾中案》(署"[英]哈定达维著,笑我生译"),由小说林社出版;《网中鱼》(一名《巴黎之奴隶》)二册十六回,署"[法]贾爱密著,上海少刚译,杭州戊公润词",由世界小说社出版。

本月,春柳社举行赈灾游艺会,公演法国名剧《茶花女》。任天树、金应谷组织益友会,在上海张园演出新剧。

三月

6日,章太炎在《民报》第12号刊出《〈社会通诠〉商兑》。该文以严复对《社会通诠》一书的译述活动为范例,对时人在引进西学过程中"皮傅其说"、简单照搬的做法提出了严厉的批评,指出了"社会之学,与言质学者殊科"的重要观点。认为其所列举宗法社会四个特点与中国固有的宗法特点不相符合,中国早已不是宗法社会，因而不是反对宗法的"改教"之类的问题，而是反对满族的民族革命问题。

8日，学部拟定女子师范学堂章程三十六条、女子小学章程二十六条。

9日，《大江七日报》周刊在日本东京创刊。主编为夏重民、黄增等人，参加撰稿的有省子、锄非、血性等。《发刊辞》为章太炎所作。该报以光复汉族，推翻清朝统治为宗旨。内容分论著、海外要闻、时事汇译、国内要闻、虏廷记事、杂文、文苑、讴歌、琐谈片等栏目。该刊花边空白处印上口号及爱国诗词。刊有《排美必先排满》（署"侠武"）等文章。停刊时间未详。

13日，古籍丛编刊物《国粹丛编》在上海创刊。由国学保存会创办。以"搜罗佚书遗籍发扬幽微"为宗旨，搜集海内散佚之古籍，精心校勘、审定、编辑成册，每册收书十种，分期连载。刊有"李卓吾焚书"、"张苍水全集"（清代被列为禁书，仅有传抄稿本）、"吕用晦文集"、"颜氏学记"等。共出十九期。

15日，《法政学报》周刊在日本东京创刊。法政杂志社发行，留日学界立宪派主办，沈其昌主编。设社说、宪法、行政法、民法、商法、刑法、国际法、财政、殖民政策、调查、法政纪闻、杂俎、文苑等栏目。共出五期。

25日，章太炎著《邹容传》在《革命评论》（宫崎寅藏主编）第10号刊出，署"章炳麟"。

28日，汪康年在北京创办《京报》。他在《京报发刊献言》中提出："（北京）报章虽多，然于时事多未敢深论，论之或辄致殃咎，士之欲以言教人国，如是难也。""今日时局之危，灾患之繁，举国皆用为忧念……处今日之时，合同志结团体力纠政府之过失，以弭目前之祸，犹惧晚也，惶恤其他？然则假发言论之权，以尽己之天职，抑亦无恶于天下欤？若夫以昭昭白日之心，发慷慨激昂之气，言之急，无邻于诡，言之平，无近于阿，通上下之意，平彼此之情，理所与者，必以言助之，虽不訾不馁；理所否者，必以言阻之，虽疆御不避。故将奉以始终，勿致失坠。"

汪康年（1860—1911），报人。初名灏年，字梁卿，后改名康年，字穰卿，一字毅伯，晚年自号恢伯。浙江钱塘（今杭州市）人。其于书"无所不览，自群经、诸子、历史、舆地、小学、天算，以至古文、骈文、诗词之学，靡不探讨而研究之"。中岁后，"怵于时世之危迫"，"不得已，始藉报章，以发纾其意见"。1896年在上海创办《时务报》，1898年在上海创办《时务日报》，后易名为《中外日报》。均为戊戌变法期间维新派所办的重要报纸。1907 年在北京创办《京报》，1910 年又办《刍言报》，主张新政，但反对用革命的手段推翻清朝统治。"平素持论，恳恳絮絮。"著有《汪穰卿遗著》八卷、《汪穰卿笔记》等。

同日，吴趼人的长篇小说《上海游骖录》在《月月小说》第 1 年第 6 号开始连载，标"社会小说"，至第 1 年第 8 号完结。小说写儒生辜望延对官军骚扰百姓不满，被当作革命党人抓起来。老家人辜忠设计使他逃出，但辜忠第二天便遇害，全村也遭到洗劫。辜望延悲愤之极，逃到上海，要投革命党，但所遇革命党人却都是些色鬼、烟鬼、骗子等等，使他大失所望，这时又听说家乡仍在通缉他，便出走日本。小说旨在宣扬道德改良论，攻击革命党人，艺术上前几回还较为可取，后面则越写越糟。

本月，张百熙去世，享年 61 岁。

张百熙（1847—1907），教育家。字埜秋，一作冶秋。湖南长沙人。同治进士，授编修。《辛丑条约》签订后，上疏请求改官制、理财政、变科举、办学堂、设报馆等。曾任管学大臣，主持京师大学堂，创医学和译学馆、实业馆，选派留学生出国深造，各省开始派官费生出国。以后历任礼部、户部尚书。谥文达。《晚晴簃诗汇》卷一百六十六收其诗二十二首，诗话云："文达久直南斋，知遇极隆。甲午后痛心外患，故于变法改革兴学诸大端，多所陈奏，汲引才智，惟恐不及，以是时论翕然归之。辛丑后，殚思教育，志未得行。其诗款款忠情，真有浣花每饭不忘君国之意。"

本月，《著作林》在杭州创刊。倡办及主编者为钱塘陈蝶仙（天虚我生）。杭州著作林社印行，初系木刻本，自第 17 期起迁往上海出版，并改为铅字本。虽然印刷方式变了，装订、版式依然是线装书的做法。《著作林社章》称该刊旨在"保存国粹"，故选收作品以传统诗词曲文为主，所立栏目有写真、文薮、谈丛、评林、诗海、词苑、曲栏、说部、乐府、杂俎等。内容多为诗文，并有杂剧、小说等项。该刊辑录的大量诗词中，不乏著名诗人的作品，比如林纾、潘飞声、李涵秋、俞樾等。阿英认为"惟所辑《艺苑同光录》、《诗家一览表》、《诗界同人录》，是研究当时文学史者之参考"。

陈蝶仙（1879—1940），作家、翻译家、报人。名寿嵩，字昆叔、蝶仙，别署栩园、天虚我生、太常仙蝶、惜红生、国货之隐者等。浙江钱塘人。光绪二十一年（1895）任杭州《大观报》主编，并著《潇湘影弹词》等。除《著作林》外，从 1913 年起，先后任《游戏杂志》、《女子世界》、《申报》附刊《自由谈》主编。陈蝶仙具有多方面的文艺才能，诗、词、散文、戏曲、小说、弹词皆能，文思敏捷。虽在三十岁以后主要献身于工业，从未停止写作，出版各种作品多达百余种。创作小说有《玉田恨史》、《美人泪》、《黄金祟》、《火中莲》、《情网蛛丝》、《孽海疑云》等；翻译小说有《杜宾塞探案》、《桑狄克侦探案》、《亚森罗频奇案》、《福尔摩斯侦探案》等；剧本有《花木兰传奇》、《落花梦传奇》、《桐花笺传奇》、《媚红楼传奇》、《自由花传奇》、《白蝴蝶传奇》等；其他文学著作有《天虚我生诗词曲稿》、《栩园唱和录》、《栩园诗剩》、《瓜山竹枝词》、《耳顺集》、《文牍荟存》、《栩园话》、《栩园新乐谱》、《惜红轩琴谱》，诗《九宫曲谱正宗》、《音律指掌》、《考证白香词谱》等。另有《实业浅说》、《西药指南》、《工商尺牍》、《菌类食谱》等。

本月，黄遵宪的词作《双双燕（题潘兰史罗浮记游图）》在《著作林》第1期刊出，署"黄遵宪公度"。

四月

1日，《拊掌录》由商务印书馆出版，标"寓言小说"，署"华盛顿欧文著，林纾、魏易合译"。内收《海程》、《记惠斯敏司德大寺》、《李迫大梦》、《欧文论英伦风物》等。

13日，《牖报》月刊在日本东京创刊。由牖报社编辑兼发行，主持者为李庆芳。简章称："以开通国民智识，阐发中外学术为宗旨。"分社说、教育、法律、政治、经济、实业、军事、时评、文苑、附录十门。停刊时间未详。

15日—17日，高旭、陈去病、朱葆康、刘季平、沈道非五人共赴苏州游览。后辑其诗词成《吴门纪游》一册，转贻柳亚子、高燮。柳、高依韵和之。此次游览实启两年后南社虎丘社集之机。

20日，《神州日报》在上海创刊。于右任、杨笃生和王无生等先后任主编。报名用"神州"，据于右任称"就是以祖宗缔造之艰难和历史遗产之丰实，唤起中华民族之祖国思想"，"激发潜伏的民族意识"。其《发刊辞》说："挥政客之雄辩，陈志士之危言，澡雪国魂，昭苏群治，回易听众，纪纲民极"，并提出三个神州主义，隐约地宣传民族、民权主义的思想。分社论、论说、专电、要闻、各省通信、本埠新闻、商业新闻等栏目，文苑也刊小说、诗词等。1907年5月因失火一度停刊，后由汪彭年接办，历经变化，1927年改组为《国民日报》。

于右任（1879—1964），政治家、报人、作家、书法家。名伯循，字右任，化名刘学郁，笔名神州旧主、骚心、大风、剥果、太平老人等。陕西三原人。光绪二十九年举人，南社社员。因刊行《半哭半笑楼诗草》，讥议时政，被陕甘总督升允缉办，亡命上海，马相伯护持入震旦学院，旋与罢课离校的同学创办复旦公学。光绪三十二年（1906）赴日本，访孙中山，加入同盟会。次年回上海，先后创办《神州日报》、《民呼日报》、《民立报》和《民吁日报》，大声疾呼，宣传革命，在中国近代报刊史上有"元老记者"之称。工诗文词曲，大气磅礴，卓然成家。书法雄奇，独具一格，尤擅草书。著有《右任诗存》、《右任文存》、《右任墨存》、《标准草书》和《牧羊儿自述》等。

本月，小说《宪之魂》由新世界小说社出版，无名氏作，十八回，标"滑稽小说"，署"译印者新世界小说社编译所"。是书写光绪皇帝宣布预备立宪，引起阴曹地府的一片骚动。原来阴曹地府也同阳世仿佛，于是小说便借阴曹地府来写。前九回写君主立宪前破败不堪的现象，具有一些暴露意义；后九回写立宪后国富兵强，把革命党的种族革命作为破坏立宪的主力，加以攻击。这是反映晚清立宪运动小说中的代表作之一。

本月出版的创作小说还有：《热血痕》，四卷四十回铅印本，标"历史小说"，著者署"李亮丞"，作新社出版；《海外奇缘》，十八回，标"言情小说"，题"小隐主人著，古盐补留生编辑"，泽新书社出版。出版的翻译小说则有：《海屋筹》（二册，署"［英］哈葛德著，逍遥生译"）、《黄钻石》（二册，署"苏琴著，越卤译"）等，由小说林社出版。

五月

3日，《十字军英雄记》二卷由商务印书馆出版，标"军事小说"，署"［英］斯克德著，林纾、魏易同译"。

15日，王钟麒的论文《论小说与改良社会之关系》在《月月小说》第1年第9号刊出，署"天僇生"。

王钟麒（1880—1913），报人、作家、学者。字毓仁，一字郁仁，号无生，别号天僇、天僇生。安徽歙县人。南社社员。1907年入上海报界,历任《神州日报》、《民呼报》、《天铎报》主编。长于骈散文及诗词小说,作传奇《血泪痕》一种。其他著作有《太平天国革命史》、《三国史略》等。

本月出版的翻译小说有:《狡兔窟》,署"[美]尼楷忒著,商务印书馆译",商务印书馆出版;《鬼室余生录》,署"[英]佚名著,方笛江译",小说林社出版;《经国美谈》,署"[日]矢野文雄著,周逵(周宏业)译述,扪虱谈虎客(韩文举)批评",广智书局出版。

六月

1日,春柳社在东京演《黑奴吁天录》,计三日,轰动一时。

10日,《天义报》半月刊在日本东京创刊。为我国第一个无政府主义刊物。起初为"女子复权会"的机关刊物,其后实际成为由刘师培、张继所组织的无政府主义团体"社会主义讲习会"的喉舌。由何震主编,主要撰稿人除何震外,尚有刘师培、汪公权、陆恢权等人。唐群英、方君英、何香凝、高旭等曾予捐助。有社说、学理、时评、译丛、杂记等栏。标榜"以破坏固有之社会,实行人类之平等为宗旨,于提倡女界革命外,兼提倡种族、政治、经济诸革命"。共出十九期。

22日,《新世纪》周刊在巴黎创刊。由吴敬恒(稚晖)、李石曾、张人杰等人发刊,宣传无政府主义。1910年停刊,共出一百二十一期。

吴稚晖(1865—1953),政治家、教育家、篆书名家。原名眺,后改名敬恒,字以行。江苏武进人。光绪三十三年,与张静江、李石曾等在巴黎组织"世界社",发行《新世纪》,标榜"刻刻进化,日日更新",宣传无政府主义。受尼采、柏格森影响,认为"宇宙是一个大生命",具有"不惮烦的进化精神",由于权力意志的作用,皆向着真、善、美的目标"永远的流动"(《一个新信仰的宇宙观和人生观》)。称"马克思病理学不能试验于中国",以无政府的"大同世界"为其社会理想,提倡所谓教育、物质、生育"三大革命",以三民主义为过渡到"大同世界"的桥梁。著作编为《吴稚晖先生全集》。

25日,《大同报》月刊在东京创刊。编辑兼发行人为叔达,主要撰稿人有恒钧、乌泽声、穆都哩、佩华、隆福和荣陞等。编辑所和事务所在东京,总发行所在北京,经销处分布国内外许多书店。该报提倡君主立宪、召开国会、满汉平等。名为月刊，实际未按月出版，仅出七期即停刊。

30日，《中外小说林》旬刊在广州创刊。由中外小说林编辑及发行，黄伯耀、黄世仲兄弟主编。第17期改由公理堂接办，刊名前加"绘图"两字。内容有小说理论、小说、歌谣、剧本等，多用广东方言写作。所译外国小说占有一定篇幅，并以侦探小说居多。停刊时间未详。

本月出版的创作小说有：陈景韩的《环球旅行记》，标"游记小说"，署"上海时报馆记者译述"，上海时报馆出版；黄小配的《镜中影》，四十回排印本，标"近代小说"，署"禺山世次郎"，循环日报社出版。本月出版的翻译小说有：《罗仙小传》（署"[英]霍旨因著，商务印书馆译"）、《玫瑰花下》（署"商务印书馆译"）、《神枢鬼藏录》（二卷，标"侦探小说"，署"[英]阿瑟毛利森著，林纾、魏易译"）、《漫郎摄实戈》（标"言情小说"，署"[法]伯雷华斯德著，商务印书馆译"）等，由商务印书馆出版；《飞行记》（一名《非洲内地飞行记》，署"[英]萧尔斯勃内著，谢炘译"）、《乞儿奇冤》（署"[美]老斯路斯著，沧海渔郎、延陵伯子合译"）、《聂格卡脱侦探案》（第四册，署"[美]讫克著，华子才译"）等，由小说林社出版。

七月

6日，光复会革命党人徐锡麟等在安庆举事，刺杀安徽巡抚恩铭。

10日，秋瑾作《致徐小淑绝命词》。

13日，翻译小说《金风铁雨录》三册由商务印书馆出版，标"军事小说"，署"[英]柯南达利著，林纾、曾宗巩译"。

同日，秋瑾在绍兴准备起义，事泄被捕。

15日，秋瑾（1875—1907）在绍兴古轩亭口就义，享年33岁。

19日，《远东闻见录》在日本东京创刊。初为旬刊，第3号起改为月刊，陆军部留日学生所办，总经理人李土锐，编辑人雷昭性、段瑞兰。雷昭性即雷铁崖，字泽皆，旋易菩皆。入同盟会后，因欲以雷霆之声震醒国人，署名铁崖，笔名尚有铁铮、雪崖等。曾在该刊刊出译文《亚细亚大陆诸国之将来》和《汉日文明异同论》。停刊时间未详。

25 日，周作人的《绝诗二首》《妇女选举权问题》在《天义报》第 4 期刊出，署"独应"。这是周作人第一次用"独应"的笔名刊出文章。据周作人《知堂回想录》回忆："离开南京学堂以后，所常用的笔名是一个'独应'，故典出在《庄子》里，不过是怎么一句话，那现在已经记不得了。……用于刘申叔所办的《天义报》，后来在《河南》杂志上做文章，也用的是这个笔名……"

30 日，黄小配的小说《宦海潮》在《中外小说林》第 5 期开始连载，至第 10 期毕，标"广东近事小说"，作者署"世次郎"。全书从张任磐少年时代写起，反映鸦片战争以后至庚子事变的广州、上海、香港等地的生活场景，还写到北京上层官场、对外交涉和外国风物。前半部通过张任磐由市井无赖到出使三国大臣高位的发迹经过，表现晚清政治的黑暗腐败；后半部，通过出使美国的经历，用西方对比清朝，表现中国贫弱挨打的根源。小说对人情世故、心理描写、细节表现方面都较有精心处理，体现了黄小配小说的特色。

本月，张之洞设立湖北存古学堂。1904 年，张之洞即议设存古学堂，是因为当时"各学堂经史汉文所讲太略，特设此学"。1907 年，他正式奏议设立存古学堂"以存国粹而息乱源"。七月，存古学堂正式开学，学额 240 名，重在保存国粹并养成传习中学师资。经学、史学、词章为主课，博览子部学、算学、舆地学、外国史、政治、法律、理财、农工商实业、博物、理化诸学为通习课。此外，人人须习体操。规定七年毕业。存古学堂开办后并不景气，经史词章各科教员，或聘不到，或到学而不上堂授课，一切任意，漫无规则，已成习惯。

张之洞（1837—1909），政治家。字孝达，号香涛，又号无竞居士、壶公、抱冰。直隶南皮（今属河北）人。晚清洋务派代表人物之一。九岁读毕"四书五经"，十一岁学诗古文辞。同治二年（1863）进士，授翰林院编修。十二年，任四川乡试副考官及学政，奏请设立尊经书院。光绪五年（1879）上书反对崇厚与俄国签订陆路通商条约。十年，调任两广总督，起用冯子材，抗击入侵法军，并于广东设立广雅书院，培植文武人才。十五年，任湖广总督，建铁路，开办纺纱厂，振兴民族工业。二十年，代理两江总督，上书阻止签订中日《马关条约》。二十二年，其以反对康有为"孔子改制"说为由，封闭《强学报》，反对维新变法。二十四年，作《劝学篇》，表达"中学为体，西学为用"的思想。二十九年，奏办京师大学堂。宣统元年（1909），充实录馆总裁，旋即因病假归，同年八月卒。谥号文襄。陈衍《石遗室诗话》云："相国平生文字以奏议及古今体诗为第一。古体诗才力雄富，今体诗士马精妍，以发挥其名论特识。"著有《广雅堂散体文》二卷、《广雅堂骈体文》二卷、《广雅堂诗集》四卷、《广雅碎金》四卷、《弟子记》一卷、《论金石札》五卷等，合成《张文襄公全集》。生平事迹见《清史稿》卷四三七、《清史列传》卷六四、陈宝琛《清诰授光禄大夫体仁阁大学士赠太保张文襄公墓志铭》、陈衍《张相国传》（均见《碑传集补》卷二）、《张文襄公年谱》等。

本月，《科学一斑》月刊在上海创刊。由上海龙门师范学堂科学研究会主办，曹祖参、沈丹成编辑发行。该刊设教育、国文、历史、地理、政法、数学、理科、博物、图画、体育、音乐、手工、附录等栏目，以普及科学知识，倡导科学救国、教育救国为宗旨。已知发行四期。

本月，长篇小说《女子权》由作新社出版，十二回，标"国民小说"，署"思绮斋著"。书中描述了清朝开展女权运动的故事。女主人公袁贞娘在中学时与军校学生邓述禹相恋，后袁父阻挠，不准其女赴北京就读高等学校。贞娘忧愤投江恰被邓所在的军舰所救。两人到天津后，贞娘在报上刊出《女权论》，一时轰动。从此，袁贞娘投身于女权运动，在北京就学时创办国民报，后又去美国留学。回国后，任清宫廷翻译官，对慈禧太后颇有影响。随着各地女权运动的发展，清廷终于下诏提倡女子受教育等自由权利。最后袁贞娘奉旨与邓述禹完婚。小说通过袁贞娘在婚姻恋爱过程中受封建礼教束缚的故事，提出了妇女解放和女子参政问题，指出妇女应有学术以自治、有工艺以自养的理想道路。作者对封建统治者抱有幻想，有明显的改良主义色彩。

本月出版的创作小说还有：《中国新女豪》，十六回，署"思绮斋藕隐著"，集成图书公司出版；《奇遇记》，十二回，署"梦花居士"，新小说社出版。本月出版的翻译小说有：《大食故宫余载》（标"历史小说"，署[美]华盛顿欧文著，林纾、魏易译）、《旅行述异》（二卷，标"滑稽小说"，署[美]华盛顿欧文著，林纾、魏易合译）《孤星泪》（标"砺志小说"，署[法]嚣俄著，商务印书馆编译所译）、《爱国二童子传》（二卷，题[法]沛那著，林纾、李世中译）等，由商务印书馆出版；《聂格卡脱侦探案》第七册，署[美]讫克著，华子才译，由小说林社出版。

八月

4日,《吉林白话报》创刊。由安镜全主编。该报宗旨为:"宣上德,通民隐,开通风气,改良社会,使一般人民咸具普通之知识,以预备立宪国民之资格。"停刊时间未详。

10日,章太炎为秋瑾烈士作《〈秋女士诗集〉序》,又为苏曼殊作《〈曼殊画谱〉序》。

13日,伍光建所译《侠隐记》由商务印书馆出版,四卷,标"义侠小说",署"[法]大仲马著,君朔译"。

伍光建(1867—1943),翻译家。原名光鉴,字昭,笔名君朔、于晋。广东新会人。曾到格林威治海军大学和伦敦大学留学,先学物理、数学,后学文学。伍一生所译哲学、历史、文学等书籍和作品共130余种,近千万字。清末出版的有《中国英文读本》五册、《帝国英文读本》九种,文学译著代表作有大仲马的《侠隐记》、《续侠隐记》以及狄更司的《劳苦世界》、歌德的《狐之神通》、布纶忒的《狭路冤家》(即艾米莉·勃朗特的《呼啸山庄》)、乔治·艾略特的《阿当贝特》等。与其子伍蠡甫被合称为"中国译坛双子星"。

15日,陈去病、吴梅、刘季平、黄节、柳亚子等在上海成立神交社。秋瑾牺牲后,陈去病等革命党人拟在上海召开秋瑾追悼大会未成。于是陈去病、吴梅、刘季平等十一人在愚园集会,发起组织文学团体神交社。该社借文学创作活动进行革命宣传,颂扬秋瑾烈士的英雄业绩,以宣传反清革命。此后陈去病还于1908年在绍兴府中学堂组织匡社。为了纪念秋瑾,又在杭州组织秋社。一般认为,神交社是南社的雏形,柳亚子曾说:"神交社隐然是南社的楔子。"

18日,刘鹗的长篇小说《老残游记二集》在《天津日日新闻》开始连载,附有自序,共九卷,至10月6日毕。该作写于本年上半年。自序末云:"虽然前此五十年间之日月,固无法使之暂留,而其五十年间,可惊、可喜、可歌、可泣之事业,固历劫而不可以忘者也。夫此如梦五十年间可惊、可喜、可歌、可泣事,既不能忘,而此五十年间之梦,亦未尝不有可惊、可喜、可歌、可泣之事,亦同此而不忘也。同此而不忘,世间于是乎有《老残游记二集》。"序署"鸿都百炼生自序"。

25日,《京报》馆因受丁未政潮牵连而被封。丁未政潮是晚清一次大的政治风波,它与预备立宪运动同时发生。政潮始于1907年4月,终于同年8月,历时四月有余。政潮由岑春煊、瞿鸿禨等人掀起。他们联络海内外立宪派人士,密谋策划,企图借立宪之机推倒庆亲王奕劻和袁世凯。而庆、袁则利用慈禧仇视维新党人的心理,称岑、瞿发动政潮的目的是勾结维新人士,"为归政计",促使慈禧倒向庆、袁,罢免岑、瞿。但政潮之后,慈禧对北洋亦加深了疑虑。她借政潮后出现的权力真空,大力扶植满清皇族,使满汉矛盾全面加深。丁未政潮是预备立宪失败的一个重要原因。

本月,《小说林》第5期刊出了《秋女士瑾遗稿》,共诗词二十一题。同期开始连载小说《亲鉴》,至1908年第8期完,共十回,署"南支那老骥"(马仰禹)。作品宗旨是"改良风俗,预备立宪",所改风俗为鸦片、僧尼、早婚、浮贵。小说写了三个有姻亲关系的家庭,其中两家直接受到鸦片、僧尼、早婚、浮贵等恶俗之害,后来汲取了教训,三家一道在本地成立了自治会,办学堂,改良风俗,为立宪服务。

本月出版的创作小说有:《中国女侦探》,标"新小说",署"阳湖吕侠"(吕思勉),商务印书馆出版;《时髦现形记》八卷二十六回,署"(葛)啸侬著",时中书局出版。出版的翻译小说有:《黄铅笔》二册四十三回,署"[英]斐立澄斯著,章仲谧、章季伟译",小说林社出版。

九月

15日,《晋乘》在日本东京创刊。由景定成、景耀月、谷思慎、荣炳、荣福桐等创办。内容有论著、文艺、杂俎、图画、附录等栏目,侧重的是论著一栏。二十四开本。刊物大多采用白话,文字较通俗易懂。1908年6月5日停刊,共出三期。

同日,王钟麒的论文《中国历代小说史论》在《月月小说》第1年第11号刊出,署"天僇生"。作者指出:"吾谓吾国之作小说者,皆贤人君子,穷而在下,有所不能言,不敢言,而又不忍不言者,用姑婉笃诡谲以言之。即其言以求意之所在:一、愤政治之压制;二、痛社会之混浊;三、哀婚姻之不自由。"

同日,吴趼人的小说《发财秘史》(一名《黄奴外史》)在《月月小说》第1年第11号刊出,至第12号完。

本月出版的翻译小说有:《航海少年》(标"冒险小说",署"[日]樱井彦一郎原译,商务印书馆编译所译")、《一万九千镑》(标"侦探小说",署"[英]般福德伦纳著,商务印书馆编译所译"),由商务印书馆出版;《霜锋斗》(四册,署"[美]林拉伦著,吴步青编译"),由新世界小说社出版。

十月

7日,《震旦学报》月刊在北京创刊。作新所总发行,编辑兼发行人吴起潜、侯毅。简章称:"以述高等完备之学,供学子研究之资为宗旨。"第1期刊出翻译小说《辽阳投笔记》(署"[日]田山花袋著,侯毅译")等作品。

20日,《广东戒烟新小说》周刊在广州创刊。总编辑李哲。虽标明戒烟之名,内容却不受此限制,以小说为主。

21日,陈景韩的小说《滑稽旅行》由上海时报馆出版,八回,署"译述者上海时报馆记者"。本书以两位日本"有识之士"在旅美途中种种滑稽行为,暗讽清末社会留洋骗子的丑行。

本月,春阳社在上海成立,为专业演剧团体。因王钟声受春柳社影响而创办。王钟声以为"中国要富强,必须革命;革命要靠宣传,宣传的办法,一是办报,二是改良戏剧"。这是国内最早的话剧团体之一。1907年演出了《黑奴吁天录》。欧阳予倩在《谈文明戏》里说:"这个戏是第一次用分幕的方法编剧、用布景、在剧场里作大规模的演出,尽管演出并不十分成功,而且还有很多缺点,还是应当把这一次的演出作为话剧在中国的开场。"不久因内部矛盾解散。

本月出版的创作小说有:《徐锡麟》(署"人尹郎"),由新世界小说社出版。出版的翻译小说则有:《盗窟奇缘》(标"言情小说",署"[英]蒲斯培著,商务印书馆编译所译")《三疑案》(署"[英]奥姐著,商务印书馆译")《鸳盟离合记》(二卷,署"[日]黑岩泪香原译,汤尔和重译")等,由商务印书馆出版;《海门奇案》(标"侦探小说",署"[英]福格斯兴著,穷汉译")、《香粉狱》(署"[印度]田温斯著,病狂译")、《小红儿》(署"品花小著,伴花小史评")、《聂格卡脱侦探案》第九册(署"[美]讫克著,华子才译")等,由小说林社出版;《骇杀奇谭》(署"[法]斯曼著,醒己译")、《机器妻》(二册六回,署"[日]罗张氏著,横浮无尽室主人译")、《掌中珠》(署"[英]杰而克著，警僧、无我合译")等，由新世界小说社出版。

十一月

3日，《竞立社小说月报》月刊在上海创刊。彭俞(亚东破佛)主编。以保存国粹、振兴女学、开通知识、移易风俗等为宗旨。设置图画、社说、时评、小说、介绍新著、文艺等栏目，以小说为主。该刊除刊出谴责小说外，还曾为秋瑾烈士大鸣不平。彭俞自序云："尝自恨为家境所累，又不得一知己者，遂致强就时尚，为糊口计，糜耗精神于小说之中。"第1期刊载了竹泉生所撰《竞立社刊行〈小说月报〉宗旨说》。共出两期。

彭俞(生卒年不详)，作家、翻译家。一名瑜，字逊之，别署破佛、亚东破佛、竹泉生、守愚氏。浙江绍兴人。彭俞年轻时事迹芜杂，光绪三十二年到上海，因见李伯元、吴趼人等撰写小说备受欢迎，遂开始从事小说创作与翻译。次年创办《竞立社小说月报》，约卒于光绪末年或宣统年间。著有长篇小说《泡影录》、《闺中剑》、《三家村》、《双灵魂》、《歼鲸记》、《竹泉生异闻传》；译述小说(根据日文小说改编)有《东瀛新侠义》五种；另有《竹泉生文集》及《人道纲目》。其诗作及短篇小说散见于当时报刊，未成集。

20日，吴趼人的小说《劫余灰》在《月月小说》第1年第10号开始连载，至第24号(第2年第12期)完结，共十六回，标"苦情小说"。内容为写情兼海外华工的悲苦遭际，情词凄苦。

本月，包天笑的小说《碧血幕》在《小说林》第6期开始连载，至第9期毕，标"社会小说"，题"天笑生编述"。《小说林》后载有《天笑启事》："鄙人近欲调查近三年来遗闻轶事为《碧血幕》之材料，海内外同志如能贶我异闻者，当以该书单行本及鄙人撰译各种小说相赠，并开列条件如下：关于政治外交界者；关于商学实业界者；关于各种党派者；关于优伶妓女者；关于侦探家及剧盗巨奸者。其他凡近来有名人物之历史及各地风俗等等，巨细无遗，精粗并蓄。倘蒙赐书，请寄上棋盘街小说林转交可也。"

本月出版的翻译小说有：《红星佚史》(署"[英]罗达哈葛德、安度兰俱著，周逴译"，即周作人口译，鲁迅笔述)、《复国轶闻》(标"航海小说"，署"[英]

波士俾著,商务印书馆编译所译")、《中山狼》)署"[美]文龙著,商务印书馆译")、《冢中人》(标"言情小说",署"[英]密罗著,黄序译")、《凄风苦雨录》(十八回,署"废物")、《指中秘录》(上下卷,标"侦探小说",署"[英]麦区兰著,商务印书馆编译所译")等,由商务印书馆出版;《聂格卡脱侦探案》第十册,署"[美]讫克著,华子才译",由小说林社出版;《劫花小乘》,标"哀情小说",署"[英]格落麦著,思纯斋译",由广智书局出版。

十二月

4日,《振群丛报》月刊在上海创刊。由上海振群学社出版,潘玉书发行,李葭荣(怀湘)、王之瑞(云五)为主编。叙例称:以"开通民智,造就立宪国民之资格"为宗旨。停刊时间未详。

5日,《时事报》在上海创刊。由张竹平主办,汪仲阁、潘公弼主笔,该报政治上倾向于立宪改良,辛亥革命后成为研究系言论机关。

20日,《河南》月刊在日本东京创刊。编辑及发行人署"武人",实系由同盟会张锺瑞任总经理,刘积学任总编辑。《河南》是在已停刊的《豫报》的基础上创办起来的,分有图画、论著、译述、时评、史谈、记载、访函、小说等栏目。它以"牖启民智,阐扬公理"为宗旨,积极宣传资产阶级革命思想和文化,以求"作酣梦之警钟,为文明之导线",激发国民的爱国天良,为挽救国家危亡确定和指明方针,为振兴河南探索出切实可行之路。1908年12月底第9期发刊后遭禁。鲁迅《人之历史》在创刊号上刊出,署"令飞"。

本月,《神州女报》月刊在上海创刊。陈平伯、吴芝瑛、徐寄尘等为主要撰稿人。该刊以"提倡中国女学,扶植东亚女权,开通风气"为宗旨。设有论说、学问、舆论、小说、记事等二十余栏,涉及男女平权、妇女解放等问题,号召女子冲破封建宗法网络的束缚,提倡女子参政及参加一切社会服务活动。1908年停刊,共出三期。1912年复刊后改为旬刊。

本月出版的翻译小说有:《多那文包探案》(标"侦探小说",署"[英]狄克多那文著,商务印书馆编译所译")、《鬼士官》(标"写情小说",署"[日]少栗风叶著,商务印书馆编译所译")、《苦海余生录》(标"警世小说",署"[英]自来登女士著,商务印书馆编译所译")等,由商务印书馆出版;《聂格卡脱侦探案》(第十三册,署"[美]讫克著,华子才译"),由小说林社出版;《剧盗遗嘱》(三十回,署"[法]米保高比著,林紫虬、李心灵合译"),由聚珍书楼出版。

本年

本年,王国维被清政府命在学部总务司行走,任学部图书馆编辑。是年《三十自序》刊于《教育世界杂志》。王国维自言:"余疲于哲学有日矣,哲学上之说,大都可爱而不可信,而可信者不可爱。余知真理,而余又爱其谬误。伟大之形而上学、高严之伦理学与纯粹之美学,此吾人所酷嗜也。然求其可信者,则宁在知识论上之实证论、伦理学上之快乐论与美学上之经验论。知其可信而不能爱,觉其可爱而不能信。此近二三年中最大之烦闷,而近日之嗜好,所以渐由哲学而移于文学,而欲于其中求直接之慰藉者也。"

本年,陈衍入都,与都下诗人唱和。《石遗室诗话》卷一:"都下诗人,十余年来颇复萧寂,自余丁未入都,广雅相国入枢廷,樊山、实甫、芸子俱至,继而豛庵、右衡、病山、梅庵、确士、子言先后至,计余居都门五年,相从为五七言诗者,无虑数十人,讨论之契,无如赵尧生(熙)、陈仁先(曾寿),进学之猛,……尧生以诗名有年,所作无虑数千首,挨东诸子肆力为诗,不三数年也。"

本年,欧阳钜源(1883—1907)在上海去世,享年25岁。欧阳钜源是李伯元办《繁华报》、编辑《绣像小说》的得力助手。李伯元的某些作品中有欧阳钜源的笔墨。欧阳钜源著有小说《负曝闲谈》,为晚清著名的谴责小说。欧阳钜源思想激进,他为吴趼人《糊涂世界》、李伯元《官场现形记》所写的序,产生了很大影响。所撰《官场现形记》之序,被阿英誉为"不啻是一篇讨伐官场的檄文"。

本年,劳乃宣在王照所创官话字母基础上,编成《简字全谱》。由一个"简字全谱"(按声韵调分列的总字母表)与京音、宁音、吴音、闽广音四种分谱组成,是劳乃宣多种"合声简字"方案的总汇。作者主张先用字母拼出方言的汉字读音,以便识字;再用字母拼出京音,以学习官话。在南方推行一时,有一定影响。

劳乃宣(1843—1921),学者。字季瑄,号玉初,又号韧叟。河北省广平府(今河北省永年县广府镇)。中国近代音韵学家,清末修律礼、法之争中礼教派主要代表人物之一。劳乃宣坚持"本旧律之义，用新律之体"的修律方针，主张凡属三纲五常的伦理纲常都纳入新刑律之中。他的法律思想是中国封建正统法律思想在中国近代社会的表现，目的在于抵制中国法律制度的变革，维持封建君主专制。平生著有《各国约章汇录》、《义和拳教门源流考》、《简字丛录》、《筹算浅释》、《共和正解》、《续共和正解》等。

本年夏，鲁迅与许寿裳、周作人、袁文薮等筹办文艺杂志《新生》。后未能出版。

本年，张云锦撰《顺所然斋诗》五卷于武昌刻出，明年复刊刻《顺所然斋文集》二卷；况周颐撰《阮庵笔记》五种刊刻于南京。

本年是晚清小说刊行最多的一年。据阿英《晚清戏曲小说目》统计，本年刊行的创作小说有黄小配的《廿载繁华梦》等六十种，翻译小说有抱器室主人译《几道山恩仇记》等一百三十种以上，戏曲作品主要有古越嬴宗季女著《六月霜传奇》等。

1908年

一月

5日,《四川》月刊在日本东京创刊。此刊为川籍同盟会所办,吴永珊(即吴玉章)主持,四川杂志社编辑和发行。1908年被查禁,共出三期。创刊号的"本社广告"阐述其宗旨:"顷者本社同人以中夏阽危,乡邦锢蔽,爰推爱四川以爱中国之义创办本杂志",希望各界爱国人士"就其身所见闻,各挥如椽巨笔,将政界、学界、军界、商界及同胞一切颠连困苦情形和盘托出,公诸本志,庶可使此黑暗世界放大光明"。

吴玉章(1878—1966),革命家、教育家。原名吴永珊,字树人,号玉章。四川省荣县人。早年参加同盟会和辛亥革命,1925年加入中国共产党,1938年以后,历任延安宪政促进会会长、鲁迅艺术学院院长、延安大学校长、陕甘宁边区政府文化委员会主任、华北大学校长等。建国后,先后担任中国人民大学校长、全国文字改革委员会主任。其重要著作有《中国历史教程绪论》、《辛亥革命》、《历史文集》、《吴玉章回忆录》等。

6日,翻译小说《孝女耐儿传》三卷由商务印书馆出版,标"伦理小说",署"[英]却而司迭更司著,林纾、魏易译";署"光绪三十三年八月十日,闽县林纾畏庐父叙于京师望瀛楼"。书首有林纾序,序里说:"予不审西文,其勉强厕身于译界者,恃二三君子口述其词,余耳受而手追之,声已笔止,日区四小时,得文字六千言。""余虽不审西文,然日闻其口译,亦能区别其文章之流派,如辨家人之足音。"

15日,《〈共产党宣言〉序言》在《天义报》刊出,署"[德]因格尔斯著,民鸣译"。

16日,《大清报律》颁布。

18日,王钟麒的小说《学究教育谈》在《月月小说》第1年第12号刊出,标"社会小说",署"天僇生"。

本月,《新小说丛》月刊在香港创刊。林紫虬主编,新小说丛社编辑兼发行。该刊是一份以译介外国侦探小说为主的刊物,并载有外国作家传略"小说话"等。林文聪在《〈新小说丛〉祝词》里说:"自昔说部之流传,半属文人之好事,……然某以为小说之作,体兼雅俗,义统正变,意存规戒,笔有褒贬,所以变国俗,开民智,莫善于此,非可苟焉已也。"认为小说有"御侮、振武、采风、瀹智、博物、绩学"的功能。

本月出版的翻译小说有:《化身奇谈》(标"滑稽小说",署"[英]安顿著,商务印书馆编译所译")、《情侠》(标"言情小说",署"[英]谭伟著,商务印书馆编译所译")、《三人影》(标"侦探小说",署"[美]乐林司朗治著,商务印书馆编译所译")、《一仇三怨》(标"婚事小说",署"[美]沙斯惠著,商务印书馆编译所泽")、《行路难》(署"[英]达溟著,商务印书馆编译所译")等,由商务印书馆出版;《遗嘱》,署"[英]华登著,小说林社总编译所译",由小说林社出版;《科学罪人》,标"侦探小说",署"[英]甘霜著,李新甫、吴匡予译,天虚我生(陈栩)润词",由中华书局出版;《几道山恩仇记》二册,署"[法]大仲马著,抱器室主人译",由中国日报社出版。

二月

1日,鲁迅《摩罗诗力说》在《河南》第2—3期刊出,署"令飞"。文章基本主旨是以进化论为理论基础,以摩罗诗派为美学导向,以文学革命为运作手段,以启蒙新民、改良社会为终极目的。鲁迅逐一分析中外几大文明古国"灿烂于古"、"萧瑟于今"的主要原因,否定了文化复古派保守、静止、倒退的世界观,揭露了洋务派崇实(实利器物)轻神(精神思想)的片面性及其重外(文明表象)轻内(文明实质)的救国论,批判了阻滞文艺发展、扼杀天才个性的孔孟儒家的"无邪"诗教,强调了艺术教育在人生中的必要性和重要性,阐明了诗歌要打破"无浊之平和"、发扬"反抗挑战"的作用,总结了摩罗派诗人刚健不挠、抱诚守真等共同特点,标举出拜伦的"摩罗式"叛逆精神及其浪漫主义风格,最后热切盼望通过"别求新声于异邦",使中国能涌现出像拜伦、雪莱一样的"精神界之战士",发出文学革命的"先觉之声",以"破中国之萧条",开辟中国的文艺革命之道。

2日,《关陇》在日本东京创刊。由留日陕西学生谭焕章、崔云松、郗朝俊等与留日甘肃学生共同主办。该刊"以提倡爱国精神,浚沦普通知识为宗旨"。分论著、译述、实业、时评、谈丛、记事、文艺和广告等栏目。其论述的主要内容即为揭露帝国主义侵略,疾呼救亡图存。至本年5月14日停刊,共出四期。

同日,《新朔望报》半月刊在上海创刊。新朔望报馆编辑及发行,管西园、张丹斧主编。提倡改良戏曲、服装。同年五月改组为《国华报》,旋即停刊。第一期开始连载《甲庚闻见录》至第六期毕,作者署"立群"。

8日,小说《光绪万年》在《月月小说》第13号(第2年第1期)刊出,为"理想科学寓言讽刺诙谐小说",叙述自光绪三十二年预备立宪,"至今"已达光绪一万年,一个"尤肆力于天文之学"的中国"伟人",在自家修建的"观星台"上发现一颗彗星将撞击地球,接下来叙述彗星只是摩擦地球于北极,导致天下万国皆移动位置,中国跑到了从前新西兰的地方。从此,寒暑颠倒:"伟人"考得究竟,"不觉从前似醒似梦,若假若真",下台出户,猛见举国上下也换了模样。走问亲友,众人大笑"了不知宪法已组织完备,今日已实行立宪耶"。同期还刊出了王钟麒的《剧场之教育》,署"天僇生"。

12日,《岭南白话杂志》周刊在广东创刊。岭南白话报杂志社编辑发行,编辑者黄伯耀、黄世仲。该刊以"讲公理、正言论、改良风俗"为宗旨。停刊时间未详。

26日,《夏声》月刊在日本东京创刊。陕西留日学生所办,夏声杂志社编辑发行,总编辑赵世钰、发行人杨铭源。所刊文章多涉及西北的政治、经济、文化等方面的情况,主张"开通风气,涮除敝俗,灌输最新学说,发挥固有文明,鼓舞国民精神"。1909年9月停刊,共出九期。

29日,《预备立宪公会报》半月刊在上海创刊。预备立宪公会主编,编辑成员有孟昭常、秦瑞玠、汤一鹗等,多为日本法政大学毕业生。设撰述、辑译、纪事三类。以"欲使人民知立宪之所有事,而促其进化之思"为宗旨,配合立宪运动进行理论宣传,并就宪法、行政、法律、财政、外交、交通、教育等方面的问题进行研究和讨论。在国内外有相当影响。1910年1月底停刊，共出四十六期。

同日，长篇小说《幻梦奇冤》（一名《血指印》）由改良小说社出版出版，十六章，题"松陵钓叟田铸编述"。小说创作来源于作者从朋友听到的离奇谋杀案，较好地把握住外国侦探小说和中国公案小说的特点，抓住"奇"字，并穿插案情相关评价，颇能引起读者兴趣。

本月，张鸣珂撰并自序《寒松阁读艺琐录》一卷于此月成。书系画传。记载咸丰、同治、光绪三朝书画家三百三十一人，自序谓为续《墨林今话》而作，体例亦同，晚年书成，主要记载名氏、籍里、生平事迹、著述文集、评赞画艺兼及书法，诗文诸专长。凡与书画家相交至深者并附简历。记事信实，保存不少重要文献资料。

本月，徐念慈《〈丁未年小说界发行书目调查表〉引言》在《小说林》第9期刊出，次期又刊出《余之小说观》，署"觉我"。二文均述及小说界状况。在《余之小说观》里他认为："小说者，文学中之以娱乐的，促社会之发展，深性情之刺戟者也。"而著作小说与翻译小说"综上年所印行者计之，则著作者十不得一二，翻译者十常居八九。……此著作与翻译之观念有等差，遂至影响于销行有等差，而使执笔者，亦不得不搜索诸东西籍，以迎合风尚，此为原因之一。抑或译书，呈功易，卷帙简，卖价廉，与著书之经营久，笔墨繁，成本重，适成一反比例，因之舍彼取此，乐是不疲与，亦为原因之一。由后之说，是藉不律以为米盐日用计者耳"。谈及小说形式则说："大别之有三。其一综合各种……第二法，则侦探、言情等，种种标目，似无不妥，然小说之所以耐人寻索，而助人兴味者，端在其事之变幻，其情之离奇，其人之复杂。……至第三法，以花卉人物，饰其书面，是因小说者，本重于美的一方面，用精细之画图，鲜明之刷色，增读书者之兴趣，是为东西各国所公认，无待赘论。"此外还涉及小说之题名、小说之趋向、文言小说与白话小说、小说之定价、小说今后之改良内容。

本月出版的翻译小说有：《幻想翼》（署"[美]爱克乃斯格平著，商务印书馆译印"）、《新飞艇》（标"科学小说"，署"尾楷忒星期报社原著，商务印书馆编译所译"）等，由商务印书馆出版；《电感》（标"侦探小说"，署"[英]哈本著，临桂木子译"）、《红闺镜》（署"[美]史德兰著，华兮译"）、《鸳鸯碑》（十章，标"言情小说"，署"（李）小白"）等，由小说林社出版。

三月

3日,陆秋心的小说《双泪碑》由上海时报馆出版,标"写情小说",作者署"南梦"。本书用文言写成,约八千余言,描写清末受新思想影响的青年男女的爱情悲剧,为时报馆悬赏小说第二等。

陆秋心(1884—1927),小说家。原名曾沂,号秋心,字冠春。江苏海门人。早年参加"爱国社",后在《民立报》主持笔政,曾刊出多部小说。其中《葡萄劫》在《民立报》的小说栏刊出,连载长达三年。其间还创作了"集锦小说"《斗锦楼》,引起了右任、叶楚伧等人的参加。1909年时报馆出版其小说《双泪碑》,"伺生"曾点评说:"《双泪碑》亦时报出版,篇幅甚短,寓意却深,时报馆诸小说,此为第一。"(《小说丛话》,1911年4月23日《小说月报》第2年第2期)辛亥以后,任复旦大学教务及中学部主任。除译作外,还有《秋心说集》单行本出版,汇集了他的四部文言小说《刺虎鸳鸯》、《铁血红丝》、《珠丝怨》和《兰因》。

4日,翻译小说《块肉余生述》前编二卷由商务印书馆出版,署"[英]却而司迭更司著,林纾、魏易译"。

6日,皮锡瑞去世,享年59岁。

皮锡瑞(1850—1908),经学家。字鹿门,一字麓云。湖南善化(今长沙)人。光绪举人。曾主讲湖南桂阳州龙潭书院、江西南昌经训书院。中日甲午战后,极言变法不可缓,并谓改政必先易人。汤志钧有论曰:"皮锡瑞,经今文学家也。经今文学,'所贵在微言大义',尤助康、梁改制之说。然而皮锡瑞与康有为亦有殊异,盖有为'通经致用',援饰经说,倡言维新;而锡瑞则笃守今文家法,主王制,以易、礼为孔子所作,门户森然,堪称晚清之经学大师。"一生著述丰富,有《经学通论》五卷,《经学历史》,《今文尚书考证》三十卷,《师伏堂词》,《师伏堂诗草》六卷,《师伏堂骈文》六卷等二十余种,其中大部分辑印为《师伏堂丛书》及《皮氏八种》。

17日,《江汉日报》在汉口创刊。饶翼儒、姜旭溟先后任总经理。以广开民智、变革社会、鼓吹革命为宗旨,批判君主立宪,颂扬革命倒满,从事实业调查。发行五个月,当局以"鼓吹革命,扰乱大局"罪名严行查禁。共出一百四十九号。

本月,王钟麒的论文《中国三大家小说论赞》在《月月小说》第14号(第2年第2期)上刊出,署"天僇生"。此文中的三大小说家是指《水浒传》、《金瓶梅》

和《红楼梦》的作者施耐庵、王弇州、曹雪芹。

本月，苏曼殊翻译、辑录的《文学因缘》第一卷由齐民社刊行，日本东京博文馆印刷，后上海群益书社翻印，改题为《汉英文学因缘》。

苏曼殊（1884—1918），诗人、小说家、翻译家。原名戬，字子榖，后改名玄瑛，法号曼殊，别署燕子山僧、昙鸾等。祖籍广东香山恭常都沥溪乡（今属珠海）人。生于日本横滨，其母为日本人。六岁返乡读书。十三岁到上海，开始学习英文。1898年到日本，1902年入东京早稻田大学高等预科，参加革命团体青年会。后加入拒俄义勇队及军国民教育会。1903年辍学归国，到上海任《国民日报》翻译，在该报连载半译半著小说《惨社会》。报纸被封后赴香港，又到惠州落发为僧。1904年曾欲暗杀康有为，1907年东渡日本，与章太炎等发起组织"亚洲和亲会"，并与鲁迅等人筹办文艺刊物《新生》，未成。著《梵文典》八卷，出版《文学因缘》。次年，所译《拜伦诗选》成书。1909年撰英文《〈潮音〉自序》。任梵学会译师。1910年，发表《与高天梅（论文学）书》。1912年回国，加入南社。任《太平洋报》主笔，刊出《断鸿零雁记》。欲重译《茶花女遗事》，未果。1914年，刊布《天涯红泪记》（未完），出版编译之中英诗歌合集《汉英三昧集》。随后两年，《绛纱记》、《焚剑记》、《碎簪记》陆续出版。1917年《非梦记》是其最后小说。1918年卒于上海。生平事迹见柳亚子《苏玄瑛新传》、马以君《苏曼殊年谱》。

本月出版的创作小说有：《新纪元》（二十回，题"碧荷馆主人编"）、《黑革囊》（共二十回，署"嫩"）、《鸦片案》（标"中国侦探案"，作者署"傲骨"）等，由小说林社出版。出版的翻译小说有：《不测之威》（二册，署"［俄］托尔斯泰著，商务印书馆译印"）、《海卫侦探案》（署"［英］模利孙著，商务印书馆编译所译"）、《铁血痕》（二卷，标"军事小说"，署"［英］倍来著，商务印书馆编译所译"）等，由商务印书馆出版；《剑胆琴心录》（署"弳端著，斯人译"），由小说林社出版。

四月

1日，《半星期报》在广州创刊。主办人莫梓耤。该刊以改良社会、增进智识为宗旨，鼓吹君主立宪，谴责帝国主义侵略，主张振兴实业。分设论说、短评、科学、群言、谐文、小说、词苑、戏本、世界大事、中国大事、本省大事、琐闻、奇谈等栏目。1908年8月停刊，共出十九期。

15日，章回小说《魍魉世界》在《关陇》第3期刊出，第4期载完，作者署"春晖"。作品述日俄交战后，朝廷下令整顿陆海军，终日沉醉花场的尚书燕恢接旨后苦无对策。小妾媚娘献计请行家敷衍上司。燕恢考治军策，众将无以为对，只有主事吴运因曾经历过甲午海战的府差王钟助考，对答较好，被燕恢目为奇才，奏请派出洋考察。媚娘硬要一字不识的舅爷惠格同赴日本。船经上海时玩了半个月，才到东京。又在日本游动物园、艺妓座、劝工场等。苦于无法交差，惠格出高价雇同乡陆军学生全形式撰调查日记，吴运命王钟请士官生代写日记才交差了事。

16日，袁祖光自序《瞿园杂剧初编》。序谓初编"仿古人《四声猿》、《龙舟会》之例，有《仙人感》、《藤花秋梦》、《金华梦》、《暗藏莺》、《长人赚》、《东家颦》、《西江雪》、《神山月》、《玉津园》诸目"，"番禺沈太侔（宗畸），词曲家之折肱者也。索阅一过，怂恿付刊，谓词人托诸谲讽，鸣所独鸣，曲本弹词，子虚乌有，供几辈顽钝穷迂下酒喷饭，亦结习所宜然，不必深讳"。

25日，苏曼殊辑成《岭海幽光录》，述明末十七位志士、烈女、义僧抗清事迹，苏氏其自序云："吾粤滨海之南，亡国之际，人心尚已！苦节艰贞，发扬馨烈，雄才瑰意，智勇过人。余每于残籍见之，随即抄录。古德幽光，宁容沉晦？奈何今也有志之士，门户齮龁，狺狺嗷嗷；长妇姹女，皆竞侈邪。思之能勿涔涔堕泪哉？船山有言：'末俗相率而为伪者，盖有习气而无性气也！'吾亦欲与古人可诵之诗，可读之书，相为浃洽而潜移其气，自有见其本心之日昧者。是亦可以悔矣。"

本月，《国魂报》在上海创刊。文学社团"丽则洁身社"主办。设课艺、诗词、戏文、小说等栏目，兼刊通俗文学作品。曾刊载纪念秋瑾戏曲《轩亭冤传奇》。

本月出版的创作小说有：《惨女界》（二卷三十回，署"吕侠人著"），由商务印书馆出版；《新旧社会之怪现状》（五回，署"冷眼旁观人"），由鸿文书局发行，汇通印书馆印刷。出版的翻译小说有：《金篰叶》（标"义侠小说"，署"蒋景缄译"），由小说林社出版；《双乔记》（标"言情小说"，署"[美]杜伯著，商务印书馆编译所译"）、（《歇洛克奇案开场》，标"侦探小说"，署"[英]科南达利著，林纾、魏易同译"）等，由商务印书馆出版。

五月

24日，刘师培为端方密探后，于上海《神州日报》上伪造《炳麟启事》："世风卑靡，营利竞巧，立宪革命，两难成就。遗弃世事，不撄尘网，固夙志所存也。近有假鄙名登报或结会者，均是子虚。嗣后闭门却扫，研精释典，不日即延高僧剃度，超出凡尘。无论新故诸友，如以事见问者，概行谢绝。特此昭告，并希谅察。"试图败坏章太炎的名誉，设法打击章太炎。

30日，《武学》月刊在日本东京创刊。留日陆军学生创办，武学编译社印行，第1—9期编辑及发行人为陆光熙、方日中，第10期改题覃鎏钦，第13期总编辑署姜梅龄等，总经理黄郛。分设图画、社说、教育、学术、杂俎、文说、小说、调查等栏。停刊时间未详，共见十四期。

本月，孙诒让去世，享年61岁。

孙诒让（1848—1908），经学家、文字学家。字仲容，号籀颐。浙江瑞安人。对古书的校勘解释有较大贡献。章太炎《瑞安孙先生伤辞》："文士多病先生破碎。抑求是者，固无章采，文理密察，足以有别，宜与文士不相容受。世虽得闿运等百辈，徒华辞破道，于朴学无补益。"

本月，周作人的论文《论文章之意义暨其使命因及中国近时论文之失》在《河南》第4—5期刊出，署"独应"。该文认为："文章有四义之可言"，"其一，文章云者，必形之楮墨者也"；"其二，文章者，必非学术者也，盖文章非为专业而设，其所言在表扬真美，以普及凡众之人心，而非仅为一方说法"；"其三，文章者，人生思想之形现也"；"其四，文章中有不可缺者三状，具神思，能感兴，有美致也"。

本月出版的创作小说有：《新镜花缘》（十四回铅印本，署"啸庐外编"），上海鸿文书局发行，新世界小说社出版；《蓝桥别墅》（十五回，题"梦花馆主江荫香改辑"），近世小说社出版。出版的翻译小说有：《法官秘史》（前后编，标"历史小说"，署［法］大仲马著，君朔（伍光建）译）、《易形奇术》（十章，署"［英］斯底芬孙著，商务印书馆译"）等，由商务印书馆出版。

六月

2日,翻译小说《髯刺客传》及《恨绮愁罗记》上下卷由商务印书馆出版,均标"历史小说",均署"[英]科南达阿利著,林纾、魏易同译"。

3日,《笏山记》三卷六十九回,由广智书局出版,作者署"东莞冷道人守白氏"。"东莞冷道人守白氏"即蔡召华(生卒年未详),字守白,号冷道人。广东东莞人。附贡生。"性磊砢不羁,……生平固穷,自守不求人知,惟以吟咏自适",著有诗集《缀玉集》四卷、《爱吾庐诗钞》六卷、《细字吟》六卷、《草草草堂草》四卷,小说《笏山记》六卷六九回、《驻云亭》十卷。

5日,鲁迅的论文《科学史教篇》在《河南》第5期刊出,署"令飞"。

10日,章太炎看到伪作的《炳麟启事》后,在本日出版的《民报》第21号刊登《特别广告》,予以驳斥和揭露,略谓:"仆于阳历五月二十四日赴云南独立大会,时本社人员亦俱往赴。仆归后即不见印章一方,篆书'章炳麟印'知是侦探乘间窃去。以后得仆书者,当审视笔迹,方可作准。其印章'章'字上画阙者,可信为真,完具者即非真印也。……近有人散布匿名揭帖,伪造仆与锡良之电报,又有人冒名作信,在上海《神州日报》登《炳麟启事》一则,其散布匿名揭帖者,查得是山西宁武府人,其冒名告白,尚待调查,合并声明。"

14日,学部根据《奏定学堂章程》里"原定大学堂章程有附设仕学馆、师范馆……将来……仕学、师范两馆均应另派监督,自为一学堂……师范馆可作为优级师范学堂,照优级师范学堂章程办理"的规定,上书清政府"奏改京师大学堂优级师范科为京师优级师范学堂,以五城中学地方改建校址,并奏派陈问咸为监督"。1912年改名国立北京高等师范学校。1924年改为北京师范大学。

17日,翻译小说《贼史》上下卷由商务印书馆出版,标"社会小说",署"[英]却而司迭更司著,林纾、魏易同译"。

22日,康有为的《〈人境庐诗草〉序》刊是书通行本。康氏认为,黄遵宪提出诗界革命,乃"考于中外之政变学艺","以其有中国之学,采欧、美人之长,荟萃熔铸,而自得之";他的诗"上感国变,中伤种族,下哀生民,博以寰球之游历",是以'浩渺肆态,感激豪宕,情深而意远"。

23日,美国国会通过退还部分庚子赔款案,所退赔款计一千○七十八万元,用于遣送留学生赴美，以及在北京开设赴美预备学校清华学堂，由美方派人监督退款用途和学生培养准则。

同日，翻译小说《美人磁》由商务印书馆出版，标"言情小说"，署"［法］威廉规克斯著，商务印书馆译"。

29日，《续封神传》（又名《新封神》）四回，由醉经堂书庄出版，题"天悔生著"。

本月，翻译家徐念慈（1875—1908）在上海病逝，享年34岁。

本月，小说《绅董现形记》（共十回，署"白莲室主人著"）由日商株式会社出版。作品以写实的手法，揭露晚清时代一群商贾劣绅，借维新的假名，愚弄百姓，欺骗和利用官僚，为害社会、中饱私囊、大发横财的种种罪恶勾当。作品一方面揭露土豪劣绅的贪婪、残酷。一方面则暴露讽刺他们的附庸风雅、不学无术、浅薄无聊的可鄙行径和面目。作者"写出一种假维新的绅董小照来"，揭露他们假维新之名，浑水摸鱼、趁火打劫的卑劣行径和丑恶灵魂。

本月出版的翻译小说还有：《冰天渔乐记》（二卷，标"冒险小说"，署"［英］经司顿著，商务印书馆编译所译"）、《天际落花》（标"言情小说"，署"［日］黑岩周六（泪香）原著，海宁褚灵辰译"）等，由商务印书馆出版。

七月

3日，《东莞旬报》旬刊在广州创刊。莫纪彭（侠仁）主编。月出三册，设论说、史丛、文苑、小说、杂俎、谐薮、谐文、邑事、国事、外事等栏目，作者多以复仇、杀国贼者、轩胄、厉魂等笔名撰著。停刊时间未详。

4日，京师女子师范学堂经清学部奏准，正式设立。初设简易科，分甲乙丙丁四班，二年毕业。1910年4月设附属女子两等小学堂。1912年改名北京女子师范学校，以造就小学教员及蒙养园保姆为宗旨。设预科一年；改完全科为本科，四年毕业；改简易科为讲习科，二年毕业。1914并设家事技艺专修科。1915年设蒙养园。1916年设保姆讲习科。1917年起为改办高等师范，设教育、国文专修科，改招女子中学及师范毕业和有同等学力者，以培养女子师范学校、中学校教员及管理员为宗旨，三年毕业。同年设附属女子中学。1919年改办高等师范，易名北京女子高等师范学校，为国内女子最高教育机构。

本月，王国维据《花间尊前》诸集和《历代诗余》、《全唐诗》等书，辑成《唐五代二十家词》。

本月，《小说丛刻》第 1 集由裕记书庄发行。《小说丛刻》第 1 集第 3 种名《孽报缘》（十二回，西湖情侠著，无序跋），作品叙陆是元为上海沈大臣之翻译，为苏杭甬铁路之路权，与雄国谈判，获利六万三千多元；又往丑国参加赛会，吞没举办赛会巨款，致中国失败。陆是元携妓女出身的如夫人回上海，极尽奢华。不想陆太太日日往戏馆看戏，且引武生小李儿入公馆奸宿，陆是元因而气死，其所得贿赂，全被陆太太乱用，偿清孽债。

本月出版的翻译小说有:《海棠魂》(标 "言情小说"，署 " [英]布斯俾著，薛一谔、陈家麟合译")、《剧场奇案》(标 "侦探小说"，署 " [英] 福尔奇斯休姆菩，商务印书馆编译所译")、《双鸳侣》(标 "义侠小说"，署 " [英] 格得史密斯著，商务印书馆编译所译")、《新天方夜谭》(标 "社会小说"，署 " [英] 路易司地文著，[英] 佛尼司地文著，林纾、曾宗巩同译")、《青衣记》(二卷，标 "言情小说"，署 " [英] 傅兰锡著，商务印书馆编") 等，均由商务印书馆出版；《强盗洞》十八回，标 "改良社会小说"，署 " [美] 吴板桥译意，陈春生演话"，由美华书馆出版。

八月

1 日，小说《小额》由北京东单牌楼西观音寺和记排书局刊出，不分回，标 "社会小说"，题 "友梅松龄编，曼卿杨旭评，璞山玉昆、绍先景森、瀚臣斌海同校"。是书叙放高利贷者小额悔改之事。书前有序篇，一署杨曼卿，一署 "漠南德洵少泉"，另有《题辞》署 "绿棠吟馆"，用《长恨歌》原韵赋成。作者松友梅，字龄，光绪三十三年北京《进化报》创立时任该报社总务之职。通晓中医，熟悉旗人生活，可能旗人出身。

5 日，鲁迅的论文《文化偏至论》在《河南》第 7 期刊出，署 "令飞"。文中提出："生存两间，角逐列国是务，其首在立人；人立而后凡事举若其道术，乃必尊个性而张精神。"文章还提出了 "掊物质而张灵明，任个人而排众数" 的著名论点。

同日，鲁迅的《裴彖飞（裴多菲）诗论》与《前记》，在《河南》第 7 期刊出，均署 "令飞"。

12日，翻译小说《海外拾遗》由商务印书馆出版，标"笔记小说"，署"［英］科南达尔著，商务印书馆译"。

27日，清廷颁《钦定宪法大纲》和"九年筹备立宪清单"。实际上是颁布了宪法大纲及议院选举各纲要。

本月，丁传靖撰戏曲《沧桑艳传奇》成，自作序。《沧桑艳》二十出，叙明季陈圆圆事。

丁传靖（1870—1930），近代藏书家、学者。字秀甫，号闇公。丹徒（今江苏镇江）人。光绪二十三年（1897）举人。著有《闇公诗存》、《闇公文存》、《沧桑艳传奇》、《霜天碧传奇》、《七昙果传奇》等数十种。最负盛名的是他的传奇曲本，吴梅认为："词采葩发，雅近倚晴（即黄燮清），而于声律之道，则茫乎未所有闻也。"

本月，陆士谔的长篇小说《鬼国史》（一名《新鬼话连篇》）由改良小说社出版，二册六回，标"滑稽小说"。

陆士谔（1876—1943），小说家。名守先，字士谔，以字行。江苏青浦（今属上海）人。一生既行医又撰小说，著作甚丰。所著长篇小说达三十余种，大多为社会小说和武侠小说，如《十尾龟》、《女界风流史》、《女子骗术奇谈》、《六路财神》、《官场怪现状》、《最近上海秘密史》、《续孽海花》、《血泪黄花》（又名《新鄂州史》）、《清史演义》、《清朝开国演义》、《血滴子》、《三剑客》、《八大剑侠》等。陆士谔还是早期科幻小说的奠基者之一，创作多种科幻小说如《新中国》、《新上海》、《新三国》、《新水浒》、《新野叟曝言》等。

本月出版的创作小说还有：《飞行之怪物》（八章，署"肝若（沈翀）著"）、《女学生》（十章，封面题"社会小说绘图女学生"，署"著者菽夏"）、《滑头世界》（一名《游沪指南》）一至二编，标"社会小说"，署"老上海（陈无我）著，寿头变相校订"）、《新官场现形记》（二卷八回，楔子一回，不题撰人）等，由改良小说社出版；《扬州梦》（十回，标"社会言情小说"，署"著者仙源苍园，评者三门少年老"），由集成图书公司出版。出版的翻译小说有：《剖脑记》（标"新译侦探小说"，署"［英］查普林著，商务印书馆编译所译"），由商务印书馆出版。

九月

9日，翻译小说《青藜影》由商务印书馆出版，标"言情小说"，署"[英]布斯俾著，薛一谔、陈家麟译"。

11日，翻译小说《电影楼台》由商务印书馆出版，标"社会小说"，署"[英]科南达利著，林纾、魏易译"。

19日，翻译小说《西利亚郡主别传》二卷由商务印书馆出版，标"言情小说"，署"[英]马支孟德著，林纾、魏易同译"。

本月，黄小配的长篇小说《大马扁》（一名《大马骗》）十六回，由日本东京三光堂于本月或稍后出版。此书为讥刺康有为而作，未完。书首序云："康梁所以能招摇海外者，全恃《戊戌政变记》一书，盖书中极力铺张，去事实远甚，而海外侨民，蒙于祖国情势，先入为主，至于耗财破家有所不恤。……余言念及此，未尝无余痛也。然则谓此书之作，于社会无功焉，不得也。"署"戊申八月二十日，吾庐主人梭功氏谨序于海外"。

本月出版的创作小说还有：《一声猿》（标"袖珍小说"，署"商务印书馆编译所编纂"），由商务印书馆出版；《地府志》（八卷四十回，著者署"葛啸依氏"），由集成图书公司出版。

十月

1日，翻译小说《大侠红蘩露传》（又名《红蘩露传》）由商务印书馆出版，标"义侠小说"，署"[法]男爵夫人阿克西著，魏易口译，林纾笔述"。

2日，周作人所译小说《匈奴奇士录》由商务印书馆出版，标"言情小说"，署"[匈牙利]育诃摩耳著，周逴译"。

5日，《安徽白话报》旬刊在上海创刊。李燮枢、王钟麒、李铎、范鸿仙、陈仲衡等主持，安徽白话报社编辑及发行。该刊以开通风气、联络团体为宗旨，提倡教育普及、地方自治、路矿自办。1908年11月出至第6期，因报社失火，一度停刊。1909年8月复刊，刊数另起。分设图画、演说、要闻、科学、新戏、小说、闲谈、唱歌、零零碎碎等栏目。每期后附刊《文话界》，以地方新闻、通信、词林等内容为主。1909年10月停刊，前后共出十二期。

7日，翻译小说《钟乳髑髅》由商务印书馆出版，署"[英]哈葛德著，林纾、魏易同译"。

8日，《博徒别传》二卷由商务印书馆出版，标"社会小说"，署"[英]柯南达利著，陈大镫、陈家麟译"。

同日，《天囚忏悔录》由商务印书馆出版，标"社会小说"，署"[英]约翰沃克森罕著，林纾、魏易同译"。

10日，章太炎在《民报》第24号上刊出《规〈新世纪〉》一文，抨击无政府主义刊物《新世纪》，指出无政府主义不合中国国情。同期刊有周作人的译作《西伯利亚记行》，署"[俄]克罗颇特庚著，仲密译"。

19日，同盟会机关报《民报》被日本政府封禁。

30日，翻译小说《不如归》由商务印书馆出版，标"哀情小说"，署"[日]德富健次郎著，盐谷荣英译，林纾、魏易同译"。

十一月

2日，康有为作《〈诗集〉自序》。梁启超将手写康有为诗刊行，成四卷本，名为《梁启超手写南海先生诗集》。康有为在此序中云："诗者，言之有节文者耶！……吾童好讽诗，而学在撑理，既不离人性，又好事，不能雕肝呕肺以为诗人。然性好游，嗜山水，爱风竹。船唇马背，野店驿亭，不暇为学，则余事为诗，天人之感多矣。及戊戌遭祸，遁迹海外，五洲万国，靡所不到，风俗名胜，托为咏歌。"《饮冰室诗话》云："南海不以诗名，然其诗固有非寻常作家所能及者，盖发于真性情，故诗外常有人也。先生最嗜杜诗，能诵全杜集，一字不遗，故其诗虽非刻意有所学，然一见殆与杜集乱楮叶。"

5日，翻译小说《玉楼花劫》前编二卷，商务印书馆出版，署"[法]大仲马著，林纾、李世中译"。

7日，《新民丛报》停刊，共出九十六期。

14日，光绪帝（1871—1908）病逝，享年38岁。次日慈禧太后（1835—1908）病死，享年73岁。溥仪（1906—1967）继任，时年3岁。

20日，吴趼人的短篇小说《人镜学社鬼哭传》在《月月小说》第1年第10号刊出，署"南海吴趼人挥涕撰"。

本月，吴趼人的长篇小说《新石头记》由改良小说社出版，四十回单行本，四卷八册，每回附有绘图，署"我佛山人"。

本月出版的小说还有：《后官场现形记》八回单行本，小说保存会出版；《地下旅行》，标"滑稽小说"，署"女奴戏著"，合众小说社出版；《滑稽生》，署"集成图书公司编"，集成图书公司出版。

十二月

5日，鲁迅的《破恶声论》在《河南》第8期刊出，署"迅行"。这篇文言论文反对以"科学"、"适用之事"、"进化"、"文明"这四大理由来"灭裂个性"。认为只有依靠"不和众嚣，独具我见之士，洞瞩幽隐，评骘文明，弗与妄惑者同其是非，惟向所信是诣，举世誉之而不加劝，举世毁之而不加沮"，才能够"烛幽暗以天光，发国人之内曜，人各有己，不随风波，而中国亦以立"。本期《河南》同时刊出周作人所译《庄中》，标"短篇小说"，署"[俄]安敦·契诃夫著，独应译"；周作人所译《寂漠》，署"[俄]安介·爱稜·坡著，独应译"。

13日，王国维的《人间词话》上卷开始在《国粹学报》第48期刊出，分三期至次年第50期登完。《人间词话》第一句话就揭示了书中所论的核心："词以境界为最上。有境界则自成高格，自有名句。"他认为："境非独谓景物也。喜怒哀乐，亦人心中之一境界。故能写真景物、真感情者，谓之有境界。否则谓之无境界。"在"有境界"的基础上，王国维又论述了写境与适境、有我之境与无我之境、景语与情语、隔与不隔等内容，广泛触及到写实与理想化的关系、创作中主观与客观的关系、景与情的关系、表现上的白描和"务文字之巧"的关系，提出了自己精辟见解。王国维在《人间词话》里展现了清晰的概念和高度的思辨性，标志着中国文论从传统走向现代。

26日，《模范町村》由商务印书馆出版，署"[日]农学博士横井时敬著，唐人杰、徐凤书译"。

本月，陈黻宸50岁，宋衡为撰寿诗。

陈黻宸（1859—1917），诗人、学者。字介石，晚年更名芾。浙江瑞安人。其学宗陆九渊、王守仁，文章称司马迁，主旨在穷理致用。一生著作甚多，少年时作《独史》，立八表十录十二列传；主讲杭州时作《经术大同说》、《独史序目》、《地史原理》、《读史总论》、《伦始》、《德育》诸作；任北京大学教授时著《中国通史》二十卷、《诸子通议》十卷、《中国哲学史》未分卷；其余诗文总为《饮水斋集》十卷、《外集》四卷。

本月，儿童读物《三问答》由商务印书馆出版，署"孙毓修编译"。

本年

本年，张鸣珂去世，享年81岁。

本年夏，章太炎在东京民报社创办国学讲习会，讲授《说文解字》等。鲁迅与许寿裳、周作人、龚未生、钱玄同、钱钧甫、朱希祖、朱慈仙等赴《民报》社听章太炎讲文字学。

本年冬，《国学萃编》半月刊在北京创刊。沈宗畸主编。第1期的《本社简章》云："大雅宏达著述等身，每以经济困难无力刊板，后人宝守遗编，藏弃箧笥，徒饱枯蟬，终归泯灭半生心血所在。著者有知，宁不悲恫。"宗旨为"网罗散佚，甄阐幽隐"，"唤起一国之精神，振奇侠之气"。约刊出六十期。主要撰稿者有吴仲、潘飞声、冯煦等。

潘飞声（1858—1934），诗人、书画家。字兰史，别署老兰、剑士、水晶庵道士。广东番禺人。以诗、文、词名于时。邱炜萲曰："潘兰史词极婀娜，诗复秀丽。"（《五百石洞天挥麈》）诗多纪游、写景、咏物、应酬之作，以闲适典雅为主调，间亦有感时抚事之作。胡朴安《南社诗话》曰："兰史与沪上遗老常为文酒之会，且其秉性与南社之革命文学不相近。其隶籍南社也，只以诗文之故，无有其他意义"，其诗文"略具有缙绅文学气味"。著有《说剑堂诗集》三卷、《饮琼浆馆骈文词抄》、《在山泉诗话》四卷、《归省赠言》等。

本年，冒广生在《国学萃编》刊出《小三吾亭词话》五卷。

冒广生（1873—1959），学者。字鹤亭，号瓯隐，亦号疚斋。蒙古族，江苏如皋人。清初名人冒襄（辟疆）后裔。工诗、文、词、曲。汪国垣《光宣诗坛点将录》评其诗云："诗境俊爽，情韵并茂"，"晚年与闽赣诸家通声气，诗益苍秀"。

钱仲联谓其"虽与陈三立、陈衍诸人交游，而不染'同光体'习气"，"夫惟大雅，卓尔不群"（《近百年诗坛点将录》）。为词主张"上接骚（《离骚》）、辩（《九辩》），下接诗歌"，独辟蹊径，"有得于幽忆怨断之音"（谭献《复堂日记》）。著有《小三吾亭文甲集》（不分卷）、《诗集》四卷、《词集》二卷、《笔记》、《词话》、《疢斋杂剧》八种、《疢斋散曲》、《冒巢民先生年谱》等多种。

本年，秦树声所著《乖庵文录》二卷在河南刊行。

秦树声（1860—1926），学者、书法家。字幼衡（亦作宥横），一字晦鸣，号乖庵。河南固始人。曾参与《河南通志》的编纂，更留心边事，著有《清史地理志》、《乖庵文集》等。

本年，陆士谔完成小说《残明余影》。宣统元年冬十月李友琴《〈新孽海花〉序》谓："去年夏，友人以陆君云翔所著之《残明余影》稿见示，余亦视为寻常小说，未之奇也。乃展卷细读，见字里行间，皆有精意，而笔情细致，口吻如生，古今小说界，实鲜其匹，循环默诵，弗胜心折。"

本年，黄小配的长篇小说《宦海潮》由《世界公益报》出版，二卷三十二回单行本，卷端标"广东近事小说"，题"黄小配撰"。书首作者《〈宦海潮〉叙文》及《凡例》十四则。书叙广东南海县张任磐一生遭遇，实为影射清末外交官张荫桓，书中他人物，也多有影射。

本年出版的创作小说还有：《海上繁华梦》（一百回，孙家振著），由商务印书馆出版；《廿载繁华梦》（四十回石印本，黄小配著），由上海书局出版；《发财秘诀》（单行本，吴趼人著）由群学社出版；《姊妹花》（十一章，标"哀情小说"，署"番禺女士黄翠凝著"），由改良小说社出版；《双灵魂》（署"亚东破佛（彭俞）"），由益图书公司出版。翻译小说则有:《蠹情记》（署"[英]颐克瑞著,商务印书馆译印"），由商务印书馆出版；《聂格卡脱侦探案》（第十四册，署"[美]讫克著，华子才译"），由小说林社出版；《奈何天》（一题《身外身》，署"[美]佚名著，集成图书公司译"），由集成图书公司出版。

本年，《六也曲谱》初辑收剧三十余出，石印本，殷溎深原稿，张怡庵校订手录，由苏州振兴书社出版。

1909年

一月

2日，苏曼殊任日本梵学会译师。其时住在小石川智度寺，与印度僧人弥君订交，并拟合译印度大诗人迦梨达奢名著长篇叙事诗《云使》，后未果。

22日，《女报》在上海创刊。江阴陈以益主编。该刊以"提倡中国女学，扶植东亚女权"为宗旨，"以破除迷信，注意道德与职业，期改良妇女社会为唯一之目的"，设科学、教育、家庭、社会、文艺、谈丛、小说、杂录、事件、戏曲、记载、尺牍、卫生、顾问、人事片栏目等栏。同年八月停刊，共出第1卷第1—3期，并出增刊一期。《神州女报》停刊后，未完诸稿多在此续载。

27日，翻译小说《遮那德自伐八事》二卷由上海商务印书馆出版，标"义侠小说"，署"［英］柯南达利著，陈大镫、陈家麟译"。1915年10月10日再版。

28日，翻译小说《彗星夺婿录》由商务印书馆出版，标"社会小说"，署"［英］却洛得倭康、诺埃克尔司著，魏易口译，林纾笔述"。林纾在《〈彗星夺婿录〉序》中认为，书中叙英国败俗，女子鼓煽男子，乃如饮糟而醉，则用心之刻毒，令人为之悚然。然而追摹下等社会之妇人，事又近实。因此，家庭教育可借资是书，以为鉴戒。

本月，陈独秀赴日本留学，时年30岁。

本月，苏曼殊结识日本歌伎百助眉史，从此"收拾禅心侍镜台"，以寄调筝人为题，作诗多首，其中最为凄楚的是《本事诗之六》："乌舍凌波肌似雪，亲持红叶索题诗。还卿一钵无情泪，恨不相逢未剃时。"

本月，吴趼人、周桂笙主编的《月月小说》停刊。吴趼人所撰历史小说《两晋演义》，因《月月小说》停刊而中断，只写了二十三回。

二月

6日，《华商联合报》半月刊在上海创刊。上海华商联合报馆主办，1910年改为《华商联合会报》，期次重起。该报由陈颐寿与李云书兄弟等集资创办，内容共分十四门，分上谕、海内外图画影片、海内外时事社言、海内外纪闻、海内外半月大事表、海内外要电、海内外通信、海内外公牍、海内外学务、海内外商情、海内外实业、海内外调查丛录二、海内外比较杂志、海内外社会小说。

15日，《教育杂志》月刊在上海创刊。编辑兼发行者为教育杂志社，发行所为商务印书馆。该刊按年分卷，辛亥革命期间曾因脱期补出，造成卷期与年月参差，至第七卷才相符合。1932年12月曾一度停刊，1934年9月复刊，卷期续前。抗日战争期间，曾先后迁至长沙、香港等地出版，抗战胜利后仍迁回上海。1948年12月停刊，共三十三卷，其中第一卷出十三期，第二十四卷出四期，其余各卷都出十二期。

同日，包天笑的长篇小说《馨儿就学记》在《教育杂志》第1年第1期开始连载，标"教育小说"，署"天笑生"，至第1年第13期完结。此篇以浅显文言，用日记体记述主人公馨儿在明德小学高等第三年级读书时，一年的经历见闻。书中涉及的重要事件有中法战争、反美华工禁约、川南铁路等，表现了作者教育救国的主张。包天笑在《我与鸳鸯蝴蝶派》一文中曾有"为译《馨儿就学记》"等语，即此书实为据译著编写。

同日，孙毓修的论文《读欧美名家小说札记》在《东方杂志》第6卷第1期刊出，未完。

孙毓修（1871—1922），目录学家、藏书家。字星如，一字恂如，号留庵，自署小渌天主人。江苏无锡人。光绪三十三年进上海商务印书馆编译所，任高级编辑，编辑中小学教科书。宣统元年（1909），在国文部主编《童话》丛书。同年三月，他参照《泰西五十轶事》等西欧童话传说，编写《无猫国》《大拇指》等儿童读物。后来他陆续主编童话达一百〇二种，使儿童文学成为独立的图书类目。他的作品富有生活情趣，语言优美，图文并茂。茅盾称他为"中国童话的开山祖师"。孙毓修还先后主编出版《少年杂志》《少年丛书》。1922年1月22日逝世，享年52岁。

本月，《庄谐杂志》五日刊在上海创刊。庄谐杂志社编辑，中国图书公司发行。该杂志自称其宗旨："以学术、政治、风俗种种之材料，而杂用庄谐两体著述之，如时政之得失，则加以正确之批评，名贤遗老不经见之著作，及近世诗文词之杰出者，则悉心搜采，刊行饷世，以与一般文人学士共同研究，此属于庄之一方面者也。歌谣、小说、游戏文章，最足以动社会之听闻，而发人深省。本志于政教风俗有待改革者，间以诙谐之笔墨，出之嬉笑怒骂，皆成文章。师主文谲谏之风，本寓规于讽之义，以促国家社会之进步，此属于谐之一方面者也。曰庄曰谐，其用意如此。"可见二卷，每卷十期。停刊时间未详。

本月，童话作品《大拇指》《大人国》由商务印书馆出版，均署"孙毓修编译"。

三月

5日，翻译小说《冰雪因缘》六卷由商务印书馆出版，标"社会小说"，署"〔英〕却而司迭更司著，林纾、魏易译"。书首序署"光绪三十四年十一月十九日畏庐林纾识"。

18日，鲁迅为《域外小说集》第一册所撰广告在上海《时报》刊出，称："是集所录，率皆近世名家短篇。结构缜密，情思幽眇。各国竞先选译，斐然为文学之新宗，我国独阙如焉。因慎为译述，抽意以期于信，绎辞以求其达。先成第一册，凡波兰一篇，美一篇，俄五篇。新纪文潮，灌注中夏，此其滥觞矣！"

本月，苏曼殊迁居江户，常与陈独秀、章士钊、章太炎、黄侃等聚会，这期间作诗较多，自称"得稿盈寸"。

本月，鲁迅、周作人兄弟合译的《域外小说集》第一册由东京神田印刷所印刷出版。陈师曾题写书名。书首有鲁迅所撰《序言》及《略例》。内收波兰显克微支《乐人扬珂》、俄国契诃夫《戚施》及《塞外》、迦尔洵《邂逅》、安特莱夫《谩》及《默》、英国淮尔特（王尔德）《安乐王子》小说七篇，五篇署"作人译"，二篇署"树人译"。《序言》曰：《域外小说集》为书，词致朴讷，不足方近世名人译本。特收录至审慎，迻译亦期弗失文情。异域文术新宗，自此始入华土。使用士卓特，不为常俗所囿，必将犁然有当于心，按邦国时期，籀读其心声，以相度神思之所在。则此虽大涛之微沤与，而性解思惟，实寓于此。中国译界，亦由是无迟莫之感矣。"书后附《〈域外小说集〉杂识》，有著者小传等，介绍作家有安特莱夫、迦尔洵等。该书出版后，由东京群益书社和上海广兴隆绸缎庄发售。

四月

15日，洪亮吉的诗论《洪北江诗评》在《东方杂志》第6年第3期刊出。

20日，杨守仁辞去《神州日报》主笔，离沪赴美。由汪允中等接替主持该报笔政。

本月，鲁迅译俄国安特莱夫短篇小说《红笑》，稿佚。鲁迅后来谈到《红笑》时说："自己曾经译过几页，那预告，就登在初版的《域外小说集》上，但后来没有译完，所以也没有出版。"鲁迅是月并作《〈劲草〉译本序》，未刊出，现存残稿。后来收入《集外集拾遗》。《劲草》是周作人从英译本转译的俄国阿力克塞·托尔斯泰所著小说《银公爵》。鲁迅对书中描述的许多紧张或幽默的场面和人物很感兴趣，为了表彰书中主人公的忠义不屈，为书作序说："坚洁之操，不挠于浊世，故译称《劲草》云。"

本月，许寿裳自日本归国，在杭州浙江两级师范学堂任教务长，这是他服务于教育界的开始，以后成为他终生的职业。

许寿裳（1883—1948），学者、教育家。字季茀，又作季黻或季市，号上遂。浙江绍兴人。1902年赴日留学，入弘文学院，后转入东京高等师范学校。曾在东京与鲁迅一起听章太炎讲《说文解字》，共同筹办《新生》杂志等，是鲁迅的挚友。1909年回国，任浙江两级师范学堂教务长。应蔡元培之邀任南京临时政府教育部参事，兼译学馆教授。后历任北京大学、北京高等师范学校教授、江西教育厅厅长、北京女师大校长、北平大学女子文理学院院长、西北联大等校教授、系主任等职。1946年赴台湾任省编译馆馆长、台湾大学国文系主任。1948年被杀害于台北寓所。许寿裳一生著述丰富，多半与鲁迅有关，主要有：《鲁迅的思想与生活》（1947年，台湾文化协进会）、《亡友鲁迅印象记》（上海峨嵋出版社1947年版）、《我所认识的鲁迅》（人民文学出版社1952年版）、《鲁迅年谱》等，对研究鲁迅很有价值。此外还有《章炳麟传》、《俞樾传》、《中国文字学》、《越缦堂日记选注释》以及《传记研究》、《怎样学习国语与国文》、《考试制度述要》等。

五月

4日，陆士谔的小说《也是西游记》在《华商联合报》第5期刊出，未完，续载于第6—10、12—13、第17至第23、24期合刊（1909年5月4日—1910年3月6日），标"海内外社会小说"，署"奚冕周"，自第17期起署"陆士谔"。民国三年（1914）上海改良小说社石印本题"铁沙奚冕周起发，青浦陆士谔编述"，其第八回回末云："《也是西游记》八回，奚冕周先生遗著也。笔飞墨舞，飘飘欲仙，士谔驽下，奚敢续貂。第主人谲谏，旨在醒迷，涉笔诙谐，岂徒骂世既有意激扬，吾又何妨游戏。魂而有灵，默为呵者欤！己酉十月青浦陆士谔识。"

6日，章太炎致书鲁迅、周作人，促听梵文课，信曰："豫哉、启明兄鉴：数日未晤。梵师密史逻已来，择于十六日上午十时开课，此间人数无多。二君望临期来赴。此半月学费弟已垫出，无庸急急也。手肃，即颂撰祉。麟顿首。十四。"

15日，于右任创办《民呼日报》发刊，是其继《神州日报》之后创办的又一份大型的革命派日刊报纸。《民呼日报》自称"人民的呼声"，标榜"大声疾呼为民请命"（《民呼日报特别广告》，见1909年5月5日《申报》）。《民呼日报》于8月14日停刊，共出九十二天。

同日，王钟麒的小说《穷民泪》在《民呼日报》第1号开始连载，经第2号（5月27日）、第19号（6月2日）、第20号（6月3日）未完。已刊出的《穷民泪》不分出，由四个独立故事组成，叙当时国人"或是遭官吏之摧残，或是受外人之虐杀"的悲惨情景，以激发国人惊醒，保国救种。

18日，《扬子江小说报》月刊在汉口创刊。高汉声创办，胡石庵主编，汉口中西日报馆发行。停刊时间未详。其《发刊辞》云："是以《新小说报》倡始于横滨，《绣像小说》发生于沪渎，创为杂志，聊作机关，追踪曼倩、淳于，媲美器俄、笠顿，每值一编披露，即邀四海欢迎，吐此荣光，应无憾事。畴料才华遭忌，遂令先后销声，难寿名山，莫偿宏愿。况复《新新小说》发行未满全年，《小说月报》出版仅终贰号，《新世界小说报》为词穷而匿影，《小说世界日报》因易主而停刊，《七日小说》久息蝉鸣，《小说世界》徒留鸿印，率似秋风落叶，浑如西峡残阳，盛举难恢，元音绝响，文风不竞，吾道堪悲；虽《月月小说》重张旗鼓于前秋，《小说林报》独写牢骚于此日,而势力究竟能膨涨,愚顽难遍下针砭。是知欲奋雄图,务必旁求臂助。"又云:"本社胡君石庵睹兹现状,时切杞忧,爰集同人,共襄伟业;挽狂澜于稗海,树新帜于汉皋,半月成编,一月出版。"

本月,《砭群丛报》半月刊在广州创刊。由阜成实业研究所发行,发行者王权中,主编悲盦。分设论说、时事、奏折、传记、说部、文苑、谈丛等栏目。该报非教育杂志,但却刊出过有关教育相关言论,认为改造教育的根本目的在于改造国民性。"砭群"即改造国民性的意思。1910 年 3 月停刊,共出六期。

本月,《侠义佳人》上集二十回由商务印书馆出版,中集二十回于宣统三年七月出版,下集未见。著者署"问渔女士"(邵振华)。是书以光绪间女学堂为背景,描写新界妇女走向社会所遭遇的挫折、不平及其抗争。

本月出版的创作小说还有:《新西游记》(六卷三十回铅印本,作者署"煮梦(李小白)")、《女魔术》(四回,标"醒世小说",不题撰人)、《新笑林广记》(初二集,作者署"治世之逸民")等,由改良小说社出版;《活财神》(八回,标"滑稽小说",作者署"冬青"),由六艺书局出版;吴趼人《二十年目睹之怪现状》(单行本己卷,第六十六至八十回),由广智书局出版。

六月

4 日,《玑司刺虎记》二卷由商务印书馆出版,标"言情小说",署"[英]哈葛德著,林纾、陈家麟译"。此书述英国与布耳人交战的经过,早期布耳人骤胜而骄,但英人利用国力雄厚,将其打败。林氏在序里曰:"余译是书,初不关男妇艳情,仇家报复。但谓教育不善,内治不精,兵力不足,粮械不积,万万勿开衅于外人也。"商务印书馆本日还出版了翻译小说《黑太子南征录》二卷,标"军事小说",署"[英]科南达利著,林纾、魏易合译";1915 年 10 月再版。

17 日,诗人、藏书家丁惠康(1868—1909)在上海去世,享年 42 岁。《饮冰室诗话》评价曰:"卓荦有远志,忧国如瘼,而诗尤以神味胜。"汪辟疆《光宣诗坛点将录》列丁惠康于"步军将校一十七员"中,以地伏星金眼彪施恩属之,曰:"丁叔雅惠康,为雨生中丞之子,与北山齐名,又与散原、浏阳并称清末四公子。襟怀高亮,诗亦如之。"

本月,《宁波小说七日报》在宁波创刊。创办人及主编倪轶池(蛟西颠书生),宁波小说日报社编辑,上海新学会社发行,同时在宁波和上海出版。分设"醒世小说"、"写情小说"、"短篇小说"、"札记小说"、"传记"等栏。其中登载过《黑海回潮》、《怨海》等长篇小说。同年九月停刊,共出十二期。

本月,长篇小说《新儿女英雄》十二回由改良小说社出版,标"社会小说"。是书以甄洛神为主角,以其牺牲一己愿为秋瑾守墓,衬托秋瑾之伟大崇高。作者署"楚伧",即叶楚伧。

叶楚伧(1887—1946),作家、报人、政治家。原名宗源,字卓书,以笔名楚伧行世,别署小凤、叶叶、湘君、龙公等。江苏吴县(今属昆山)人。叶楚伧幼年涉猎群籍,识见异于同侪。宣统元年(1909)赴汕头,接替陈去病任《中华新报》主笔,并加入同盟会。二年,加入文学团体南社。三年,因在《中华新报》刊出《新七杀碑》,该报被查封,后易名《新中华报》继续出版。同年十月汕头光复,被推举为潮州府长。1912年初南京临时政府成立后,赴上海创办《太平洋报》,至十月以资绌停刊。改任《民立报》副刊主编。1913年《民立报》停刊后,改任《生活日报》编辑。1915年,加入中华革命党。同年《民国日报》创刊,任总编辑,兼任复旦公学中国文学系主任。1923年起投身政界,先后在国民党中央、民国政府中担任要职。1946年2月15日病逝于上海。叶楚伧的文学活动主要在早期。诗、文、小说、戏剧无不涉猎,是南社作家群体中较有成就者。著有《楚伧文存》、《世徽楼诗集》四卷、《世徽楼笔记》、《箫引楼稗抄》、《小凤杂著》、《落花梦传奇》、《温生才传奇》、《中萃宫传奇》以及中长篇小说《新儿女英雄》、《如此京华》、《蒙边鸣筑记》、《古戍寒笳记》、《陈大夫移宫记》等,总计不下三十种。

七月

5日,翻译小说《藕孔避兵录》由商务印书馆出版,标"侦探小说",署"[英]輋立伯倭本翰原著,林纾、魏易同译"。

27日,《域外小说集》第二册出版,东京神田印刷所印刷。内载[芬兰]哀禾著《先驱》、[美]亚伦坡著《默》、[法]摩波商著《月夜》、[波思尼亚]穆拉淑微支著《不辰》与《摩诃末翁》、[波兰]显克微支著《天使》与《灯台守》、[俄]斯谛普虐克著《一文钱》,以上八篇均署"(周)作人译";[俄]迦尔洵著《四日》,署"(周)树人译"。第二集书后附有拟刊第三集之目录,然第一、二集销行寥落,第三集遂未印出。后鲁迅尝于致日人增田涉书中云:"第一集(印一千册)卖了半年,总算卖掉二十册。印第二集时,数量减少,只印五百本,但最后也只卖掉二十册,就此告终。"

本月,王国维修订《曲录》成,定为六卷。卷一著录宋金杂剧院本,卷二、卷三著录元明清杂剧,卷四、卷五著录元南戏、明清传奇,卷六著录杂剧传奇总集、小令套数、曲谱、曲韵、曲目。复作《〈曲录〉自序二》,阐明对中国戏曲起源、性质等问题的见解。此书后收入《晨风阁丛书》。

本月,郑孝胥为陈三立《散原精舍诗》作序。《序》云:"伯严诗,余读至数过,尝有越世高谈、自开户牖之叹。己酉春,始欲刊行,又以稿本授余,曰:'子其为我择而存之。'……往有钜公与余谈诗,务以清切为主,于当世诗流,每有张茂先我所不解之喻,其说甚正。然余窃疑诗之为道,殆有未能以清切限之者。世事万变,纷扰于外,心绪百态,腾沸于内。思之来也无端,则断如复断、乱如复乱者,恶能使之尽合?兴之发也匪定,则鯈忽无见、惝恍无闻者,恶能责以有说。若是者,吾固知其不期于切也。并世而有此作,吾安得谓之非真诗也哉?噫嘻,微伯严,孰足以语此!"又,陈三立《散原精舍诗》二卷,本年上海石印刊出,明年又有商务印书馆刊二卷本,收光绪二十七年辛丑迄三十四年戊申间诗。宣统元年后所作,收入《散原精舍诗续集》中。

本月出版的创作小说有:《新西游记》五回,标"滑稽小说",署"冷血"(陈景韩),有正书局出版;《新今古奇观》初编、二编共二册,署"小说进步社编",小说进步社出版;《新儿女英雄传》二编八回,作者署"记者香梦词人",小说进步社出版;《鸳鸯剑》二卷,署"息观著",改良小说社出版。

本月,春柳社借东京座,以"申酉会"名义公演大型话剧《热泪》。该剧是陆镜若根据日本新派剧作家田口菊町的剧本《热血》改编,原作为法国浪漫派作家沙陀的三幕剧《女优托斯卡》,《热血》为五幕,而《热泪》为四幕。改编本结构严谨,情节曲折动人。演出本强调了剧中有关革命党人越狱、同反动当局作斗争以及慷慨就义等方面内容,在中国留学生中激起强烈反响。尤其是同盟会会员,认为这次演出对革命青年是很大的鼓舞。在运用话剧形式上,这个剧比《黑奴吁天录》更加成熟。

八月

16日，李涵秋《沁香阁诗话》在《扬子江小说报》第4期刊出。

李涵秋（1874—1923），小说家、诗人。名应漳，字涵秋，以字行，别署沁香阁主、韵花馆主等。江苏扬州人。他从小喜读中国古典小说，家清贫，十七岁设帐授徒。1905年创作其处女作《双花记》。1909年连载的《广陵潮》（原名《过渡镜》）已是他的第十部小说，后又在《大共和日报》和《神州日报》上连载，并于1914年由震亚图书局分集陆续出版单行本。1921年，李涵秋应邀至上海主编《小时报》及后期《小说时报》，并兼任世界书局《快活》旬刊编辑主任。因不习惯上海生活，1922年回扬州，1923年因脑溢血暴卒，终年50岁。贡少芹在《李涵秋》一书里评价："君从事撰述界自32岁起，迄50岁止，计十有八年，所著小说文言十种，白话二十三种，字数都一千万余言。其余如诗词谐文短评（曾载上海《大共和报》、《新申报》及天津《华北新闻》）等杂作尚不在此数，可谓成蔚然大观矣。"

23日，小说家刘鹗（1857—1909）因中风在乌鲁木齐戍所病逝，享年53岁。

26日，《安徽白话报》本年第1期出版，刊出小说《有人说》（标"广告小说"，作者署"虫"）、《大王神》（标"社会小说"，作者署"元生生"）、《有贼》（标"讽刺小说"，作者署"蘅"）、《国殇》（标"爱国小说"，署"适之（胡适）译述"）等作品。

本月，康有为出游欧洲诸国后回槟榔屿居住，作《与菽园论诗兼寄任公、孺博、曼宣》诗。

本月，鲁迅从日本回故乡绍兴。先经上海，他后来回忆说："一到上海，首先得装假辫子。这时上海有一个专装辫子的专家，定价每条大洋四元，不折不扣，他的大名，大约那时的留学生都知道。……装了一个多月，我想，如果在路上掉下来或者被人拉下来，不是比原没有辫子更不好看么？索性不装了，贤人说过的：'一个人做人要真实。'"（《且介亭杂文·病后杂谈之余》）

本月，陆士谔的长篇小说《新野叟曝言》（二卷二十回，题"陆士谔撰"）、《新水浒》（五卷二十四回，署"青浦陆士谔撰"）由改良小说社出版。后者书叙梁山英雄在新时代办实业，根据各个人不同性格选择不同职业。在众多续《水浒传》的小说中显得较为独特。

本月，长篇小说《新七侠五义》二十四回铅印本由改良小说社出版，全称《社会小说绘图新七侠五义》，题"冶逸著，浊物润词"，署"宣统元年己酉夏平陵浊物叙"，次《凡例》七则。

九月

14日，《十日小说》旬刊在上海创刊。上海环球社创办。前三期附上海环球社所出《图画日报》赠阅，除首页插图外，全为长篇小说。首期开始连载以下六种作品，均续载至第十一册（1909年9月14日—1910年1月11日）：《宦海》，标"官场小说"，作者署"张春帆"，四卷二十回，同年上海环球社刊铅印本；《波兰镜》（原名《亡国民之运动》），标"国民小说"，署"警我"；《驴夫惨剧》（一名《冤怨缘》），标"警世小说"，署"醉痴"，三十二回，1910年1月上海环球社刊铅印本。《盘山大侠》，标"义侠小说"，署"廛遯"；《西江影初集》，标"社会小说"，署"何石生"；《自由孽》，标"哀情小说"，署"还泪"。

18日，清廷奏准筹建京师图书馆，派缪荃孙任图书馆监督。

缪荃孙（1844—1919），历史学家。字炎之、筱珊，晚号艺风。江苏江阴人。光绪进士。初以庶吉士用，授编修，后在北京供职史馆，历任庶吉士、纂修、总纂、提调等职。曾负责《清史》中部分列传的撰写，并参与《顺天府志》的编纂工作。后主持钟山书院。1906年创办江南图书馆。1909年出任京师图书馆正监督，是近代公共图书馆和国家图书馆的开创者。1915年任清史馆总纂。1919年在北京逝世。著有《续碑传集》、《南北朝名臣年表》、《近代文学大纲》、《清学部图书馆善本书目》、《清学部图书馆方志目》和《艺风堂图书记》等。

28日，郑观应撰《〈盛世危言后编〉自序》。序谓："欲攘外，亟须自强；欲自强，必先致富；欲致富，必首在振工商；欲振工商，必先讲求学校，速立宪法，尊重道德，改良政治。"

郑观应（1842—1922），实业家、教育家、文学家。本名官应，又名观应，字正翔，号陶斋，别署杞忧生、慕雍山人、罗浮偫鹤山人。广东香山县（今中山市）人。十七岁起赴上海习商、经商，曾任英商买办、经理，后为洋务派起用，从招商局帮办、总办到会办。他热心西学，主张"商战救国"，抵制外国经济侵略。著有《救时揭要》

一册、《易言》二卷、《盛世危言》五卷、《盛世危言增订新编》一四卷、《盛世危言续编》四卷、《盛世危言后编》一五卷及《罗浮偫鹤山人诗草》、《南游日记》等。

本月，苏曼殊译《拜伦诗选》，由日本东京三秀社印刷厂印刷，后上海泰东书局翻印。

本月，吴趼人的《趼人十三种》（一名《趼人丛谭》）由上海群学社出版，内收《庆祝立宪》、《大改革》、《义盗记》、《黑籍冤魂》、《立宪万岁》、《快升官》、《平步青云》、《查功课》、《人镜学社鬼哭传》、《无理取闹之西游记》、《光绪万年》、《趼廛剩墨》与《趼廛诗删剩》。

本月，长篇小说《白话痛史》四卷在《杭州白话新报》开始连载，夷则子（杭慎修）述，赵尧臣校，1909年12月由该报馆发行单行本。作品述庚子年山东、天津义和团勃兴，朝廷派员统领义军。后八国联军炮轰北京，李鸿章受命暗中议和，严惩义和团的故事。

本月出版的小说还有：创作小说《嫖界现形记》续集，署"忧时子"，由公同小说社出版（此前，公同小说社曾出版《嫖界现形记》正集，作者署"完公"）；翻译小说《荒岛孤童记》二册，署"［英］马理溢德著，无闷居士译述"，由广智书局出版。

十月

3日，《民吁日报》创刊。创办人仍然是于右任。系《民呼日报》被封后继起的日报，上距《民呼日报》停刊不到两个月，社址仍设在山东路望平街160号，机器设备也全部是《民呼日报》的旧物，只是注册地点改在法国驻沪领事馆，利用几个租界各自为政的空子，取得了合法出版的地位。报名寓"民不敢声，惟有吁也"。然而，《民吁日报》仅出版四十八天（一说五十余天）即被查封。

同日，小说《劫后鸳鸯记》在《民吁日报》开始连载，至本年10月7日毕，作者署"（陆）秋心"。

14日，《小说时报》月刊在上海创刊。由小说时报社编辑，陈景韩、包天笑轮流主编，有正书局发行。以刊载著译小说为主，内设图画、短篇新作、名著杂译、长篇新作、杂志随笔等栏。编辑和撰稿人多为后来鸳鸯蝴蝶派作家。1917年11

月停刊，共出三十三期。其间曾出增刊第 1 号，为清末著名京剧演员贾璧云专集。1922 年复刊，改由李涵秋主编，每月一册，出五期后停刊。

17 日，高旭在《民吁日报》刊出《南社启》，宣称与陈去病、柳亚子有南社之结。又于本月 27 日撰《南社条例十八条》，宣布结社宗旨，主张"欲存国魂，必自存国学始"，同时表示要"一洗前代结社之积弊，作海内文学之导师"。

高旭（1877—1925），诗人、政治家。字天梅，号剑公，又号钝剑，别号自由斋主人、慧云、慧子、哀蝉。江苏金山（今属上海市）人。光绪三十年，赴日就读于东京法政大学。次年，加入同盟会，任该会江苏支部长。光绪三十二年，回国创办健行公学和钦明女学；编辑《觉民》、《醒狮》等刊物，鼓吹革命；伪造二十余首"石达开遗诗"，以"残山剩水楼主人"的名义刊行。宣统元年（1909），与陈去病、柳亚子创建南社。当选为南社庶务员和《南社丛刻》诗选编辑员。辛亥革命后逐渐消沉。1917 年孙中山在广东组织护法政府，曾南下参加。1922 年，参加北洋军阀系统国会。1923 年曹锟贿选总统，受贿投票，后"受良心谴责，郁郁寡欢"（郑逸梅《南社丛谈》）。1925 年病逝。著有《天梅遗集》十六卷。

本月，游美学务处在清华园旧址建肄业馆，后改名为清华学校，即清华大学前身。

本月，吴梅赴开封，任河道曹载安幕。卢前编、徐益藩补《霜厓先生年谱》云："宣统元年，己酉，先生二十六岁。……十月，先生以外舅邹公荐，至大梁，游河道曹君载安幕。"此《年谱》记载有误，本年十月，吴梅已到达开封，住葵园。吴梅《〈霜厓三剧〉自序》云："居数年游梁，过金梁桥，缅想周宪王流风余韵，往往低徊不能去，而《诚斋乐府》，是时犹未见也。归吴后，节衣食以购图书，力所能举，皆置箧衍。词曲诸籍，亦粲然粗具，于是益肆力于南北曲。春秋佳日，引吭长吟，世或以知音称之。"年底，曹载安病，吴梅返苏州。

十一月

8 日，王钟麒的传奇剧本《藤花血》在《民吁日报》第 37 号开始连载，经第 39 号（11 月 10 日）、第 41 号（11 月 12 日）、第 43 号（11 月 14 日），未完。《藤花血》仅一出《谋刺》，剧名题"藤花血"，各期剧名之前均标"最新戏曲"，作者均署"无生"。剧本取材于朝鲜爱国志士安重根刺杀伊藤博文事。

12日，《红楼梦逸编》在《民吁日报》第41号开始连载，至第48号毕，作者署"姿"。其"引言"云："《红楼》原本，久不完整，小泉程氏一再搜罗，始得百二十卷，然间有漶漫不可收拾处，程氏乃釐剔截补，勉强成之，原序固可按也。近有人于废圹中新发现旧本数编，按与现行者无大差别，惟百十六回之末，百十八回之首，略有不同，而百十七回则全编皆异，特为录出，名之曰《逸编》，想爱读《红楼》者，必有出世恨晚之叹也。"

同日，《越报》月刊在上海创刊。浙江旅沪学生创办，赵汉卿编辑发行，雷昭性、陈华同等为主要撰稿人。以"开通民智、排斥乱群，提倡教育、振兴实业"为宗旨。设言论、学术、文学、纪事、来件等栏目。主张发展实业和国民教育，抨击封建的纲常名教。曾另出增刊《越恨》一册。仅见一期，停刊时间未详。

13日，陈去病、柳亚子、朱梁任、庞檗子、陈陶遗、沈道非、俞剑华、冯心侠、赵厚生、林立山、林秋叶、朱少屏、诸贞壮、胡栗长、黄宾虹、蔡哲夫、景耀月等十七人于苏州虎丘召开南社成立会，宣告正式成立。发起人为陈去病、高旭、柳亚子。南社是晚清的革命文学团体。成立会到者十七人，其中十四人为同盟会会员。会议选举陈去病为文选编辑员，高旭为诗选编辑员，庞树柏为词选编辑员，柳亚子为书记员，朱少屏为会计员。活动中心设在上海。高旭虽是发起人，却未与会。事后他有一首诗写寄同人："铁匣深埋古井枯，不成遁世岁云徂。德星聚处天犹醉，惊隐风高道未孤。岂少诗篇存甲子，尽多人物话葫芦。独怜唱彻公无渡，薇蕨春光要酒沽。"庞树柏为南社本年虎丘雅集与会者之一，遂为社员。郑逸梅《南社丛谈》之九《南社社友事略》，其《庞树柏》条云："南社初次雅集于虎丘张东阳祠，树柏为到会十七人之一。这时，清室尚未推翻，大家抱着亡国之痛，酒酣耳热，（柳）亚子悲从中来，放声大哭，树柏作诗谓：'众客酬酢一客唏'，一客即指亚子而言。"

庞树柏（1884—1916），字檗子，号芑庵。江苏常熟人。辛亥革命时参与上海光复事宜，又策动常熟响应。工诗文，擅词曲。著有传奇《花月痕》《玉钩痕》（与欧阳钜源合作），另有《碧血碑》杂剧一种。

15日，《脂粉议员》由商务印书馆出版，标"社会小说"，署"[英]司丢阿忒著，林纾、魏易同译"。林纾的《〈脂粉议员〉序》以为其中描写最好的女主人公是薏薇苓："高则不失故家之仪度，诚则恪守妇道之范围。"所以他认为"欧人虽盛言女权，此仍守旧者之言也"。

27日，陆士谔《官场新笑柄》在《华商联合报》第19期开始连载，至第23、24合期毕（1909年11月27日—1910年3月6日）。《华商联合会报》第1—13期（1910年3月24日—8月19日）续载。

29日，孙家鼐去世，享年83岁。

本月，《帝国日报》在北京创刊。社长兼总编辑为陆鸿逵，主要撰稿人有宁调元、白逾桓等。以"挟持宪政，指导舆论，扩张国权，刊出政见"为宗旨，宣传反清革命。该报是辛亥前同盟会在华北地区的主要报纸之一。1911年10月停刊。

十二月

10日，翻译小说《芦花余孽》由商务印书馆出版，标"社会小说"，署"［英］色东麦里曼著，林纾、魏易同译"。

21日，精忠庙召集在京戏班代表开会，议定"凡伶人外作应酬者，即不准登台唱戏"。

22日，鲁迅参加抗议浙江两级师范学堂监督夏震武的活动。夏震武在他到任时刊出《两级师范训词》："廉耻教育无古今，无中外。有廉耻以为之本，则中学可也，西学可也；无廉耻以为之本，则中学、西学皆亡国之具。……坐受薪水而无所事事，谓之无廉耻可也；高谈平等、自由，蔑伦乱纪，诳惑学生，谓之无廉耻可也；……神州危矣！立宪哄于廷，革命哗于野，邪说滔天，正学扫地，髡首易服，将有普天为夷之惧。"于是全体大愤，一律停课。参加是役者除鲁迅外，尚有许寿裳、夏丏尊、朱希祖、张宗祥、张宗绪、张邦华、杨乃康等二十五人。迫于各界压力，夏震武被撤换。

27日，《扬子江白话丛报》在上海创刊。由上海扬子江白话报社创办，系1904年《扬子江白话报》的复刊。刊期重起，称"中兴第几期"。标榜"监察社会，开通风气"为宗旨，言论温和，仅出七期。

28日，候补四品京堂劳乃宣奏请推行官话字母。

同日，张謇等发起成立国会请愿同志会，并创刊《国民公报》，请求清廷速开国会。

30日，上海新建大舞台开张。赵如泉、吕月樵、万盏灯、王永利、刘永春、沈韵秋、应宝莲、林步青、何家声等前往贺演。

本月，章太炎《〈毛诗正韵〉序》在《国粹学报》第13号刊出。

本月，《天津名伶小传》出版，作者署"剑影客"。

本年

本年，周实参加南社，并组织淮南社。且于本年作《清明梦》，有1912年上海国光印刷所刊《无尽庵遗集》本。主人公以作者真实姓名登场，系作者为思念亡母而作。

周实（1885—1911），诗人、散曲家。原名桂生，字实丹，又字剑灵，号无尽。江苏淮安人。周实出身书香门第，光绪二十八年（1902），入县学读书为秀才，光绪三十年去南京求学，先入宁属师范，后进两江师范。宣统元年（1909），周实与同学阮式加入"南社"。后又和阮式创建"淮南社"，以诗歌鼓吹革命。1911年底，武昌起义爆发，周实返回淮安策划起义，被人出卖，遭山阳知县姚荣泽杀害。周实著有剧作《水月鸯》、北曲《清明梦》和诗集《无尽庵遗集》二册传世。

本年，王国维于一月至三月（光绪三十四年十二月至宣统元年二月）撰成《戏曲考原》一卷。此书考察了宋人赵令畤《商调·蝶恋花》鼓子词、曾布《水调歌头》大曲、董颖《道宫·薄媚》大曲与戏曲的关系，得出结论云："故戏曲之不始于金元，而于有宋一代中变化者，则余所能信也。"此书后收入《晨风阁丛书》。十一月至十二月撰成《宋大曲考》一卷《优语录》二卷《录曲余谈》一卷。《宋大曲考》考述大曲起源及其体制流变，阐述大曲演故事这一形式对后世戏曲的影响。《优语录》从史书、笔记、诗话中辑录唐、五代、宋、金时期优人戏语五十则。《录曲余谈》以曲话的方式散论有关戏曲问题。另有《曲调源流表》一卷，为考证各宫调曲调之源于乐府及词者，列表为之，未清稿，底稿已散失。

本年，吴趼人的长篇小说《最近社会龌龊史》（初名《近十年之怪现状》）在《中外日报》连载，共二十回，刊载起讫日期待考，标"社会小说"，署"我佛山人"撰。作品自序谈创作小说原由及已出作品，末论及《二十年目睹之怪现状》云："念后乎此二十年之怪状，其甚于前二十年者，何可胜记，既有前作，胡勿赓续，此念才起，即觉魑魅魍魉，布满目前，牛鬼蛇神，纷扰脑际，人诸记载，当成大观，于是略采近十年见闻之怪剧，支配先后，分别弃取，变易笔法（前书系自记体，此易为传体），厘定显晦，日课如千字，以与喜读吾书者，再结一翰墨因缘。"

本年，陆士谔的长篇小说《新孽海花》由上海改良小说社出版，二卷十二回，题"青浦陆士谔撰"，序署"宣统元年冬十月镇海李友琴女士序于海上之春风学馆"。序云："今秋复以《新孽海花》稿相示。余读云翔书，此为第十八种矣。评竟，问之曰：'君前所著，意多在惩恶；此书意独在劝善，然乎？'云翔笑曰：'唯，子何由知之？'余曰：'君前著之《官场真面目》、《风流道台》等，其中无一完人，嬉笑怒骂，几无不至；而此书中人物，如慧儿、其昌、孔生，人格之高，实为前著所未有者，即海里奔，不过江湖一剧盗，而磊落豪爽，自异猥鄙繁琐之徒，读之令人精神勃发，君非欲以此书鼓舞国民乎？'云翔笑曰：'子真知我者也，曷弗为吾序之？'余遂濡毫泼墨，录问答之言，为《〈新孽海花〉序》。序竟，祝曰：墨为旗帜，笔作刀枪，辟兹新世，宏发其光。飞龙破壁，鳞爪郁张；醒狮怒吼，万国震惶。名山永寿，神鬼是相。"有绣像十四幅。文中夹批，当出李友琴之手。

本年，黄小配的长篇小说《宦海升沉录》（一名《袁世凯》）二十二回由实报馆出版，标"近事小说"，题"黄帝嫡裔"，又署"禺山黄小配"。书首作者之兄黄伯耀序，署"宣统己酉季冬"。书以袁世凯为中心人物，描写自中日甲午战争、维新变法、义和团运动直至宣统初立诸政治事件中袁世凯由发迹至被排挤去官之升沉，揭露批判晚清官场黑暗与腐败。

本年，林纾出版林译小说有《黑太子南征录》、《藕孔避兵录》、《脂粉议员》、《西奴林娜小传》、《芦花余孽》、《彗星夺婿录》、《冰雪因缘》、《玉楼花劫》后编、《玑司刺虎记》。

本年刊行的作品据阿英《晚清戏曲小说目》统计，创作小说有《宦海》（张春帆著）等九十七种，翻译小说有《冰雪因缘》（[英]迭更司著，林纾译）等五十七种，戏曲（包括话剧）有《侠女魂》杂剧（蒋景缄著）等九种。

此外，本年尚出版文集如下：沈粹芬、黄人、王文濡等编《国朝文汇》共二百卷，收清代一千三百五十六家散文一万余篇，黄人（黄摩西）撰序，载是书刊行本；张之洞编《思旧集》成，由命官书局刊刻；马其昶著《抱润轩文集》十卷，由安徽官纸印刷局石印刊行。

1910年

一月

1日,在孙中山的支持下,《民报》经过短期的筹备以后,在东京秘密复刊,同年二月出至第 26 期后停刊。这是《民报》出版的最后一个阶段,总编辑是汪精卫,协助撰稿有胡汉民、易本羲、杜学衡等人,大部分稿件出于汪、胡二人之手。

同日,河南开封丰乐园戏院建成。由京剧演员芙蓉鼙率班首场演出。官府批准,妇女首次准予进园看戏,男女分别由前后门出入,场内男女分座。

3日,上海新剧场成立。位于法大马路(金陵东路)卜邻里口,由王鸿寿(三麻子)筹资创办。因为新剧场生意清淡,半年后易名凤舞台,后又改称群舞台,聘群仙、吉庆两班髦儿戏班演出。民国二年(1913)一度称朝阳凤舞台,同年由黄金荣接手,先称天声舞台,继而改为共舞台,取男女合演之意。老生露兰春、文武花旦小金铃、花旦张文艳、北京女伶王克琴、梆子坤伶小香水都曾在此演出,红极一时,后让于京剧演员吕月樵,改称沪杭共舞台。民国六年(1917)复归黄金荣,改名沪江共舞台。此外,还先后有公和共舞台、中华影戏院等名称。后人习称"老共舞台",以区别于爱多利亚路(今延安西路)的共舞台。民国十一年(1922),梅兰芳、言菊朋曾在此演出。后因房屋破旧,于1929年改成民用房。

8日,周家禄(1846—1910)去世,享年65岁。顾锡爵《海门周府君墓志铭》曰:"其无韵之文,隽永如魏晋人,有韵之文,上通于骚人之清深。"《尊瓠室诗话》卷一曰:"先生诗宗三唐,间及乐府,各体俱善,为光绪时一大名家。"《晚晴簃诗汇》卷一百六十四收其诗十四首,诗话云:"彦昇早擅词章,居江北,与朱曼君、范当世、张季直齐名，继为考据校雠之学，经史皆有著述。……诗尔雅而有骨干，晚作七律尤胜，如：坐看白日真成暝，不为苍生也自忧。易主园林秋烂漫，上游江汉客低徊。英灵河朔人才尽，花事城南野烧存。沉郁苍凉，卓然作者。词亦有南宋风格。"

10日，学部奏准经科大学可接纳外国学生为肄业生。

11日，袁祖光自序《瞿园杂剧续编》。《叙》称："今之世，无地非戏也，无人非戏也，无时非戏也，无事非戏也。戏场未有如今之辽廓也，戏态未有如今之奇幻也，戏中之色目未有如今之风云会合、雷霆奋迅，与人以不可测也。……故传《东家颦》也，讥戏之不得其似也；传《钧天乐》也，惜戏之有始而无卒也；传《一线天》、《望夫石》、《三割股》也，痛戏中之人不达时务，悠悠抱其志以终古也。"

19日，濮文暹去世，享年81岁。

24日，翻译小说《遮那德自伐后八事》二卷由商务印书馆出版，标"义侠小说"，署"[英]科南达利著，陈大镫、陈家麟译"。

本月，《南社丛刻》（简称《南社》）在上海出版，为陈去病（巢南）、高旭（天梅）、柳弃疾（亚子）所主持的文艺团体"南社"的机关刊物，不定期出版，所刊作品，分文、诗、词三部分。至1923年12月停刊，共出二十二集。《南社丛刻》第一集载有柳亚子《磨剑室文初集》等。

本月，陆士谔的长篇小说《新上海》六编六十回至迟于本月完成，翌年由上海改良小说社出版。书首附有宣统元年十一月镇海女士李友琴序、自序、二年春二月赘庼《七绝》三首。每编前列皆编总目，编凡六回。目后皆有图像六幅。叙上海一地社会状况，尤留意于骗、赌、嫖诸事。自序谓："客问陆士谔：'子之《新上海》，刻画魑魅，形容魍魉，穷幽极怪，披露殆尽，善则善矣，然辞多滑稽，语半诙谐，毋乃伤于佻而不足附作者之林欤？'……士谔曰：'唯唯。客之规吾者甚善。顾文主谲谏，旨在醒迷；涉笔诙谐，岂徒訾世；第求有当，何顾体载。……况小说虽号开智觉民之利器，终为茶余酒后之助谈，偶尔诙谐，又奚足怪？'"

本月出版的创作小说还有：陆士谔著《风流道台》六回，标"醒世小说"，书首有镇海李友琴序，由改良小说社出版；《中兴平捻记》六卷四十回铅印本，严庭樾著，由集成图书公司出版；《白话痛史》单行本，题"夷则子（杭慎修）演述，赵尧臣校阅"，由杭州白话新报馆出版；《驴夫惨剧》（一名《冤怨缘》），三十二回铅印本，标"警世小说"，由环球社出版；《新聊斋》甲乙集，据《续封神传》自序，此书当为天悔生著,由亚东书局出版。

二月

14日,黄小配的小说《朝鲜血》(一名《伊藤传》)在《南越报》"谐部"开始连载,署"世次郎"。

19日,包天笑所译小说《孤雏感遇记》在《教育杂志》第2年第1期刊出,标"教育小说",署"天笑生译"。未完,续载于第2年第2—4、6—10、12期(1910年2月19日—1911年1月10日)。

20日,《国风报》旬刊在上海创刊。国风报馆发行,社址在上海四马路。编辑及发行人何国桢,主要编辑撰稿人梁启超。内容分图画、论说、时评、著译、调查、特别纪事、本国纪事、世界纪事、文牍、谈丛、文苑、附录等栏,以论说为主,每期约八万字。1910年2月2日《申报》所刊《国风报第一册出版广告》,谓《国风报》"以忠告政府,指导国民,灌输世界之常识,造成健全之舆论为宗旨"。最高发行数字达三千份,是这一时期资产阶级立宪派最主要的舆论阵地。1911年7月停刊,共出五十二期。

23日,上海新舞台首演新戏《明末遗恨》。《明末遗恨》为创编古代戏,又名《铁冠图》《煤山恨》。写明末李自成进攻北京,其军师铁冠道人画一图,预言明朝必亡。崇祯帝因国库空虚,偕太监王承恩于雪夜亲访国丈周奎借饷。不料周在府中酗酒狎妓,闭门不接驾。京城被攻破,大臣们纷纷逃散,只有大将李国桢一人孤身作战。崇祯三次撞钟召集大臣,都只有李一人应声而至。崇祯见大势已去,杀皇后到太庙辞别,往煤山自缢。李自成率军入宫,宫女费贞娥假扮公主,刺杀李自成部将一只虎(绰号),然后自杀。李自成派人劝降李国桢,国桢要求自成祭奠崇祯,李自成依言。国桢上殿哭祭,拔刀刺自成不中,遂自杀。剧本由姚伯欣根据昆剧《铁冠图》改编。该剧借古鉴今,讽刺朝政腐败,大受欢迎。曾遭清政府禁止,辛亥革命后屡演不衰。清末民初,汪笑侬也将昆剧《铁冠图》改编为同名京剧。

24日,《剧报》在上海创刊。上海剧报事务所出版,主办人王汝通、齐宋濂。此报每日一张,注重戏剧,以"改良旧剧,编著新剧,转移风化,激励人心"为宗旨。内容分剧论、剧电、剧闻、剧谭、剧著、剧目、小说、插画等,此外还有言论、纪事、杂俎等。停刊时间未详。

本月出版的小说有：创作小说《浔州黑暗》，不分回，封面标"社会小说"，正文标"时事小说"，署"项起凤撰"，书首有序、论，由集成图书公司出版；翻译小说《破天荒》，标"军事小说"，署"[德]冒京著，徐凤书、唐人杰合译"，由东方书局出版。

三月

1日，孙玉声把自己三十年来观剧所见之演员及剧目，以《三十年来上海伶界之拿手戏》为题在《图画日报》上向读者逐一介绍。每天以数百字写一演员及其擅演剧目，连载近二百天。介绍了同治以来活跃在上海的京、昆、徽、梆子演员共三百七十多人。这批资料反映了同光年间上海的戏馆、演员、剧目及各剧种的竞争情况。

4日，宋恕去世，享年49岁。

宋恕（1862—1910），学者、教育家。原名存礼，又名衡，字乐子，号六斋，自署不党山人。浙江采阳人。1891年写成《六斋卑议》一书，揭露社会黑暗，抨击朱程理学，主张维新变法，提出设立议院。1892年前往京师求见大学士李鸿章，被委任为水帅学堂文总教习。此间，支持维新变法运动。1895年在上海襄阅求志书院任教。1901年，在杭州浙江求是书院任文总教习，介绍西学，传播新思想。与陈黻宸并称为"浙东三杰"。晚年时，思想趋于保守，宣传专制改进之说，1910年病故。著有《浙学史》《永嘉先辈学案》《朝鲜大事记》《辟中原人荒议》《律谈》、《筹边之策》,《山左陈言录》《六斋有韵文集》《六斋无韵文集》《历下杂事诗》《六斋遗诗集》等。《尊瓠室诗话》卷一评论说："(《六斋诗文集》)古风融会骚选，近体兼综唐宋，不忘君国，情见乎词。朱古微少宗伯尝与君为布衣交，见其所著《卑议》，论改革时弊诸端，叹为平实。"

8日，北京丹桂园"义务夜戏"，谭鑫培、王瑶卿演《汾河湾》。

10日，《教育今语杂志》月刊在日本东京创刊。编辑兼发行者初署教育今语杂志社，第三期起改署庭坚，实系陶成章等所创办，而以章太炎（独角）为撰著主干。停刊时间未详。该刊宗旨是："本杂志以保存国故，振兴学艺，提倡平民普及教育为宗旨。"而实际上还兼有提倡革命的任务。章太炎撰《中国文化的根源与近代学术的发达》载于《教育今语杂志》第 1 册"社说"。

同日,《中国商业研究会月报·中国商业月报》月刊在上海创刊。由中国商业研究会编辑部(日本东京)编辑,中国商业研究会上海本部发行,总编辑为王钝根。启事称"本报宗旨,不谈政治,只愿讨论商业,略附诗文小说"。其间一度休刊,1920 年 5 月停刊,共出十二期。

11 日,《天铎报》在上海创刊。创办人汤寿潜,是立宪派的活跃分子,参加过浙江官绅谋害秋瑾事件,当时是沪杭甬铁路局常驻上海的总理。一年后接办这份报纸的陈止澜,时任汉冶萍煤铁厂矿公司上海分公司的经理。《天铎报》由于编辑构成而逐渐成为革命派的阵地。最初的两任总编辑:汤寿潜主办时期的陈训正,陈止澜接办初期的李怀霜,和先后担任编辑主笔的戴季陶、陈布雷、洪允祥、冯开、胡良箴、马志千、徐筱泉、林映青等,都是同盟会员或接近同盟会的进步知识分子。在他们影响下,这个报纸从创刊起,就带有一定的革命倾向。

20 日,新舞台在《申报》刊出上演改良京剧《明末遗恨》告白云:"戏剧事与社会关系最大。本舞台有鉴于此,曾演《潘烈士投海》,所以警人心之萎靡不振也。更编《黄勋伯》一剧,所以策团体之涣散不坚也。戒烟则有《黑籍冤魂》,拒赌则有《赌徒造化》。窃谓贡献于社会者,不无略有裨益。然此犹其小焉者也。自来世事之悲惨,孰有甚于亡国者,本舞台抚今追昔,有感于怀,特就有明末造李闯入京故事,编《明末遗恨》一剧。其写庸相之误人,奸党之卖国,外戚之营私罔利,勇士之慷慨激昂,烈女之报仇雪恨,莫不绘影绘声,惟妙惟肖。使观者知明之亡,非亡于闯贼,实自亡之也。岁月变迁,河山依旧,前明君在九京之下,当有无限悲观者。追摹当时情景,毋使后之视今,犹今之视昔也。"

25 日,吴趼人的《我佛山人札记小说》共五十六则在《舆论时事报》开始连载,1922 年上海扫叶山房出版单行本,但少收《假妖》一则。

本月,周桂笙辑译的小说集《新庵九种》由上海群学社出版。《新庵九种》内收周桂笙所译《猫日记》、《红痣案》、《妒妇谋夫案》、《飞访木星》、《水深火热》、《自由结婚》、《伦敦新世界》、《上海侦探案》、《玄君会》。

本月出版的创作小说还有:《断袖》、《红宝石指环》、《上海游骖录》、《则山簃芟存草》、《新封神传》(再版)、《则山簃芟存草》(说部丛书第四十八种)等,由群学社在出版；《新官场现形记》（二集，署"心冷血热人编"），以及陆士谔的《新水浒》《新苏州》（八回，署"天哭著"）等，由改良小说社再版。

四月

7日，京剧时装新戏《血泪碑》首演于上海法租界新剧场。共八本，冯子和编演，冯子和、赵君玉分饰梁如珍、石如玉，王鸿寿、林颦卿、赵小廉、李庆棠等参加演出。该剧情节曲折动人，悲剧气氛浓郁，特别是冯子和的表演，展示了"忧愁悲哀、缠绵悱恻、啼笑皆真"的风格，给观众留下了深刻的印象。上演后柳亚子与南社同仁极力赞赏，首演之夜，柳亚子赋诗一首："一曲清歌匝地悲，海愁霞想总参差。吴儿纵有心如铁，忍听樽前血泪碑。"剧情本事载《春航集》，文明戏亦改编上演。

10日，南社在杭州西湖唐庄举行第二次雅集。到者陈去病、柳亚子、朱少屏等十七人。修改条例，在聚丰园晚宴。

同日，包天笑的小说译作《一粒砂》在《小说时报》第4期刊出，标"侦探小说"，署"笑译"；陈景韩的小说译作《聋裁判》也在同期刊出，署"[法]嚣俄著，冷译"。

29日，章太炎撰《国故论衡》（含中卷文学七篇），载《国粹学报》第4、5号。另《驳皮锡瑞三书》续完，此文是对今文经学派的一次重要批评。所批评者，均今古文双方争论之大事。此文分为：《孔子作〈易〉驳议》《孔子改礼驳议》《王制驳议诤》《春秋平议》四节。文章云："善化皮锡瑞尝就《孝经》郑注为之义疏，虽多持纬候，扶微继绝，余甚多之。其后为《王制笺》《经学历史》《春秋讲义》三书，乃大诬谬。……其序多两可，不足以明古今文是非，锡瑞为之惟惑，兹亦异矣。"

本月出版的小说有：《金钱龟》十回，署"冷眼著"，由小说进步社出版；《非侦探之侦探》（一名《支那侦探案》），署"毛思诚辑"，由宁波镇海培玉学堂出版；《劫余灰》《巴黎五大奇案》，由群学社出版。《巴黎五大奇案》署"[美]白髭拜著，仙友译"，内收《双尸祭》《断袖》《珠宫会》《情姬》《盗马》。

本月，百代公司灌制的谭鑫培唱片在上海发行。

五月

7日,章太炎的论文《论诸子的大概》在《教育今语杂志》第3册刊出,署"独角"。

同日,《申报》刊出《新剧场观剧记》(未署名)评京剧时装新戏《血泪碑》:"世界感化力量最大之一物,何物乎?曰戏剧而已。欢乐悲感,摹写情状,均足移人心志而动其兴趣。以故沪上各戏园莫不争奇斗胜,排演新剧,欢动一时。而法界之新剧场,尤为角色齐备,唱演俱佳。如新排《血泪碑》一出,激昂哀艳,真足令人堕泪,演至割股一节,足令人油然生其孝思。大狱一节,足令人慨然增其志气。此外如女学生家庭不幸,男学生慷慨赴义,地痞设谋之可恶。剧盗天良之忽发,监狱之黑暗,官吏之颟顸,莫不随处指点,有声有色,诚妙剧也。"

9日,王厚齐等主办的《北方日报》在天津创刊。当日即被租界当局查封,6月5日复刊。

10日,陈景韩所译《学怕》(标"美国短篇小说",题"冷血译")在《华商联合会报》第6期开始连载,至第8期完。

13日,《大公报》刊文称赞河东同乐新舞台演出的新剧《国会热潮》。该剧反映宣统元年(1909年)湖南徐君断指送国会代表事。

23日,《民声丛报》半月刊在上海创刊。民声丛报社发行,编辑兼发行者署陈匡,实系陈其美等。该报以发扬国魂为宗旨,设论说、时评、文苑、小说等栏目。似仅出二期即停刊。

29日,林纾诗作《梅阳归养图送江侍卿》与严复诗作《梅阳归养图送江侍卿》,同时在《国风报》第1年第11期刊出。

本月,《广州社会小说》合订铅印本由觉群小说社出版。内含小说五种,其中《陈万言》十章,不题撰人;《吴三桂》十回,标"艳情史",不题撰人,书口题《吴三桂小说》,虽名为"吴三桂",但着墨陈圆圆颇多,在对待明清以及李自成的立场上常自相矛盾;其他三种是:《剃头二借妻》九回,不题撰人;《阿斗官》(一名《大良阿斗官》)十回,不题撰人;《奶妈娥》十回,标"西关艳情小说",题"顺邑冯有为、南海谈天同著"。

本月,王钟声、刘木铎等编演了反映法国拿破仑第三时代的革命党与王党之争的新戏《百合花》。

六月

6日,上海《时报》与《神州日报》发起组织中国报馆俱进会,以"连合国内外宗旨相同诸报馆成一法团",设立机关部于北京、上海。

同日,章太炎的《庚戌会衍说录》在《教育今语杂志》第4册刊出,署"独角"。这是对中国各省留学日本高等师范学校学生的演说辞。

7日,陈景韩的小说译作《祖国》在《小说时报》第5期刊开始连载,至第6期毕,标"世界三大悲剧之一",署"[法]柴尔时原著,冷译"。此外,陈景韩的小说译作《兄弟》(署"冷译")、包天笑的小说译作《俄国之宝库》(署"笑译")也在同期刊出,以上两篇标"短篇名译"。

22日,吴趼人的长篇小说《情变》在《舆论时事报》开始连载,标"奇情小说",署"趼人"。原拟写楔子一回,正文十回,但连载至同年九月间,吴趼人病故,仅刊出八回余。作者"楔子"批评云:"近来有一种人,样样都要说外国好,外国人放的屁都是香的,中国的孔圣人倒是迂腐;外国的狗都是好的,中国的英雄倒是鄙夫。"《舆论时事报》结束此作连载时加编者按云:"此南海吴趼人先生绝笔也。先生名沃尧,别署我佛山人,长于诗古文词,根底深厚,驳驳乎跻古作者之林。间又出其余技,成小说家言。无论章回札记,皆能摹绘社会之状态,针砭国民之性质,积理既富,而笔之恢奇雄肆,又足以达之。近如本报所登之《情变》及《滑稽谈》,在先生犹非经意之作,而已备受阅者欢迎;然则一纸风传,啧啧于众人之口者,洵乎有目共赏,非可幸而致也。惜乎时数限人,文章憎命,偶撄小疾,遽赴玉楼。留此断简残篇,永不能完秦庭之璧,其为惋怅,海宇同之,固不独联缟芝交者,伤旧雨之凋零已也。"

26日,王国维《录曲余谈》在《国粹学报》第67期开始连载,至第69期完毕。杂论戏曲源流、脚色、版刻及具体作品等,体裁略同前人曲话,而每有精到见解。

本月,徐卓呆、陆镜若在上海组织文艺新剧场。

本月,章太炎的《国故论衡》由日本秀光会舍出版,分《小学》《文学》(含《文学总略》)、《诸子学》上、中、下三卷。其中《成均图》阐述章氏古韵二十三部之间通转大例和音理。《二十三部音准》描写古韵二十三部音值。《古音娘日二纽归泥说》仿钱大昕的方法，以古训、读若、谐声、古今字等材料，证明古音有泥纽，无娘、日，今娘、日二纽古归泥纽。《语言缘起说》主张，凡事物命名都不是随意的，或是有其理据，或依发声之语。卷首《小学略说》可看作章氏从宏观上对语言文字及前人对语言文字研究的总意见。他认为，由于文字形体的改易，声韵的讹变，董理小学要以韵学为先。《音理论》以音理来论声、韵。

本月，苏曼殊在印度尼西亚爪哇写《与高天梅书》，作中西诗人之比较，开始了中国近代诗学比较之萌芽，另有诗作《西湖韬光庵夜闻鹃声简刘三》在《南社》第二集刊出。

本月，杨与龄的小说《中国之哥伦布》，在《南洋兵事杂志》开始连载，载于第 46—55 期（1910 年 6 月—1911 年 3 月）。

杨与龄（生卒时间未详），作家、学者。籍贯及主要经历未详。主要著作集中于 1909—1911 年间的多期《南洋兵事杂志》上。有《武士道传奇》《乌江恨传奇》与《岳家军传奇》三种，列为"军事小说"栏目。此外还有标"军事小说"的《步兵战斗义勇军》《中国战争未来记》《中国之哥仑布》等，此外，尚有诗歌《塞上曲四首》《塞下曲四首》等，随感语录《精神讲话》，学术文章与著作《中国历代兵制考》《说空中飞行器及关于军用之利害》《中国马政之沿革》等。

本月，陆士谔的长篇小说《新中国》（一名《立宪四十年后之中国》）十二回由改良小说社再版，封面题"理想小说绘图新中国"，各有图六幅，署"青浦陆士谔云翔甫撰"。是书以陆士谔第一人称叙之，其初版为本年较早时。

本月出版的小说还有：创作小说《金娇墓》，标"哀艳小说"，作者署"梁纪佩"，由惜花社出版；翻译小说《秘密社会》，署"[美]尼古剌著，商务印书馆编译所译述"，由商务印书馆出版。

七月

22 日，吴趼人《还我魂灵记》在《汉口中西报》刊出，盖为艾罗补脑汁做广告也。又有上海中法大药房之启事，云："吴趼人君为粤东名士，作海上寓公。频年在虹口办理广志学堂，与敝药房总理黄君朝夕把晤。近患精神衰弱之病，因以艾罗补脑汁为赠，果幸克奏奇效。吴君贻书，并以所著之《还我魂灵记》及近日所摄肖影致谢；嘱勿登报，以避标榜。惟念吴君，文章经济，卓绝一时，斯世仰望风采及钦慕其著述之人，不知凡几，何敢深秘，因重违其意，录付各报，俾读其文且如见其人，未始非艺林佳话也。"其时，药房老板黄楚九又将《还我魂灵记》与吴趼人相片刊登于沪、汉各报。有读者投函报社，对小说名家晚年为市侩著文颂药深表惋惜。吴趼人之友周桂笙作文代为抱不平，并称，吴得酬三百元后，即作为老母祝寿之用。

26日，周作人的小说《侦窃》在《绍兴公报》刊出，标"短篇小说"，署"顽石"。

29日，上海《新闻报》主笔、上海城自治公所名誉董事姚伯欣病故。8月11日，在新舞台举行追悼会，千余人出席。姚伯欣生平不详，主要活动有于1907年与沈缦云等及京剧界人士潘月樵和夏月珊、夏月润、夏月恒三兄弟等商议合股集资建造新式剧场。新舞台废除老式四方型戏台茶园格局，舞台设有机械转台、灯光、布景，为国人自建的第一座仿欧洲、日本新式剧场。

31日，周作人的《古希腊之小说》在《绍兴公报》刊出，署"起孟"，至8月1日载完。

本月，《艺林》月刊在南京创刊（清宣统二年六月）。二十四开本，线装铅字印刷。创办人俞强新、王遐龄，总编辑陶巽人（陶花奴），副编辑程敏斋，社址设南京垣花市街。其宗旨"以国学为主，科学为辅，加以社论、词林、小说，借以开通风气，陶写性情"。

本月，《南社丛刻》第二集在杭州出版，徐佛苏主持，梁启超为该刊主要撰述人。

本月，王钟声、陆镜若、徐半梅等联合组织文艺新剧场，演出话剧《猛回头》、《爱海波》等。

八月

5日，包天笑所译短篇小说《新造人术》在《小说时报》第6期刊出，署"笑译"；同期还刊出陈景韩所译长篇小说《心》，题"[俄]痕苔著，冷译"；开始连载恽铁樵所译长篇小说《黑衣娘》，至第7期毕，署"铁樵译"。

恽铁樵（1878—1935），小说家、中医学家。名树珏，以字行，别署焦木、冷风、黄山民。江苏常州人。1911年任商务印书馆编译，1912年继王蕴章主编《小说月报》，态度严谨，善于识拔人才。曾赞鲁迅的《怀旧》是"用笔之活，可作金针度人"；并逐段加评（1913年4月25日《小说月报》第4期第1号）。钱基博认为他："恽子生于衰季之世，闵流俗之慆淫，嫉贪夫之在位。故其所著书，轻禄仕，贵武侠，道男女好悦之辞，微言讽刺，不少概见。辄亦有与太史公之意相符者，岂匪太炎所谓有意于社会道德者欤？故其为文也，甚质而不俚，有先人大云之流风焉。"（《说林》第十四集《叙》）著有长篇小说《聊斋志异演义》《药庵随笔》。中短篇小说数十篇，未成集。1916年，因十四岁的长子病故，遂发愤学医，曾就学于名医汪莲石。1920年，辞去《小说月报》主编职务，正式挂牌行医，尤其擅长儿科。当余云岫《灵素商兑》以西医理论攻击中医时，作《群经见智录》予以驳斥。1925年，与国学大师章太炎及其弟子张破浪等在上海创办"中国通函教授学社"，也即后人所熟知的"铁樵函授中医学校"。1933年创办铁樵函授医学事业所，受业者千余人。医学著述很多，著作有二十二种，编成《药盦医学丛书》。

6日，周作人的散文《对于封禁小押之感情》在《绍兴公报》刊出，署"顽石"。

16日，南社在上海味莼园举行第三次雅集。到者有柳亚子、朱少屏、包天笑等十九人，高旭未到会。此集南社第三次修改条例，规定《丛刻》不再刊出社员个人诗文词集。

17日，胡适由上海乘船赴美留学。

27日，尚和玉、薛凤池等在山东烟台丹桂茶园演出《铁公鸡》。群仙茶园由马德成演出《连环套》，贵俊卿演出《御碑亭》。

29日，《小说月报》月刊在上海创刊。由商务印书馆总发行，王蕴章（莼农）编辑，第3卷第4期起，改由恽树珏（铁樵）编辑。以"移译名作，缀述新闻，灌输新理，增进常识"为宗旨。1920年前为鸳鸯蝴蝶派的主要刊物之一，主要刊登文言章回小说、旧体诗词、改良新剧，以及用文言翻译的西洋小说和剧本。1918年，重新由王蕴章编辑，至1920年12月共出一百二十六期。1921年第12卷起由茅盾主持，为文学研究会的机关刊物。1931年12月停刊，共出二十二卷，二百六十二期。

王蕴章（1885—1942），诗人、报人、书法家。字蓴农，号莼农，别号西神。江苏无锡人。清末应聘于上海商务印书馆，主编《小说月报》，两任编辑，前期从1910年7月到1911年12月，后期从1918年1月到1920年12月，共四年半的时间。曾请人绘制《十年说梦图》，记载这段历史。后应沈缦云之约赴南洋，作《南泽竹枝词》

百首。1915年1月编辑《妇女杂志》。历任沪江大学国文教授、《新闻报》编辑等。王蕴章通诗词，晓戏曲，擅作小说，也工书法。著有《墨林一枝》、《碑林奇字》、《玉台艺乘》、《临池杂志》、《墨傭余沈》等。

同日，《小说月报》第1期开始连载长篇小说《双雄较剑录》二十六章，署"[英]哈葛德著，林纾、陈家麟同译"；连载长篇小说《合欢草》，署"[英]韦烈著，舒阁卫听涛译述，文彬朱炳勋润词"。以上两篇均标"长篇"，未完，续载于第2—5期。刊出短篇小说《钻石案》与《碧玉环》，均标"短篇"，作者均署"王蕴章"；刊出《遗嘱》、《故乡》二剧，均为[英]迈依林著，卓呆译。

本月出版的小说有：《海上风流梦》十四回，正文卷端署"醉余著"，版权页署"编辑者冶逸，校证者闻天主人"，由醉经堂书局出版；《碎琴楼》上下册，标"言情小说"，署"何诹编译，周瘦鹃校阅"，由上海环球书局印行，大明书局总发行。

九月

14日，梁启超在《日本并吞朝鲜记》在《国风报》第22期刊出，至第23期（9月24日）完；梁启超《朝鲜灭亡之原因》也在《国风报》第22期刊出。

17日，《南报》月刊在桂林创刊。同盟会广西支部主办，编辑兼发行人赵正平（署"候声"），亦是该报主笔。主要撰稿人何遂（署"贱夫"）。有论说、史地、军事、国内外纪事、时论、调查等栏目。该刊着重宣传以军事力量反抗列强侵略、挽救民族危险的爱国思想。因遭清政府阻挠，注册不准，同年十一月停刊，共出三期。1911年2月改名为《南风报》出版。

同日，商务印书馆出版长篇小说《希腊兴亡记》二卷，标"历史小说"，署"[美]彼得巴利著，曾宗巩译"。

18日，吴趼人的长篇小说《二十年目睹之怪现状》单行本庚卷（第八十一至九十四回）由上海广智书局出版。

同日，振武学社成立。学社在武昌新军中发展革命力量，事为黎元洪所觉，旋改为文学社。

本月，陈景韩的武侠小说《刀余生传》二种由时中书局出版，标"侠客谈"。

十月

7日,《热诚》旬刊创刊。在日本东京编辑,上海发行,总发行所设在上海民立日报馆内,由蓝公武主编。《简章》称"以输入世界知识,革新国民精神为宗旨"。设评说、诗评、文艺等栏。停刊时间未详。

11日,《民立报》日报在上海创刊。上距《民吁日报》被迫停刊不到一年,地址在公共租界的三茅阁桥,是革命派继《民吁日报》之后,在上海创办起来的又一份大型的日刊报纸。它用"民"字打头的"民立"两个字作报名,暗示了它和"民呼"、"民吁"两报的血缘关系。《民立报》的社长还是于右任。协助于担任《民立报》编辑撰稿工作的主要是宋教仁、范光启、景耀月等几个人。1913年9月被袁世凯查封。

同日,高旭等游南京。叔父高燮、妻何亚希、从弟高君平(均)、友人蔡哲夫等偕游。归后,周实丹辑诸人诗为《白门悲秋集》一卷,为南社增刊之一。

12日,陆秋心的长篇小说《葡萄劫》卷上在《民立报》开始连载,至次年1月13日毕,标"希腊痛史",作者署"秋"。

21日,吴趼人(1866—1910)喘病发作,在上海居所去世,享年45岁。李葭荣《我佛山人传》评价道:"君生新旧蜕嬗之世,恫夫国势积弱,民力浸衰,赞翊更革,数见于所为文辞。惟方寸取舍,分际綦严,无时流盲从之患。近十年间保持国粹之思,如怒芽暴潮,有故轩他族以轻我者,至起而批其颊。……所为文章,大半隶于说部,方言书实,则所尤长,每状一事,类以委蛇之笔,尽淋漓之致,耳目遭际,孺人稚子所能喻者,出君之手,必蔚为钜观。平生著小说,都数十万言,已付印行世者,为《最近社会龌龊史》、《劫余灰》、《发财秘诀》、《电术奇谈》、《九命奇冤》、《痛史》、《两晋演义》、《上海游骖录》,短篇及札记数十种。为世所同嗜者,曰《二十年目睹之怪现状》,曰《恨海》……君又遂于探理,作《新石头记》,多逆揣世界未来,具能表里科学,随笔驰骋。而文不受范围者,且莫之能逮。古体文宗桐城,意在浅而离俗,率以叙述胜。诗余不务工而能巧,兴至则长言不倦。"

31日,《平民日报》在广州创刊。由卢博浪、李孟哲、邓慕韩等编辑。该报宣传反清革命,曾与保皇派报刊进行过笔战,对1905年的俄国革命也曾做过详细介绍。1911年春停刊。

本月出版的小说有：吴趼人著《最近社会龌龊史》二册，由广智书局出版；《女军人》(署"孙毓修编纂")、《义狗传》(署"孙毓修编译")、《三千年艳尸记》(上下卷，署"[英]哈葛德著，林纾、曾宗巩同译")，均由商务印书馆出版。

十一月

1日，黄小配的小说《十日建国志》在《南越报》开始连载，至10月29日毕。

2日，包天笑的小说《画符娘》(秋星阁笔记之四)在《小说时报》第7期刊出，署"笑"；狄葆贤的翻译小说《噫有情》在《小说时报》第7期开始连载，至第9期毕，署"[法]大文豪嚣俄著，平情居士译"。

同日，《上海白话报》在上海创刊("旧历十月朔")，此报与《苏州白话报》类同。由谢慧禅编辑，报馆设在二马路86号。它是一份侧重娱乐的小型报，内容分演说坛、见闻录、沪事谭、莺花志、歌吹海、新小说六栏。

15日，鲁迅在给许寿棠的信里说："仆荒落殆尽，手不触书。惟搜采植物，不殊曩日，又翻类书，荟集古逸书数种，此非求学，以代醇酒妇人者也。欲言者似多，而欲写则又无有，故止于此，容后更谭。"表达了此时郁闷的心境。

26日，王蕴章的小说《明珠宝剑》在《小说月报》第1年第4期刊出，标"奇情小说"。

本月，李叔同由日本回国，因家族投资损失惨重，导致他中止在音乐学校的学习，偕日籍夫人回家，将其安顿在上海，只身返津与家人团聚，并开始在天津工业专门学校任图画教习。

李叔同(1880—1942)，教育家、戏剧活动家。原名李文涛，字叔同，别号息霜。生于天津，祖籍山西洪洞，自称浙江平湖人。1918年出家后称弘一法师。"二十文章惊海内"，集诗、词、书画、篆刻、音乐、戏剧、文学于一身，其书法艺术被誉为"朴拙圆满，浑若天成"。1942年圆寂。

本月，吴梅校刻《奢摩他室曲丛》第一集问世；龚宝铨编《秋瑾女士遗稿》在日本东京刊行。

本月，杨与龄的小说《中国战争未来记》开始在《南洋兵事杂志》第51期连载，至第53期(1911年1月)，包括《威力搜索》、《儿女英雄》、《兴亡梦》、《黄村》、《新军万岁》五个短篇。

十二月

17日,《国民公报》在成都创刊。此报为中国四川历史上坚持最久的报纸之一。1936年8月1日迁重庆出版后,该报归康心如、康心之兄弟所有。先后任总编辑的有杜协民、姜公伟、曾俊修等。

26日,《小说月报》第1年第5期刊出《堕溷花》,标"哀情小说",作者署"指严"(许指严);刊出《桃李鸳鸯记》,标"奇情小说",题"[美]华盛顿欧文著,觉民译"。

本月,陆士谔的长篇小说《最近女界秘密史》(初集十九章,上下编,初集上编题"春江香梦词人编",下编末页署"著作者天公")、《最近社会秘密史》(二十八回)由上海新新小说社出版;同时该社刊出的小说《最近官场秘密史》(三十二卷,前后篇各十六卷,分装八册。署"著者天公,校者慧珠"),据考证可能也是陆士谔著。

本月,任天知联合新剧演员汪优游、陈大悲、顾无为、许啸天等在上海成立职业新剧团体进化团。进化团一度赴南京、芜湖、汉口、宁波等地演出,揭露政府腐败,宣传爱国、革命。在芜湖演出时遭禁止,在汉口又遭通缉。最初演出的剧目有《血蓑衣》(又名《都督梦》)、《侠女鉴》、《东亚风云》(即《安重根刺伊藤博文》)、《新茶花》等剧目。武昌起义后,编演《黄金赤血》、《共和万岁》、《黄鹤楼》等剧以配合革命形势。1912年秋解体。演出采用表幕制,并开创时事活报剧新样式,形成独特的"进化团派"风格,为推动新剧事业的发展作出了一定贡献。至1912年5月后解散。

本年

本年,清廷颁布《著作权律》。中国历史上第一个版权法。该法分通例、权利期限、呈报义务、权利限制、附则等五章,共五十五条。主要规定著作权的概念,著作物的范围,取得保护的呈报义务,著作权的保护期限,著作权的权限及侵犯著作权之处罚等内容。著作权律是在清政府垮台前一年颁布的,并没有起实际作用,但对后来北洋政府和国民党政府的版权法有较大的影响。

本年，章太炎在《学林》上刊出了大量文章（《学林》在日本出版，每三月刊行一册，共出两册）。在《学林》第 1 册上，章太炎刊出了《文始》（名言部）、《封建考》（制度部）、《五朝学》（学术流别部）、《信史》上、下（文史部）、《思乡愿》上、下（通论部）、《与农科大学教习罗振玉书》（杂文录）等文，这期的《学林》，除《缘起》外，都是太炎的文章，署名均为"章绛"。在《学林》第 2 册上，章太炎刊出了《文始》（名言部，续）、《释戴》、《非黄》（学术流别部）、《征信论》上、下（文史部）、《秦政记》、《秦献记》（故事部）、《医术平议》（方术部）、《程师》（通论部）、《与人论文书》（杂文部）等。上述各篇，有的是早已撰就、今始刊出的，有的是首次刊出的，大部分则是近年创作的。其中，《与人论文书》评价当时文坛，略谓："仆重汪中，未尝薄姚鼐、张惠言。姚、张所法，上不过唐、宋，然视吴、蜀六士为谨。仆视此虽不与宋祁、司马光等；要之，文能循俗，后生以是为法，犹有坛宇，不下堕于猥言酿辞，兹所以无废也。并世所见，王闿运能尽雅，其次吴汝伦以下，有桐城马其昶为能尽俗。下流所仰，乃在严复、林纾之徒，复辞虽饬，气体比于制举，若将所谓曳行作姿者也。纾视复又弥下，辞无涓选，精采杂汗，而更浸润唐人小说之风。夫欲物其体势，视若蔽廘，笑若龋齿，行若曲肩，自以为妍，而只益其丑也。"（《学林》第 2 册，1910 年）

本年，黄人的《中国文学史》由国学扶轮社印行，系我国自撰文学史的创始之作；林传甲著《中国文学史》由武林谋新室出版，日本宏文堂印刷，上海科学书局和广东科学分局发行。

本年，缪荃孙编辑《续碑传集》八十六卷，辑录道光、咸丰、同治、光绪四朝人物传记一千一百一十一种，由江楚编译书局刊校行世。

本年，陈衍、赵熙等在北京创立"诗社"，使同光体诗派复兴。

本年冬，《南社丛刻》第三集出版，由柳亚子、俞剑华代编。收文四十三篇，诗四百三十三首，词一百一十六首。本期《南社》丛刻刊出的文章主要有：景耀月的《夏声叙》、《唱歌三百首叙》，苏曼殊的《与高天梅论文学书》、《与高天梅柳亚子书》，王钟麒的《明季烈士传叙》、《明孺人诔》、《秋瑾女史哀辞》，周实的《棠隐女士小传》、《淮安旅宁恳亲录叙》、《丁未风雨怀人诗叙》、《无尽盒诗话叙》、《无尽禽尊情录叙》，庞树柏的《说剑门》、《说墨井》、《丁君坊臣传》、《亡弟树棠墓碣》，沈颖若的《寒灯课子图记》、《北浜风景图记》、《袁杞山先生墓记》、《灵芬馆遗址记》、

《题先君子壶隐主人小影》,陈去病的《垂虹亭长传》《轩亭吊秋侠文》,柳亚子的《云间赵生传》、《钮凤生诗叙》等文。

本年,梁启超的小说《新中国未来记》由上海教育书店出版。梁称这部小说是"欲刊出区区政见"的作品,"似说部非说部,似稗史非稗史,似论著非论著,不知成何种文体"。黄遵宪认为此书不像小说:"此卷所短者,小说中之神采(必以透彻为佳)之趣味耳(必以曲折为佳)。"(光绪二十八年十一月十一日黄遵宪与梁启超通信)在《新小说》杂志的栏目中,梁启超把这部小说归为"政治小说"即:"政治小说者,著者欲借以吐露其所怀抱之政治思想者也。其立论皆以中国为主,事实全由于幻想。"此小说成为"小说革命"的代表作之一。

本年,王浚卿的小说《女界烂污史》(一名《东厕牡丹》)由自强轩书药局出版,十四回,署"八宝王郎"。自强轩书药局出版是书开篇处尚暴露当时官僚丑态,但此后均为上海风月场中各种猥亵情事。王浚卿在本书序言及预告中介绍自己作品尚有《冷眼观》六卷、《游学怪史》一卷等。

本年,梅兰芳17岁,搭鸣盛和班,在北京东安市场吉祥茶园每日白天演唱,茹莱卿操琴。传世有本年5月12日戏单一件:孙小禄《少华山》,小金豆《伐子都》,小德云、小双宝《汾河湾》,三麻子、小瑞子、李静云《二进宫》,朱桂芬《举鼎》,梅兰芳、杨华庭《六月雪》,小花猴《剑峰山》。

本年夏,正在日本留学的陆镜若从日本归国度假,同王钟声、徐半梅等用文艺新剧场的名义,在上海张园演出陆镜若译编的英国戏《奴隶》。同时,又排演了他根据日本作家佐藤红绿的名著《潮》改编的《猛回头》,这出戏成为春柳社的主要保留剧目。

本年刊行的作品,据阿英《晚清戏曲小说目》统计,有创作小说《劫余灰》(我佛山人著)等四十三种,翻译小说《铁窗红泪记》([法]嚣俄著,天笑生译)等二十八种,传奇一种,话剧四种。

1911年

一月

3日,詹大悲主办的《大江白话报》改名为《大江报》。该报为日报,由詹大悲、何海鸣等人编辑。它力主反清革命,以"增进人群道德,提倡社会真理,灌输国民常识"为宗旨,以对不法军官的无情抨击而获得了新军士兵的热烈拥护。自创刊至停刊历时七个月,对武昌起义起一定的推动作用。

詹大悲(1887—1927),报人、革命家。原名培瀚,又名瀚,字质存。湖北蕲春人。1907年考入黄州府中学堂,1908年到武汉任《商务报》主笔,1911年初参加组织文学社,被推为文书部长。曾因刊出《大乱者救中国之妙药也》等文章,被清政府逮捕入狱。武昌起义后出狱,任汉口军政分府主任。1913年在鄂西、鄂北组织反袁军事斗争,后逃亡日本。四一二反革命政变后,参加联名通电讨蒋。1927年12月在武汉被桂系军阀胡宗铎逮捕后杀害。

20日,恽铁樵所译小说《波痕荑因》在《小说时报》第8期开始连载,署"[美]却而司佳维作,铁樵译",至第12期完。《小说时报》第8期还刊出小说《葑菲怨》(署"怅盦")、《决斗》(作者不详,署"冷译"译,分第8、第11期刊完)等小说。

21日,周作人的论文《盲从主义》在《绍兴公报》刊出,署"顽石",此篇后来未被收入自编文集。

25日,《小说月报》第1年第6期刊出翻译小说《不如醉》(署"[美]华盛顿欧文著,如皋潘树生、甘泉叶諴译")、《卖花声》(标"露西亚暗杀之先声",不题撰者,署"啸天生意译"),刊出创作小说《三家村》(署"指严")、《美人局》(署"朱炳勋")、

《自治地方》(标"地方自治小说",署"刍狗")等。

30日,蒋翊武、刘复基、王宪章等人把湖北振武学社改组为文学社,于武昌黄鹤楼召开成立大会。该社以《大江报》为机关报,以从事文学研究为名进行革命活动。

本月,王国维撰《古剧脚色考》一卷,该文就唐宋以来迄今剧中之脚色,约分生旦净丑,考其命名之义及渊源流变。先载于《国学丛刊》,后由铃木虎雄译为日文,刊出于《艺文》杂志第4年第1、4、7号。

本月,鲁迅纂辑校勘唐刘恂的《岭表录异》三卷,作《拾遗》十八条和校勘记。该书主要记载岭南的虫鱼草木,间及地理气候、风土人情。现存的最初抄校稿上写有"武英殿聚珍版本"、"庚戌十二月录"等字。另有手抄的校定本,也在鲁迅离开绍兴去南京教育部前完成。1932年鲁迅把它收入自编的《鲁迅译著书目》中,并注明"以唐宋类书所引校《永乐大典》本,并补遗,未印"。

本月,周作人译完匈牙利小说家育凯摩耳所著中篇小说《黄蔷薇》,并作《〈黄蔷薇〉序》,后来收入《苦雨斋序跋文》。序中对育凯摩耳及《黄蔷薇》略作介绍。

本月出版的创作小说有:《六路财神》二册十二回,标"社会小说绘图六路财神",署"青浦陆士谔",上海改良小说社出版;《暗杀奇案报仇恨》六回石印本,署"古盐补留生",燮记书庄出版。

二月

2日,蔡元培致函吴稚晖,信中谈到自己在德国求学的窘境:"至勉赴学问云云,则虽不敢不以此为鞭辟,而来此已逾三年。拾取零星知识,如于满屋散钱中,暗摸其一二,而无从联贯;又或拾得他人弃掷之钱串,而曾不名一钱;欲摸索一二相当之钱以串之,而顾东失西,都无着落。惟终日手忙脚乱,常若债负,与日俱增,而不知所届。……"在信中,他还建议吴稚晖回国教授小学:"吴先生于教授法实有特长,何不回国办理小学,以导后进?即使不便往内地,则如香港、胶州之属,中国子弟待教者亦甚多,未尝不可从此入手云云。"

8日,宋教仁的论文《东亚最近二十年时局论》,开始在《民立报》连载,署"渔父",至3月27日完。该文共四节,以万言的篇幅分析了列强觊觎中国的历史和现状,并全面分析了列强对中国的瓜分情况。指出:"顷者道路相传,英人进兵云南,以窥川藏,俄人因改订商约,派西蒙古领事问题,有下战书据外蒙古之势,虽其事之真伪未可知,然英、俄、德、法、美、日各国近益张目怒齿,挟其武力金力,以狡焉思启,几令人有应接不暇之势,则现今吾国之状也。虽然,此其事非始自今日,盖自庚子战后,各国易用变相的侵略政策以来,已成此政局者也。更溯而上之,则自甲午战后,各国用正相的侵略政策之反动力也。"

宋教仁(1882—1913),政治家。字遁初、钝初,号渔父。湖南桃源人。1904年与黄兴、陈天华等在长沙创立华兴会,被推为副会长。后入日本东京政法大学及早稻田大学学习。1905年参加同盟会,任司法部检事长、《民报》撰述。1911年初到上海,任《民立报》主笔。同年7月与谭人凤在上海成立同盟会中部总会,任总务干事。1912年到任南京临时政府法制院总裁,参加南北议和,5月到北京任农林总长。8月改组同盟会为国民党,任理事,后代理理事长。1913年3月国会开会前,被袁世凯指使赵秉均派人刺死于上海。著有《间岛问题》《宋渔父日记》等。

同日,包天笑的长篇小说《埋石弃石记》开始在《教育杂志》第3年第1期连载,至第3年第12期(1912年3月10日)完结,标"教育小说",署"天笑生"。

12日,叶圣陶编成《圣陶诗甲集》,次日送往玄妙观内的书坊装订。

13日,南社在上海愚园举行第四次雅集。到者有高旭、陈去病、柳亚子等三十四人,出版通讯录。会中高旭与柳亚子意见分歧,二人"大闹其酒阵",为后来南社"破裂的根苗"。

同日,《南风报》月刊创刊。该报由原来的《南报》改名而成,由南风报社发行。编辑及发行人署名廖璋,实系宝山赵正平(侯声)主持。本报简章称宗旨是:"灌输世界智识,发扬军国精神。"发刊辞《南风观》说:"运输新学术、新思想、新言论,以改造南风者又谁?则本报同人,诚不自量,不敢不负其责任之一部焉!"该报强调革命舆论的重要性,称赞革命宣传工作:"晚近十年来,先知先觉之士,刿心怵目于国亡种灭,……乃汲汲焉以教育国民为先务,或开学校,或立学会,或著书作报,以灌输新学识、新思想、新言论。"该报约辛亥革命时停刊。

20日,宋教仁的论文《二百年来之俄患篇》在《民立报》开始连载,署"渔父",至3月4日完。文章通过分析二百年来中、俄两国的交涉情况,揭露了俄国借口改订条约而试图吞并中国蒙古、新疆领土的野心。特别是对中俄改约中的具体问题进行了详细的论述,最后作者得出结论:"自日俄第二次协约立,而俄人东下满洲之策息;自德俄协商成,而俄人南出波斯之计阻。今日者,俄人遗传之大彼得政策,固惟有横断蒙古,驶进中原,穷贯新疆,席卷西藏、印度、阿富尔或可易于集事,此其极东政策与中东政策所以必置重于蒙古、新疆之主因也。近年以来,其所设施与计划,无不为其佐证,此次之要索,不过其乘机而动之一端耳。今而后,吾知黄河以北,皆将有不能高枕之势矣。而此次改约之交涉,则正其政策成败势力消长之关键也。呜乎,当局诸公固可不慎重将事也哉。"

23日,《小说月报》第2年第1期刊出翻译小说《薄幸郎》,标"哀情小说",署"[英]锁司倭司女士著,闽县林纾笔述、静海陈家麟口译",至第12期完。同期还刊出了创作小说《狱卒泪》(标"刑狱小说",署"怅盒")、《汽车盗》(标"侦探小说",署"陆仁灼")、《卖药童》(标"伦理小说",署"卓呆")、《香囊记》(标"侠情小说",署"指严")等作品。

本月,《震旦日报》在广州创刊。该报由康仲荦、梁慎余、陈援庵(陈垣)等人主办,日出两大张,附赠石印图画,发行副刊《鸡鸣录》,其主编为陈援庵。"'鸡鸣录'取《诗·国风·郑》'风雨如晦,鸡鸣不已'之意,以配合并迎接辛亥武昌起义。"(刘乃和《励耘承学录》)。该报"以诱导舆论,扶植人权,奖进民德,提倡实业为宗旨",痛说时政,呼号扫除赌业、维护人权。1913年,声援"二次革命",支持广东独立。龙济光入粤后,捕杀康仲荦,被迫停刊。

本月出版的创作小说有:《魑魅魍魉记》(三册十回,标"醒世小说",署"振落")由上海时务书馆出版,是书上卷封三出版说明为"吴趼人遗墨",恐为伪托,书中抨击了清末诸多丑恶现象;《秘密女子》(原名《飞行女子》,二编十回,排印本,标"侠情小说",署"睡狮")、《马屁世界》(十回,排印本,标"滑稽小说",署"睡狮")等,由小说进步社出版。

本月,任天知率进化团在南京首演,演出剧目有《血蓑衣》、《东亚风云》、《新茶花》等,内容结合时事,针砭现实。"天知派新剧"的名气从此流传开来。

三月

7日,鲁迅在致许寿裳的信中称:"起孟来书,谓尚欲略习法文,仆拟即速之返，缘法文不能变米肉也，使二年前而作此语，当自击，然今兹思想转变实已如是，颇自闵叹也。"盖彼时鲁迅由于经济压力过大，不同意周作人继续在日本学习法文，乃催其速回国。

24 日，梁启超偕汤觉顿和长女梁令娴乘"笠户丸"号从日本出发游台湾，28 日抵达台湾鸡笼山。抵台之日，也就是梁令娴的生日，梁启超在鸡笼山舟中兴之所至，赋诗十首。

25 日，蒋瑞藻在《东方杂志》第 8 卷第 1 号上发表《小说考证》一文，未完，后续载于第 8 卷第 4 号。此时，蒋瑞藻时年仅 21 岁。

蒋瑞藻（1891—1929），学者。字孟洁，号花朝生，又号羼提居士。浙江诸暨人。幼年随父学古文、诗词，后就读于诸暨民成学堂。1910 年前后开始在上海《神州》等刊物上发表文章，并任上海澄衷学堂和杭州女子中学国文教员。1928 年被聘为浙江之江大学中文系教授，后因病家居，不久病逝。蒋氏一生短暂，然得其岳父资助，得以大量购书，专心著述。其行世者有《小说考证》、《小说技谈》、《新古文辞类纂稿本》，以及选编李慈铭《越缦堂诗话》、《续杜工部诗话》等五种，共八十四卷。

同日，《小说月报》第 2 年第 2 期刊出以下小说：《一日三迁》，标"社会小说"，署"长佛"；《佛无灵》，标"哀情小说"，署"抱真"；《毒龙小史》（一名盘龙毒），标"醒世小说"，署"怅庵"；《小学生旅行记》，标"社会小说"，署"亚东一郎著，墨君校订"，至第 5 期刊完；译作《美人心》，标"俄国奇情新剧"，著者不详，署"啸天生意译"；译作《劫花小影》，标"奇情小说"署"［英］勃雷登著，心石译意，况粿润辞"，至第 9 期刊完。

本月，《民心》月刊在福州创刊。福州民心社发行，林刚任总编辑兼发行人。该报系 1910 年福州《警醒报》的继续，主要栏目有：论说、谈丛、诗薮、文苑、译丛、传记、小说等。停刊时间未详。蔡汉章撰《民心之缘起》，曰："《民心》胡为乎发刊乎？哀穷民之无告也。……村氓野叟，不识之无，谈及世变，未有不痛心疾首于时政之不良。即负贩小民，不必洞悉国亡种灭之惨劫，一感及身世艰难，亦未有不裂眦切齿于政府不能保护吾民，乃使吾民至有今日之困苦也。呜乎，民心若是，觇国运者可即民心之向背，卜前途之休咎矣。国之存亡，均视诸吾民之心，于是乎有《民心》之发刊。"该报第 1 期即刊出反对君主立宪的文章《对于宪政之民心与立宪之不可能和平》，署"铎人"，指出："立宪虽有君主民主之区别，而即君主立宪而言，故亦谓国家立定宪法，使君民共守之。此所以异于专制者也。若吾国所以立宪，则由于执政者有不可告人之隐，以故种种筹备之进行，并无以异乎平日之专制。"

本月，小说《真本隔帘花影》(又名《闺秘电话》)二卷十回由小说进步社出版，作者署"睡狮"。

四月

9日，游美肄业馆改为清华学堂开学。

12日，鲁迅致信许寿裳。感叹"越校甚不易治，人人心中存一畀或"，"希冀既亡，居此何事"，决定不久即离开府中学堂。又谈到绍兴"迩又拟立一社，集资刊越先正著述，次第流布，已得同志数人，亦是蚊子负山之业，然此蚊不量力之勇，亦尚可嘉"。此社即为越社。

18日，包天笑、徐卓呆所译《无线电语》(署"笑、呆")在《小说时报》第9期刊出；同期还刊有翻译小说《卖解女儿》(署"[法]嚣俄著，冷译")、文学批评《小说新语》(未署名)等。

徐卓呆(1881—1958)，小说家、剧作家、导演、演员。原名徐傅霖，号筑岩，别号半梅。江苏吴县人。早年东渡日本，攻读体育，因爱好文艺而加入春柳社。回国后，创办中国体操学校，任校长。又经常在报刊上撰文鼓吹旧戏改造，并编写剧本，演出新剧。曾一度致力于小说写作，连续刊出了讽刺小说《头发换长生果》、《急性的元旦》、《时髦税》等多篇。1932年一二八事变后，激于民族义愤，他刊出了国难小说《往哪里逃》等。1920年代，徐卓呆开始涉足电影；1925年，与汪优游合作创办开心影业公司，并担任创作、编导、演员等工作，先后拍摄了《雄媳妇》、《临时公馆》、《济公活佛》等喜剧、闹剧片十余部。他出版的《影戏学》(1924)是中国第一部电影理论著作，此外有《话剧创始期回忆录》(1957)等著作传世。

23日，《小说月报》第2年第3期刊出文学批评《小说丛话》(署"伺生")，文章主要讨论了中西小说的比较、中国近代的翻译小说等问题，随性而论，结构松散，认为中外小说的结构人物看似雷同、实则不一："英人哈葛德，所著小说，不外言情，其书之结构，非二女争一男，即两男争一女，千篇一律，不避雷同；

然细省其书，各有特色，无一相袭者。吾国施耐庵所著《水浒》，相类处亦夥。即以武松论，性质似鲁智深；杀嫂似石秀；打虎似李逵；被诬似林冲。然诸人自诸人，武松自武松，未尝相犯。曹雪芹所著《石头记》，所记事不出一家，书中人又半为闺秀，闺秀之结果，又非死即苦，无一美满。设他手为此，不至十回，必至重复。曹氏竟纡徐不迫，成此大文，其布局如常山率然，首尾互应，如天衣无缝，无隙可寻。"由此推出："可见中西小说家，每能于同处求异。同处能异，自是名家。盖不深思，则不得异；不苦撰，又不得异。深思而苦撰，其不为名家者几希。"文中认为中国近代的小说家成就最高的应属林琴南、李伯元、吴趼人三位："李君不幸蚤世，成书未多；吴君成书数种后，所著多雷同，颇有江郎才尽之消；惟林先生再接再厉，成书数十部，益进不衰，堪称是中泰斗矣。"其中把林纾的译书分成三类：《黑奴吁天录》为一类，《技击余闻》为一类，余书都为一类。一以清淡胜，一以老练胜，一以浓丽胜。一手成三种文字，皆臻极点，谓之小说界泰斗，谁曰不宜？"文章最后还提到《孽海花》，并给予了很高的评价："友人谓此书与《文明小史》、《老残游记》、《恨海》，为四大杰作。顾《孽海花》能包罗数十年中外事实为一书，其线络有非三书所及者；其笔之诙谐，词之瑰丽，又能力敌三书而有余。"

同日，《东方杂志》第8卷第2号刊出陆恩熙的剧作《李范晋殉国》一折，全题《朝鲜李范晋殉国传奇》，写朝鲜皇族李范晋出使俄都，因日本侵吞朝鲜，遂在国外组织光复党，徐图恢复，不幸失败，愤而自刎殉国事。陆恩熙，字采臣，浙江钱塘（今杭州）人，生平不详。

25日，同盟会会员林觉民准备参加黄花岗起义，深知此去九死一生，遂于本日凌晨（信中署明的时间为24日五更，推算应为25日凌晨一点至三点）写下《致父老书》《禀父书》《与妻书》三封绝笔。《禀父书》称："不孝儿觉民叩禀父亲大人：儿死矣！惟累大人吃苦，弟妹缺衣食耳。然大有补于全国同胞也。大罪乞恕之。"《与妻书》言曰："吾今以此书与汝永别矣！吾作此书时，尚是世中一人；汝看此书时，吾已成为阴间一鬼。吾作此书，泪珠和笔墨齐下，不能竟书而欲搁笔，又恐汝不察吾衷，谓吾舍汝而死，谓吾不知汝之不欲吾死也，故遂忍悲为汝言之。吾至爱汝，即此爱汝一念，使吾勇于就死也。吾自遇汝以来，常愿天下有情人都成眷属，然遍地腥云，满街狼犬，称心快意，几家能够？……今日吾与汝幸双健，天下人之不当死而死者与不愿离而离者，不可数计。钟情如我辈者，能忍之乎？此吾所以敢率性就死而不顾汝也。吾今死无余憾，国事成不成自有同志者在。依新已五岁，转眼成人，汝其善抚之，使之肖我。汝腹中之物，吾疑其女也，女必像汝，吾心甚慰；或又是男，则亦教其以父志为志，则我死后尚有二意洞在也。甚幸，甚幸！"

27日，黄兴等在广州起义，轰击总督衙门，为水师提督李准所败，林文、林尹民、方声洞等86人死亡。二日后黄兴去香港，死者72人葬于黄花岗，是为孙中山第十次革命之失败。

本月，《克复学报》月刊在上海创刊。由克复学报社总发行，编辑兼发行人为咸宁李瑞椿（季直）。设学说、言论、外论、外稿、谈乘、传记、小说、诗词等栏目，仅出三期即停刊。第1期刊出小说《愁轩野乘莱海血》，署"秋心"，未完，至第3期仍在连载。

本月，小说《六月霜》（二编，说部丛书，静观子著）由上海改良小说社出版。本书描写了秋瑾烈士的女友越兰石女士，在秋瑾遇难后，揭露当局杀害秋瑾的罪行，为烈士伸张正义，以及安葬秋瑾于西湖的故事。书中引用秋瑾的诗篇文字，大多是秋瑾原作。"六月霜"之名，有着双重意义，一则正如第六回末尾所引的典故："邹衍下狱，六月飞霜；齐妇含冤，三年不雨。"再则秋瑾就义，也就在旧历六月。作者在小说中试图把秋瑾当做一个热心办学的女子，而不是反对清朝统治的革命党人，甚至对革命党人颇有微词。

五月

1—3日，于右任在《民立报》刊出《天乎……血·近事短评》，评论革命党人广州起义、革命党暗杀等事。

17日，于右任的论文《论今日政府之颠倒》在《民立报》刊出，指出政府"立宪与专制杂糅之政体"、"内乱之所由胎息，而亡国之一大原因也"。

23日，《小说月报》第2年第4期刊出了以下小说：《采苹别传》，标"侠情小说"，署"指严"；《霜钟怨》，标"怨情小说"，署"南溟"；《程大可》，标"笔记小说"，未署名；《血手印》（传奇），署"钱塘陆恩熙采臣"。

本月，《留日女学会杂志》季刊在日本创刊。为中国留日女学会会刊，编辑兼发行人为唐群英。简章称："以注重道德，普及教育及提倡实业，尊重人权为宗旨。"

编辑方针是："总期内容完美,理论平和,辩而不华,质而不俚,以合社会心理。"有论著、评述、科学、文苑等栏目。载文揭露列强侵掠和政府专制给民族带来灾难,给中国妇女带来痛苦,主张政治改革,效仿英、法等西方国家设议会、实行共和,改变男尊女卑、三从四德、包办婚姻等社会积弊,号召妇女担当社会责任。在第1期中,就有多篇文章提倡妇女追求自身独立,担负国家兴亡之责的文章,如柳隅在《〈留日女学会杂志〉题辞》;林士英的《论女子当具独立性质》;署名"履夷"的《婚姻改良论》等文章。停刊时间未详。

唐群英(1871—1937),女,革命家、教育家、诗人。字希陶,号恭懿。湖南衡山人。1905 年在日本加入同盟会。1907 年回国。辛亥革命爆发后,在上海参与组织女子北伐队、女子后援会,并被选为女界协赞会代表,荣获孙中山颁发的二等嘉禾勋章一枚。1912 年 10 月筹组女子参政同盟会,任会长。同年在北京创办《女子白话报》、中央女校和女子工业厂。在长沙创办《女权日报》、女子美术学校。第一次国共合作时期,发起恢复女界联合会,任主席。1933 年任国民党中央党史编纂委员会委员。1938 年在湖南衡山病逝。

本月,陆士谔的长篇小说《龙华会之怪现状》(六回,署"青浦陆士谔")由时事小说社出版。本月出版的创作小说还有《商界现形记》(初、二集,四册十六回,署"云间天赘生",上海商业会社出版),该小说暴露上海滩的诸多怪现状,主要涉及商界和嫖界。

本月,杨与龄的历史小说《岳家军传奇》在《南洋兵事杂志》第 57 期刊出,未完,但直到停刊仍未见续作。

本月,任天知率领进化团在安徽芜湖首演新剧《恨海》。

六月

7 日,梁启超的论文《对外与对内》在《国风报》第 3 年第 13 期刊出,署"沧江"。所论主题为:人类社会的自存之道,"必戢内争乃可以从事外竞"。文章首先列举了英、日列强的勃兴历程,认为:"夫惟其民有极强毅之对内能力,能取国内腐败之元素排泄之,使善良之元素得以健全发达,及其力之存于内者既能自完,则非惟外人莫之敢侮也,且自能伸其有余之力以侵略于外。今世列强浡兴之历程,如斯而已矣。"作者在文中断言:"国家固常有牺牲一部分之利益以保全全体永远之利益者,故虽吃亏举动,原不能递断为失计","凡国民之对内而谋改造政府者,盖未尝不大有所牺牲以与为易矣"。并要求国民以此理论而自省对外对内先后之序。在这种理论的指导下,文章对近代以来的三元里抗英斗争、抵制外货运动、反洋教斗争、义和团运动等都责为"不顾内治"之举。

11日,《妇女时报》月刊在上海创刊。设有论说、短文、文苑、等栏目。图画栏经常刊登国内外著名妇女照片、辛亥革命前后兴办女学校的照片和中华民国国民军的摄影图片等。宣传妇女解放,男女平等,主张妇女接受教育,参加社会活动。第1期刊出徐卓呆、包天笑合作的小说《虚荣》,标"家庭小说之一",署"卓呆造意,天笑润词"。

14日,黄小配以"世次郎"为笔名在《南越报》"谐部"刊出"近事小说"《五日风声》,共连载五十多天。该小说共十一章,三万余字。主要详细记述了黄花岗起义的全过程,对革命党人的牺牲精神表示赞赏。后人钟贤培、谢飘云《中国最早的报告文学》一文认为,《五日风声》"是目前我们所知的中国最早的报告文学"。

25日,孙中山在中国同盟会葛伦分会成立大会上刊出演说。在演说中他首先强调了同盟会的宗旨:"金山堂号林立,皆以保护本堂手足为宗旨;然同盟之设,非与堂号比,非与同胞作敌,实与满洲作敌,愿同胞勿误会之。同盟会组织一大团体与满洲对敌,非与同胞争意气也。"并且痛陈了清廷的党同伐异的恶行,激励华侨的爱国情怀:"美国生计虽好,非吾人久住之区,况中国地大物博,优于万国实万万,煤铁之矿遍地皆是,宁拱手让于外人,不与民间开采;满政府立心之狠毒,无一不欲绝汉民之生计。但吾无怪其然:凡非我族类,其心必异;况以满洲少数之民族,不能不设种种之苛法,以断绝吾人之生计。至糊口既无,又何暇思及其他,更何暇思及于国事?是满洲政府愚民之政策也。所以吾人今日出外,受种种之困苦、之苛辱,无非清政府为之!"

孙中山(1866—1925),革命家、政治家。名文,字德明,号日新,改号逸仙。广东香山(今中山)人。1897年在日本化名中山樵,后以中山名世。先后在檀香山、香港、广州求学。1892年于香港西医书院毕业后,在澳门、广州行医并致力于挽救民族危亡的政治活动。1894年曾北上天津,上书李鸿章,要求革新弊政,变法自强,遇到冷遇,遂转赴檀香山组织兴中会。1895年到香港,成立香港兴中会总部,并提出"驱除鞑虏,恢复中华,创立合众政府"的民主革命主张。以后曾相继策划广州起义、惠州起义等,均失败,流亡国外。1905年,在日本创建中国同盟会,被推举为总理。制定了"驱除鞑虏,恢复中华,建立民国,平均地权"的资产阶级民主革命纲领。创办《民报》,提出"民族、民权、民生"三民主义学说,对以康有为、梁启超为首的改良派作了尖锐的批判斗争。后在国内积极发展同盟会组织,联络华侨、会党和新军,多次发动武装起义。1911年10月武昌起义后,12月29日被17省代表会议选为中华民国临时大总统。1912年1月1日在南京宣誓就职,宣告中华民国临时政府成立,组成临时参议员,颁布《中华民国临时约法》。同年2月13日辞去临时大总统职。1913年宋教仁遇刺后,发动反袁的二次革命,旋失败。1914年7月在日本组织中华革命党,被推为总理,两次刊出《讨袁宣言》。1917年发动护法运动,反对段祺瑞拒绝恢复国会和《临时约法》。1921年就任中华民国政府非常大总统,再举护法旗帜,组织大本营,准备北伐。1922年陈炯明叛乱后退居上海,接受中国共产党、苏联共产党的帮助,实行联俄、联共、扶助农工三大政策,改组国民党,邀请共产党人加入国民党,共同革命。1924年1月在广州召开中国国民党第一次全国代表大会,将旧三民主义发展成为新三民主义。1925年3月12日在北京逝世。

同日,周瘦鹃的小说《百合魔》(又名《麦玛韩辞职记》)在《广益丛报》第269号刊出,署"泣红"。

26日,《四川保路同志会报告》创刊。初为日刊,第22号起改为双日刊。每号对开纸一张,共四版,为便于张贴,只印一面。此系四川保路同志会机关刊物,由该会副会长罗纶主办,黄缓任编辑,内容设报告、纪事、著录、附件四栏。当时四川保路运动风起云涌,为了发动广大群众投入这场斗争,该报应运而生。该刊第9号第一、二版刊出了《四川保路同志会宣言书》一文,文中痛斥了清廷不顾民众利益,向国外出卖铁路权的行径。该报自刊出起,深受欢迎,最多时日出五六万张,其发行量为清末全川各报之冠,后该报在赵尔丰公开武力镇压保路运动时被查封。

本月,《时事新报月刊》在上海创刊。时事新报馆编行,主编汪仲阁、潘公弼。初为民初研究系的机关报,以编译东西报章、介绍西方资产阶级学术文化为主要内容。1918年3月4日起,增出《学灯》副刊,注重宣传新思潮。辟有教育研究、教育界消息、学校指南、青年俱乐部等栏目。郭沫若曾在副刊上刊出作品多篇。"五四"运动后抵制革命思想,反对马克思主义。停刊时间未详。

本月,柳亚子、俞锷所编《南社丛刻》第四集出版。该集收文三十四篇,诗三百七十一首,词一百二十四首。文选中收高吹万的《陈卧子先生传》,陈去病的《神交社启》、《秋社启》、《越社启》等作品;诗选收苏曼殊《过若松町有感示仲兄》、《调筝人将行,属绘〈金粉江山图〉,题赠二绝》等诗,以及苏译英国诗人师梨的诗作《译师梨诗》。

本月出版的小说有:《女界风流史》二卷十二回,署"青浦陆士谔、云翔甫著",大声小说社出版;《浪子回头》二册十回,署"虚我生"(陈蝶仙),改良小说社出版;孙毓修所译童话《驴史》(著者不详),上海商务印书馆刊印。

七月

10日,《朔望报》半月刊在宁波创刊。朔望报社编辑发行,社长天恨(应彦开),编辑主任沧浪、化尘。章程称:"以唤起国民爱国思想,鼓励国民尚武精神,灌输学术,针砭社会为宗旨。"停刊时间未详。第1期刊出以下小说:《二十世纪新国民》,署"晓耕";《少年军》,署"秃工";《别有天地》,署"化尘";《敢死团》,署"惺言"。

20日,《小说月报》第2年第6期开始连载《醒游地狱记》,标"社会小说",署"不才",至本年第10期完;同期刊出《胭脂雪》(标"醒世小说",署"玉田赵绂章")、《三人冢》(标"哀情小说",著者不详,署"负剑生意译")等。

26日,汉口《大江报》刊出时评《大乱者救中国之妙药也》,该文感情充沛,激越昂扬,痛感于当下中国的死气沉沉,内容如下:"中国情势,事事皆现死机,处处皆成死境。膏肓之疾,已不可为。然犹上下醉梦,不知死期之将至。长日如年,昏沉虚度。软痈一朵,人人病夫。此时非有极大之震动,极烈之改革,唤醒四万万人之沉梦,亡国奴之官衔,行见人人欢戴而不自知耳。和平改革既为事理所必无,次之则无规则之大乱,予人民以深创巨痛,使至于绝地,而顿易其亡国之观念,是亦无可奈何之希望。故大乱者,实今日救中国之妙药也。呜呼!爱国之志士乎,救国之健儿乎!和平无可望矣!国危如是,男儿死耳!好自为之,毋令黄祖呼佞而已。"对于文章的作者,历来有所争议,有认为是詹大悲所作,也有指为黄侃所作，方汉奇认为："文章极有可能是黄侃写的，而标题则是詹大悲代拟的或由他润色改定的。"

黄侃（1886—1935），经学家、文字学家。字季刚、梅君、季子等，号运甓，别署寒蝉、刚翁等，笔名不佞、奇谈等，自号量守居士。湖北蕲春人。1903年考入湖北文普中学堂，拜章太炎为师。1908年回国。1911年在汉口参与创办《大江报》，并参加湖北的辛亥革命。1913年任直隶都督秘书长。1914年任北京大学文科教授。1919年创办北大《国故》月刊。后辞去北大教授，在清华研究院、东北大学、金陵大学、中央大学等任教。1935年10月在南京病逝。对经学、诗赋、音韵、训诂等有很高的造诣。因早亡著述多未写定。经后人整理辑有《黄季刚遗著篇目举要初稿》、《三礼通论》、《音略》、《文心雕龙札记》、《量守居士词集、诗集》等。

30日，《小说时报》第11期刊出徐卓呆、包天笑的《小学教师之妻》（署"呆、笑"）等创作小说；同时刊出《赛雪儿》（署"［法］，大仲马著，毋我、冷血译"，至第13期完）、《虚无党飞艇》（著者不详，署"心一译"）、《无形之敌》（著者不详，署"心一"）等翻译小说。

本月，陕西西安易俗社成立。由李桐轩、孙仁玉创办，为西北地区影响最大的戏曲社团；任天知率进化团到汉口演出，被湖北总督下令禁演，并拘捕演员。

本月，苏曼殊《潮音》一书由东京神田印刷所刊印出版，收作者译诗一卷及其他杂作。

本月，翻译小说《盗面》由上海广智书局出版，标"奇情小说"，署"［美］白乃杰著，陈鸿璧、张墨君合译"。

八月

1日，《大江报》被封，据《民立报》记载当时的情形："闰六月初七日夜九时，汉口大江报馆突来警局巡警多人，一般赤膊者随之，形若流氓，约共三四十人之谱，声称拘捕总理主笔，势焰汹汹。"《大江报》自出版以来，刊出激烈言论，秉笔直书，为当地官员所忌，"敢言之名，该报，惟该报首屈一指"。曾报道吴一狗案触怒当地权势，七月刊出《大乱者救中国之妙药也》一文，更是被查封的导火索。此事影响极大。《时报》1911年8月10日报道说："汉口各团以大江报平日敢言，一旦被官场摧残，殊为惋惜。拟即代为辩护，将一切情形陈请谘议局提议，以昭平允，故汉口各界舆论哗然。连日该报门口安慰之纸条，哭吊之短文甚多，足见人心未死，公道当在也。"

6日，杨守仁在英国利物浦投海自杀，享年41岁。

杨守仁（1871—1911），报人、革命家。原名毓麟，字笃生，号叔壬。湖南长沙人。晚清秀才、举人，曾任湖南时务学堂教习。1902年赴日留学，曾与黄兴共同创办《游学译编》杂志，后写《新湖南》一书，批判康、梁保皇言论。1903年参加拒俄义勇队，后又参加军国民教育会，回国后多次参加刺杀清朝大臣的行动。1906年正式加入同盟会，1907年与于右任在上海创办《神州日报》。1908年赴欧洲，后入艾伯丁大学学习，任《民主报》欧洲特约通讯员。

19日，《小说月报》第2年临时增刊，刊出《一百五十三岁之长病大仙》（标"历史小说"，署"[英]迭更司著，上海朱树人译"）、《侦探女》（标"侦探小说"，署"[法]邓米思著，惨缘译"）、《孤星怨》（标"哀情小说"，署"[英]爱德门著，泣红译"）等小说。

24日，《申报》副刊《自由谈》创刊。由王钝根主编。内容有嬉笑怒骂的文字以及幽默的笔调讥讽时事者；有用缠绵悱恻的语调，以激发人质天良者；亦有以辞严义正的文章，启发人之正义感者。可说是集严肃与诙谐于一炉的刊物。

25日，胡适写成《康南耳君传》，9月3日改定，载1915年3月《留美学生季报》第2卷第1期。该文记述康奈尔大学的创始人埃兹拉·康奈尔的生平轶事，从康奈尔少时的聪颖敏捷，到开公司的发家致富，到创办康奈尔大学的筚路蓝缕，再到他的晚年及离世，记述尤为详细，文末对康奈尔也给予了高度的评价："胡适曰：若康南耳君者，可谓豪杰之士矣。其贫也，能十余年安之，若将终身焉。及其既富，乃逡巡引退，归而求田间舍，又若将终身焉。其施其财也，一举十万百万不少吝惜，其视毕生血汗之财，曾不若一敝屣之重。老氏曰：知足者富，君之谓矣。君之语白博士也，其言曰：'吾有半亿之财而无所用之，颇思以之报国，君谓何者为最当耶？'呜呼，世之富人其视斯语矣。"

本月，宋教仁在《民立报》发文评介《南社丛刻》，时《天铎报》、《时报》、《神州日报》等亦有短文介绍。南社影响逐渐扩大，绍兴的"越社"、沈阳的"辽社"、广州的"广南社"、南京的"淮南社"等相继成立。

本月，柳亚子为南社友人胡寄尘诗集作序，题《胡寄尘诗序》。序中就同光体及其对当时的影响提出了批评，揭露同光诗派的社会根源："论者亦知倡宋诗以为名高，果作俑于谁氏乎？盖自一二罢官废吏，身见放逐，利禄之怀，耿耿勿忘。既不得逞，则涂饰章句，附庸风雅，造为艰深以文浅陋。彼其声气权势，犹足奔走一世之士，士之夸毗无识者，辄从而知之，众响漂山，群盲诧日。后生小子，目不见先正之典型，耳不闻大雅之绪论，氓之蚩蚩，惟扪盘逐臭者是听；而黄茅白苇之诗派，遂遍天下矣……"文中还表明了其创办南社的目的："余与同人倡南社，思振唐音以斥伧楚，而犹重布衣之诗，以为不事王侯，高尚其志，非肉食者所敢望。海内贤达，不非吾说，相与激清扬浊，赏奇析疑，其事颇乐。"

本月，江亢虎在上海发起组织"社会主义研究会"，出版《社会星》杂志。该杂志第2期刊出江亢虎所撰《社会主义研究会开会宣言》，提出："社会主义者，正大光明之主义，非秘密黑暗之主义；平和幸福之主义，非激烈危险之主义；建设之主义，非破坏之主义"，"社会主义者，大同之主义，非差别之主义"，"社会主义者，世界通行之主义，非各国禁止之主义"，"社会主义者，人类共有之主义，非西人独有之主义"，又曰："本会之发起，其宗旨在研究广义的社会主义。既曰广义，则一致而百虑，同归而殊途，消极并陈，主奴无择，有辨难之余地，不偏倚于极端，亦不强作解事人为武断折衷论者。介绍西来之学说，发挥古人之思想，交通近世之言论，一以公平的眼光，论理学的论法出之。研究之义，如是如是。"

江亢虎（1883—1954），学者、社会活动家。原名绍诠，号洪水、亢庐。江西弋阳人。1901年赴日本考察政治，回国后被袁世凯聘为北洋编译局总办兼《北洋官报》总纂。1907年再度留学日本，其间受到无政府主义和社会主义思想的影响。1911年回国后，成为中国早期社会主义思想的传播者。1911年7月在上海张园组织社会主义研究会，辛亥革命爆发后将其改组为"中国社会党"，这不仅是中国第一个社会党，也是中国第一个以"党"命名的政治团体。1922年创办南方大学，自任校长。1940年起任汪伪政权国民政府委员、考试院副院长、院长等职。抗战胜利后被国民政府逮捕，1954年病死于上海狱中。有《江亢虎文存初编》、《江亢虎最近言论集》、《新俄游记》、《台游追记》、《中国社会改革》、《洪水集》等。

九月

2日,《小说时报》12期刊出了包天笑所译小说《动物之同盟罢工》(标"人道小说",署"吴门天笑生译");同期还刊出了《冰洋鬼啸》(著者不详,署"林琴南译")等翻译小说。

14日,宋教仁的评论《论川人争路事》在《民立报》刊出,至21日完,署"渔父"。文中对四川保路运动做出评价:"诚可谓人民与政府争斗之一大事件",希望四川保路运动发展壮大,影响其他各省,促进革命形势的发展:"假令川人潜察政治盛衰倚伏之故,达观世界大势变化推移之数,不复规规于争路,由消极而进于积极,为四万万汉、满、蒙、回、藏人民首先请命,以建设真正民权的立宪政治为期,湘、鄂、粤人及各省人亦同时并发,风起水涌,以与川人同其目的,吾恐数千年充塞东亚天地之专制恶毒,或将因此一扫而尽,亦未可知,区区借债夺路之虐政云乎哉?"

17日,南社在上海愚园举行第五次雅集,到者三十五人。第四次修改条例,改推宋教仁、景耀月、王蕴章为编辑。柳亚子为书记兼会计,高旭、朱少屏、黄宾虹为庶务。南社第二次《通讯录》出版。

18日,因四川人民纷纷起义,清政府遣兵入川弹压,叶圣陶望四川独立心切,于夜间作古歌《我思英雄》。

22日,周瘦鹃所译小说《爱国花》《豪侈之我妻》在《妇女时报》第3期刊出,二篇皆署"[英]约翰麦特菲著,瘦鹃译"。

同日,叶圣陶《儿童之观念》在《妇女时报》第3期(宣统三年八月朔日)刊出,署"叶陶"。

本月,《民心》杂志卷六刊出了论文《论宪法上之君主神圣不可侵犯之谬说》,署"莹"。该文批驳君主立宪,认为立宪君主国宪法中关于"君主神圣不可侵犯"的规定"无价值可言"。

十月

6日,《小说时报》第13期刊出《神枪手》(署"[俄]蒲轩根著,毋我、冷译")、《奇怪之旅行》(著者不详,署"铁樵译")、《血印枪声记》(著者不详,署"汉毅、天笑译")等翻译小说。

19日,柳亚子和朱少屏在上海创办《警报》,宣传武昌起义胜利的消息,鼓吹革命战绩,倡导民气。所得新闻,随到随刊,每天约出版二至三期。柳亚子称:"辛亥武昌起义的时候,我在上海和朱少屏同住安澜路大吉里。为了宣传前方胜利的消息,我们便办了一个《警报》,地址在城内一家小印刷所。见方不到一丈的楼面,编辑、印刷、校对,却色色都全。同事的,除我和少屏外,还有胡寄尘与金慰农。少屏和慰农翻译外报。方方的小纸儿,一天出两次,或是三次,批给报贩子,据说销路很不错呢。"

25日,前派同盟会会员李沛基谋刺清吏,是日炸毙清广州将军凤山。事前,黄兴填《蝶恋花》一词相赠,云:"画舸天风吹客去,一段新秋,不诵新词句。闻道高楼人独住,感怀定有登临赋。昨夜晚凉添几许?梦枕惊回,犹自思君语。不道珠江行役苦,祇忧博浪椎难铸。"

26日,章太炎的论文《诸政党》在槟榔屿《光华日报》"论说"栏刊出,连载至31日完。文中以为"朋党之兴,必在季世","天下之至猥贱,莫如政客",中国政党,"非妄则夸",把中国政党分为七类。

本月,《大汉报》在武汉创刊。武汉起义爆发后,革命党人几天内就创办了一大批革命报刊,《大汉报》是起义后创办的第一家革命派报纸。由胡石庵任主编,倪琴舫、颜观棠、汜韵鸾等协助编辑。该报日出一大张,以油光纸单面印刷,分"社说"、"时评"、"译电"、"要闻"、"各属新闻"、"军政纪事"、"阳夏纪事"、"满清末日记"等栏目。

本月,任天知率进化团在上海张园演出《黄金赤血》、《新加官》等戏剧,以纪念南京光复。

十一月

3日,汪康年(1860—1911)在北京去世。

5日,周瘦鹃所译小说《飞行日记》(署"[美]仇丽痕托麦司夫人著,吴门瘦鹃译")、《将奈何》(署"[美]诺顿著,瘦鹃译")在《妇女时报》第4期刊出,同期刊出的还有小说《虚无美人》(署"[英]郦维年著,觉民译")等。

6日,梁启超离日归国。9日抵大连,返国前三日与徐君勉一书,说及此行的目的和使命:"此次政治革命之成功,颇出意外也。惟拨乱反治之大业,终未能责诸旦夕,非躬赴前敌,难奏全功。幸资政院已握一国之实权,而议员大半皆同志,仆此行必当有所借手也。和袁,慰革,逼满,服汉,大方针不外此八字,望以告各同志。"

9日,《新汉日报》在香港创刊。黄小配自任该报总司理,并于本日开始连载其小说《新汉建国志》,在创刊号头版头条刊出广告《本报唯一小说出世预告·新汉建国志》:"是书为本报总司理兼撰述员黄世仲所著,将廿年来中国革命之运动及其一切历史,源源本本,据实详叙,俾成信史。著者阅此数十年,所见所闻,固多且确。凡我同胞,留心国事者,皆当各手一篇。则于新汉建国源流,自不至数典忘祖,同胞幸勿忽之也。"停刊时间未详。

同日,马君武的论文《共和政体论》在《民立报》刊出。从本月开始到12月20日,马君武在《民立报》还刊出了《欧洲文学丛谈》、《论共和制秩序》、《言论自由》、《论国人处置袁世凯之法》、《记孙文之最近运动及其人之价值》等一系列论文。

马君武(1881—1940),学者、教育家、政治活动家。原名道凝,又名同,改名和,字厚山,号君武。祖籍湖北蒲圻,生于广西桂林。1902年留日期间结识孙中山,1905年参与组建同盟会,也是同盟会章程八位起草人之一,《民报》的主要撰稿人。1911年辛亥革命成功后,参与起草《中华民国临时约法》,历任中华民国临时政府实业部次长、孙中山革命政府秘书长、广西省省长、北洋政府司法总长、教育总长等,是国民党元老级人物。1924年开始淡出政坛,投入教育事业。1928年创办广西大学,曾三任校长,此外还担任过大夏大学、北京工业大学、中国公学等学校校长。马君武以其改造中国的封建教育体制、力推现代高等教育的理念奠定了他在中国近代教育史上的地位,与主张"思想自由,兼容并包"的蔡元培同享盛名,有"北蔡南马"之誉。

18日,章太炎自日本返回上海。此前《民立报》刊载章氏"回国返沪"的消息,并刊发《欢迎鼓吹革命之文豪》的社论,文中多溢美之词,将其誉为"新中国之卢骚"。

21日,《民国报》旬刊在上海创刊。民国报社刊行,邓实主编,胡韫玉、黄节、李剑农等编撰。此系武昌起义后配合革命而办的刊物。发刊词称:"以历史观念发扬民族之精神;以社会趋向审择政治之方法;搜集文告,撰录传记及纪事本末,以为他日之史料；移译外论，旁征野史，以为现今之借镜。"似仅出四期即停刊。第1号刊出小说《混沌国》，署"朴庵"。

26日，梁启超复函罗瘿公，披露拟与袁世凯为清廷效力之计划："吾自问，对于图治方针，可以献替于项城者不少；然为今日计，则拨乱实为第一义，而图治不过第二义。以拨乱论，项城坐镇于上，理财治兵，此其所长也。鄙人则以言论转移国民心理，使多数人由急激而趋于中立，由中立而趋于温和，此吾所长也。"

本月，浙江光复，曾朴在浙江宁波清理绿营官地局会办任上卸任返沪，在沪与史量才、张謇、杨翼之相往还，与《时报》主人狄平子、主笔陈景韩时相过从。十一月下旬，当选为江苏省临时议会议员。陈景韩回忆说："余识孟朴先生在清代季年，时余任职于时报，在馆之时多。孟朴先生垂晚时常来访，访必相值，值必畅谈，少或三四小时，多或六七小时，非兴尽不返也。所谈多小说家言，兼及时流掌故，而政论甚鲜，如是者一年有余。"

本月，康有为撰成《救亡论》，分十部分："革命已成有五难中国忧亡说第一"、"革命后中国民生惨状说第二"、"革命由动于感情而无通识说第三"、"新世界只争国为公有，而种族、君民主皆为旧义不足计说第四"、"君与国不相关，不足为轻重存亡论第五"、"共和政体不能行于中国论第六"、"欧人立宪必立君主且必迎异国或异族人为君主之奇异说第七"、"立宪国之立君主，实为奇妙之暗共和法说第八"、"虚君之共和国说第九"、"民族难定，汉族中亦多异族，而满族亦祖黄帝考第十"。

十二月

1日，章太炎在《复梁启超书》信中，分析本日宣告独立的外蒙古以后处境。略谓："仆所见蒙古人，其恨满人至于衔骨，其对汉人犹有同舟相济之意。所患者，俄人诱之耳。然即清帝不退，能使俄人无蚕食之心耶？"

2日，高旭在《天铎报》刊出《擒贼先擒王》一文，指出："二百六十年以前亡我中国者，非满虏，乃汉贼也。若无吴三桂、洪承畴等败类，满虏虽凶恶，亦断难得志于神州，而兽蹄鸟迹、洪水横流之巨祸，亦可以不作矣！若今则张勋、冯国璋、张鸣岐、杨度等之为汉奸，为患犹小，而最足为共和新中国之梗者，实袁世凯也。我大汉不怕死之健儿乎，纷纷组织决死队，既有此热心热力，何不先请袁世凯吃黑将军乎？杜工部有诗曰：'射人先射马，擒贼先擒王。'大好男儿，盍三复斯言。"又在同期报纸刊出《贫富革命又少不了》，反对少数人垄断社会财富，认为共和国成立后，"贫富革命必将继起"，谓："富豪耶，盗贼耶，殆为天地间之一妖孽耶！非尽行划除之，则世界终莫得而平矣。夫私有财产非吾人所原有，乃夺自社会者也。一切货财，皆由吾人之劳力所生，惟人类之全体始得为其所有主焉。可使贱丈夫垄断之哉！"

本月，郭继泰的自传体谴责小说《带印奇冤郭公传》六卷五十二回约成于本月或稍后，全书三十四万字。

本年

本年，华承瀛的《维新人物考》石印本在天津出版。其中"马格斯"一篇写道："马格斯，德国社会学家及法学家也。法国1848年革命，马氏与闻其事，后至伦敦，从事著作。1864年立'万国工人会'，其最著名之著作为《产业》。"有学者认为这是迄今发现我国较早对马克思其人的记载，其中"万国工人会"系指1864年在伦敦成立的"国际工人协会"。《产业》即1867年出版的《资本论》一书。

本年，陆士谔的小说《十尾龟》由新新小说社出版，四十回，封面题"醒世小说十尾龟三编"，题"青浦陆士谔撰"。

本年刊行的作品，据阿英《晚清戏曲小说目》统计，有创作小说《血泪黄花》（陆士谔著）等五十种，翻译小说《峨眉之雄》（托尔斯泰著，热质译）等二十四种，比往年有所下降。但由于民主革命思潮高涨和戏剧改良的兴起，出现了一批改良新剧本。

1912年

一月

1日，孙中山晚十时宣誓就任中华民国临时大总统，宣读誓词，发布《中华民国大总统孙文宣言书》《告全国同胞书》，宣告中华民国成立，定国号为中华民国，改用公历，以是年为民国元年。

同日，陆费逵等人在上海创办中华书局。《中华书局宣言书》言其宗旨："一、养成中华共和国国民；二、并采人道主义、政治主义、军国民主义；三、注重实际教育；四、融合国粹欧化。"（1912年1月《中华教育界》创刊号）初系合资经营，资本二万五千元，以编印新式中小学教科书为主要业务。陆续编辑出版了《中华教育界》《中华小说界》《中华童子界》等杂志和大型汉语工具书《中华大字典》。

3日，各省代表会议通过孙中山提出的各部总长，次长任命名单，其中教育总长为蔡元培，次长景耀月。

同日，中华民国联合会于上海江苏教育总会召开成立大会，选举章太炎为会长，程德全为副会长。章太炎刊出演说曰："本会性质，对于政府立于监督补助地位"，"中国本因旧之国，非新辟之国，其良法美俗，应保存者则存留之，不能事事更张也"。

同日，鲁迅《〈越铎〉出世辞》在《越铎日报》创刊号刊出，署"黄棘"。该文肯定辛亥革命的成绩，指出办报的宗旨是："纾自由之言议，尽个人之天权，促共和之进行，尺政治之得失，发社会之蒙覆，振勇毅之精神。"

4日，《大共和日报》在上海创刊。章太炎自任社长兼总编辑。该报实为中华民国联合会的机关报，报馆设上海英租界福州路二十号。该报《发刊辞》称："民主立宪、君主立宪、君主专制，此为政体高下之分，而非政事美恶之别。专制非无良规，共和非无秕政。我中华国民所望于共和者，在元首不世及，人民无贵贱，然后陈大汉之岂弟，荡亡清之毒螫，因地制宜，不尚虚美，非欲尽效法兰西、美利坚之治也。"主要栏目有：专件、丛录、小说、传奇、文苑、来稿、杂组等。该报早期言论直接受章氏指导。章太炎为该报撰写了《发刊词》《宣言》《时评》《与张謇论政书》和《布告反对汉冶萍抵押之真相》等二十多篇文章，刊出了许多批评孙中山、黄兴以及南京临时政府的言论，因而引起了旧同盟会会员的不满。

11日，《大共和日报》刊出《求刘申叔通信》，曰："刘申叔学问渊深，通知今古，前为宵人所误，陷入樊笼。今者，民国维新，所望国学深湛之士提倡素风，任持绝学。而申叔消息杳然，死生难测。如身在地方，尚望先一通信于国粹学报馆，以慰同人眷念。章炳麟、蔡元培同白。"该文在报端连载多天。刘师培叛变革命，充端方密探，革命后潜逃四川，章太炎除在《大共和日报》刊登"启事"外，还曾于1911年12月1日在《民国报》刊出宣言："今者文化凌迟，宿学凋丧，一二通博之才，如刘光汉辈，虽负小疵，不应深论。若拘执党见，思复前仇，杀一人无益于中国，而文学自此扫地，使禹域沦为夷裔者，谁之责耶？"后教育部致电文给四川资州府："刘君虽随端方入蜀，非其本意，大总统已电贵府释放。请由贵府护送刘君来郡，以崇硕学。"《民立报》1912年4月4日刊载四川电报的消息称："刘师培君前由资州只身来省，现与谢君无量组织政进党机关报。"

刘师培（1884—1919），经学家。字申叔，号左盦。江苏仪征人。自幼读儒家经典，打下经学根底。1903年与章太炎等人结交，赞成革命，改名光汉。1904年加入光复会，任《警钟日报》主笔。1907年赴日本任《民报》编辑，加入同盟会，与张继在东京举办"社会主义讲习会"，并与其妻何震创办《天义》《衡报》等刊物，宣传无政府主义。1908年提议改组同盟会，遭拒绝后变节，回上海入两江总督端方幕僚。1911年以参议官身份随端方入川镇压保路运动。后到四川国学院讲学。1913年任阎锡山高级顾问。1915年参与发起筹安会，拥护袁世凯称帝。1917年受聘为北京大学教授。1919年发起国故月刊社，任《国故月刊》总编，反对新文化运动。对经学、小学及汉魏诗文皆有精深研究，擅长骈文，著述颇丰，有《刘申叔先生遗书》传世。

12日，孙中山复函蔡元培，对康有为与章太炎等加以分别。函云："关于内阁之设备及其组织用人之道，弟意亦如是，惟才能是称，不问其党与省也。但此时则不能不收罗海内名宿，来教所论甚明。然其间尚有当分别论者。康氏至今犹反对民国之旨，前登报之手迹可见一斑。倘合一炉而冶之，恐不足以服人心，且招天下之反对。至于太炎君，则不过偶于友谊小嫌，决不能与反对民国者作比例。"

19日，南京临时政府教育部颁布《普通教育暂行课程标准》，共十一条，其中第一条规定："初等小学校之学科目，为修身、国文、算术、游戏体操。视地方情形，得加设图画、手工、唱歌之一科目或数科目。女子加设裁缝。"

同日，《越铎日报》刊出《维持小学之意见》，署"周树人、周建人"。此底稿实由周作人代拟，鲁迅修改。文中指出："共和之事，重在自治，而治之良否，则以公民程度为差。故国民教育，实其本柢……""今之所急，唯在能造成人民，为国柱石，即小学及通俗之教育是也。"

二月

5日，作家何其芳（原名何永芳）在四川万县（现为重庆市万州区）出生。

11日，《临时政府公报》第13号附录全文刊出蔡元培的《对于新教育之意见》。文中指出："教育有二大别：曰隶属于政治者，曰超轶乎政治者。专制时代（兼立宪而含专制性质者言之），教育家循政府之方针，以标准教育，常为纯粹之隶属政治者。共和时代，教育家得立于人民之地位，以定标准，乃得有超轶政治之教育。"接着他提出了五种必须进行的教育：一、军国民教育，二、实利主义教育，三、公民道德教育，四、世界观教育，五、美感之教育。在蔡元培看来，这种教育理念不可偏废的理由是："譬之人身，军国民主义者，筋骨也，用以自卫；实利主义者，胃肠也，用以营养；公民道德者，呼吸机循环机也，周贯全体；美育者，神经系也，所以传导；世界观者，心理作用也，附丽于神经系，而无迹象之可求。此即五者不可偏废之理也。"

12日，清帝溥仪宣布退位，并下《退位诏书》，清亡。

同日，《小说月报》第2年第12期刊出了小说《福尔摩斯侦探案》标"侦探小说"，署"甘作霖译"；同期还刊出了《欧蓼乳瓶》（标"社会小说"，署"铁樵"）等作品。

13日，孙中山咨临时参议院辞临时大总统职。翌日赴临时参议院辞职。15日，南京临时参议院选举袁世凯为临时大总统。

18日，叶圣陶出席社会党党员大会，商讨倒袁的办法。叶圣陶主张："宜用激烈之手段，先致袁氏于死，再则运动军队及全国同胞以解散现今之参议员，更由全国人民公举议员以举定大总统。……第二次革命仍难免也。况南京临时政府多难满人意哉！"

25日，丘逢甲去世，享年49岁。

丘逢甲（1864—1912），诗人、教育家。字仙根，号仓海。台湾苗栗县人。光绪进士。1894年中日战争之后，任义军大将军，率领台湾民众抵抗日军侵占台湾。兵败离台内渡，在广东各书院主讲，创办新学堂，推行新学，同情康梁变法。后随革命之发展，倾向民主革命。辛亥革命以后，赴南京参加组织临时政府，任参议员。作诗甚多，仅内渡后存诗即有一千多首，大多表现因台湾沦陷而发的思乡悲国之情，诗作多受杜甫、陆游的影响，而又有散文化倾向，是新派诗人中比较突出的一个，有《岭云海日楼诗钞》等。梁启超曾评曰：赞赏其"以民间流行最俗最不经之语入诗，而能雅驯温厚乃尔，得不谓诗界革命一巨子耶！"

28日，《民立报》刊出《国学会缘起》。"国学会"系章太炎弟子马裕藻等人发起，请章任会长。《缘起》云："先民不作，国学日微，诸言治兴学，以逮艺术之微者，冈不圭臬异国，引为上第。古制沦于草莽，故籍鬻为败纸，十数稔于兹矣。……语曰：'国将亡，本必先颠。'典章制度名物训诂，玄理道德之源，粲然莫备于经子，国本在是矣。今言者他不悉知，唯欲废绝经籍，自诩上制，何其乐率中国而化附于人也。方当匡复区夏，谓宜兴废继绝，昭明固有，安所得此亡国之言，以为不祥之征耶？……"

马裕藻（1878—1945），音韵学家、文字学家。字幼渔、幼舆。浙江鄞县人。清末留学日本。归国后任清政府浙江教育司视学等职。民国时期，历任北京大学教授，北京女子师范大学讲师、系主任等职。

本月，《越社丛刊》第一集在浙江绍兴出版。由越社编辑，越铎日报社总发行。该社章程称："本社由南社分设于越，故以越名。"此刊体例仿《南社》，似乎仅出一集即停刊。收散文《〈古小说钩沉〉序》（署"会稽周作人起孟"，实为鲁迅所作）、《〈拟曲〉序》（署"周作人"）、《辛亥游录》（署"会稽周建人乔峰"）以及诗作《乙巳除日》（署"周作人"）、《寒食》（署"周作人"）等。柳亚子于该月20日写的《新刊介绍·越社丛刊》中盛赞道："越社为会稽宋紫佩君发起，与南社相犄角，振风骚于绝响，追几、复之芳踪，甚盛事也。"

三月

10日，袁世凯到北京就任临时大总统。

11日，孙中山在南京公布《中华民国临时约法》。《中华民国临时约法》分总纲、人民、参议院、临时大总统、副总统、国务员、法院、附则等共七章五十六条。总纲规定："中华民国由中华人民组织之"，"中华民国之主权属于国民全体"，国民有人身、财产、言论、通信、居住和信教等自由，有请愿、选举、被选举的权利。全国的立法权属于参议院；临时大总统行使职权须有国务员到署；法官有独立审判的权利。在国家机构体制上，规定实行内阁制，内阁总理由议会的多数党产生，总理对总统要办的事项，如不同意，可以驳回，总统颁布命令须由内阁总理副署才能生效。附则中规定"宪法未施行以前，本约法之效力与宪法等"。

13日，南社在上海愚园举行第六次雅集，到者四十人。次日，柳亚子作《感言》，回忆南社成立四年，"酒酣耳热，不无慷慨之谈；云散风流，便有盛衰之感"，对杀害南社社友周实丹的"亡清伪山阳县令姚荣泽"表示不共戴天之仇。

25日，恽铁樵翻译的小说《赣榆奇案》（标"纪事小说"，署"铁樵"）、《新论字》（标"社会小说"，署"铁樵"）在《小说月报》第3年第1期刊出。

21日，《申报》开始连载传奇《皖江血》，署"六合孙雨林"，十六折，至本年4月22日完。该剧取材于清末徐锡麟、秋瑾事迹，前言云："慨自朱明失政。满族入关。窃据中原二百余载。亚东志士，疾首痛心，共建独立旌旗。欲还汉家天下。徐锡麟为同胞倡起义皖江。事虽不成，功何可没。仆前充皖垣警学校教员，随待徐公计五阅月。今者民国成立，言念伟人，特作皖江血传奇，以扬丕烈。凡我同胞，谅必以先睹为快也。"又有抄本传世。

28日，《民权报》在上海创刊。主办者戴天仇（季陶）、何海鸣等，发行人周浩，参加编撰工作的还有牛辟生（匹逊）、尹仲材、蒋箸超、汪子宾等。反映民初革命党人中激进派观点，曾登启事征求昌言无忌之外稿。从创刊时起，即猛烈抨击袁世凯的独裁统治。宋教仁被刺案中，袁氏与赵秉钧、洪述祖往还手札，由该报首先铸版披露。对革命党人中一些调和保守的言行，也进行尖锐的批评。1912年9月间，曾和当时转向稳健的《民立报》展开公开的论战。随报附送画报一张（作者为沈泊尘、张聿光、钱病鹤等）。刊载文艺小品，由蒋箸超、吴双热先后主持。1913年春停刊。停刊后，将原报纸文艺栏作品，按月编为《民权素》，由民权出版部印行。第二集后，广征外稿。刊有长篇小说，如徐枕亚的《玉梨魂》，吴双热的《兰娘哀史》《孽冤镜》，李定夷的《霣玉怨》《红粉劫》等，风行一时。共出十八集。中国现代文学史上称为"鸳鸯蝴蝶派"文学，即是从该报副刊所刊载的这些言情小说开始。

31日，孙中山出席中国同盟会饯别会，刊出演说，指出中国应该实行社会革命："因为种族革命，只要将异族除去便了，政治革命，只要将机关改良便了，唯有社会革命，必须人民有最高程度才能实行。"该演说被译成俄文，刊登于7月15日的俄国布尔什维克报纸《涅瓦明星报》，该报同日刊出列宁的《中国的民主主义和民粹主义》，对孙中山的演说进行评论。

本月，南京政府内务部暂定报律三章，令报界遵守。全国报界俱进会通电孙中山，表示反对。孙中山力饬内务部取消。大致谓："案言论自由，各国宪法所重。善从恶改，古人以为常师。自非专制淫威，从无过事摧抑者。该部所布暂行报律，虽出补偏救弊之苦心，实昧先后缓急之要序。使议者疑满清钳制舆论之恶政，复见于今，甚无谓也。……民国此后应否设置报律，及如何订立之处，常俟国民会议决议，勿遽亟亟可也。"

本月，春柳社成员陆镜若在上海发起成立"新剧同志会"，参加者还有欧阳予倩、马绛士、吴我尊等人，参加者多为春柳社成员，戏剧史上一般把新剧同志会称为后期春柳。新剧同志会曾在上海张园演出《家庭恩怨记》，名噪一时。

四月

1日，《太平洋报》在上海创刊。主办者宋教仁、姚雨平，社长姚雨平，经理朱少屏，总编辑叶楚伧。协助编撰工作的有柳亚子、苏曼殊、李叔同、余天遂、林一厂、胡朴安、胡寄尘等，绝大部分都是南社社员。这是同盟会于民国成立后在上海创办的第一家大型日报。该报馆的言论倾向于鼓吹资产阶级民主政治，反对袁世凯出卖国家民族利益，复辟帝制，反对封建军阀。副刊由柳亚子、李叔同担任主编，是南社社员的主要阵地。苏曼殊应《太平洋报》聘，主笔政，撰《太平洋话》、《冯春航谈》，并开始创作中篇小说《断鸿零雁记》。该报出版仅半年左右，即因经费困难，于同年十月停刊。

5日，《小说时报》第15期刊出以下小说译作：《福尔摩斯之劲敌》，署"心一译"；《孝子碧血记》，"俄文豪某著，瘦鹃译"；《沟中金》，署"[美]却而司佳维著，恽铁樵译"。

13日，曾朴所译法国作家雨果的小说《九十三年》在《时报》开始连载，署"[法]嚣俄著，东亚病夫译"，至6月14日完。单行本于1913年11月由有正书局出版。

同日，容闳在美国病逝。

容闳（1828—1912），学者。字达萌，号纯甫。广东香山人。1847年赴美，为中国近代首位留美学生。1850年考入耶鲁大学，1854年毕业。1855年回国，曾在广州美国公使馆处任职。1863年筹建江南制造局。1872年至1875年，任留美学生监督。不久任清朝驻美副公使。1989年参与戊戌变法。1900年在上海参加张园会议，任会长。后遭清政府通缉，逃往美国。后支持孙中山革命，著有《西学东渐记》。

14日，章太炎在《大共和日报》上刊出《与黄季刚书》："昨闻述黄克强语云：章太炎反对同盟会，同盟会人欲暗杀焉，以其所反对者，乃国利民福也，赖我抑止之耳。"

本月，林纾选评的《左孟庄骚精华录》由商务印书馆出版。内收《左传》文32篇，《孟子》文6篇，《庄子》文12篇，《楚辞》中《离骚》及《九章》全部。

五月

3日，京师大学堂更名为"北京大学校"，严复任校长，学堂总监督改为大学校长。

同日，鲁迅就任教育部教育司第二科科员。

9日，共和党于上海张园召开成立大会，到者千余人，由张謇主持，并刊出大会致辞。大会选举黎元洪为理事长，章太炎、张謇、伍廷芳、那彦图为理事。共和党实为当时的统一党、民社、国民协进会、民国公会等政团合并而成。然章太炎反对合并一事，并与张謇发生矛盾。

张謇（1853—1926），实业家、政治家、教育家。字季直，号啬庵。江苏南通人。光绪状元。曾支持戊戌维新运动，列名强学会。1911年任中央教育会会长。武昌起义爆发后，先主张镇压革命，后转向共和。1920年创办南通大学。1926年在南通病逝。著有《变法平议》、《张季子九录》、《张謇日记》等。

19日，《新世界》半月刊在上海创刊。此为中国社会党绍兴支部机关刊物，发行人周继香，编辑人煮尘客。该刊宣传"社会主义"，其办报的四大纲领为：一、社会主义之大本营，二、中国数千年破天荒之新学说，三、解决二十世纪之大问题，四、造成太平大同之新世界。第1期开始连载小说《新村》（署"煮尘"），至本年第5期完。

25日，教育部颁布《审定教科书暂行章程》，其中对更改教科书事项进行了具体规定，如"各种教科书务合共和民国宗旨。前清学部所颁及民间通行教科书中有崇清及旧时官制避讳抬头等字样，应逐一更改。教员遇有书中不合共和宗旨者，可随时删改，并指报教育司或教育会，通知书局更正"。

本月，章太炎、于右任等发起通俗教育研究会。该会《宣言》指出："革命未成之前，当注力于通俗教育，而期多数人民之能破坏；革命成功之后，当注力于通俗教育，而期多数人民之能建设。"其宗旨为"本会以研究通俗教育设施方法，为普通人民灌输常识，培养公德，并发启有关社会教育之各事物为宗旨"。"研究事项"为："甲，以语言艺术及娱乐事物感化社会"；"乙，以印刷出版物感化社会"。

本月，京师大学堂文科学生将毕业，林纾赠序送行，在《送大学文科毕业诸生序》中，对追随章太炎、刘师培魏晋文派的"狂谬巨子"提出批评。

本月，《女权》月刊在上海创刊。女权杂志社总发行，编辑者张亚昭，发行人姜帼英。第1期登出"秋瑾女士遗像"，刊有《女权报发刊词》、《〈女权报〉序》、《女权报宣言》，以及小说《女总统》，署"继欧"。停刊时间未详。

本月，上海《新世界》杂志第1期开始连载施仁荣所译恩格斯的著作《社会主义从空想到科学的发展》，至本年七月第8期载完。译文原名《理想社会主义与实行社会主义》，标"德人弗勒特立克恩极尔斯原著"，此篇通常被认为是我国最早的恩格斯译作。

本月，苏曼殊的长篇小说《断鸿零雁记》开始在《太平洋报》连载，直至八月，未刊完。《太平洋报》停刊时，胡怀琛带走原稿，并把它保存下来。到1919年重印成书。《断鸿零雁记》以第一人称写主人公三郎飘零的身世和悲剧性的爱情，是苏曼殊的代表作，也是鸳鸯蝴蝶派的代表作之一，被誉为"民国初年第一部成功之作"。

六月

1日，《南社丛刻》第五集出版。由于编辑员宋教仁、景秋陆正从事政治活动，王蕴章转入银行事业，均未就职，乃由柳亚子代编。该集收文四十九篇、诗三百七十一首、词一百八十三首。

4日，中国报界俱进会在江苏教育会召开特别大会。会中决议设立通讯社、广告社、新闻学校和记者俱乐部等，并就北京中央新闻社经理、主笔被捕事，致电参政院，抗议"赵秉钧以行政官擅用军队，侵害法权，破坏共和"。

5日，《真相画报》在上海创刊。编者为高剑父、高奇峰、蔡哲夫等。宗旨有四："一、监督共和政治；二、调查民生状态；三、奖进社会主义；四、输入世界知识。"刊载社会时事照片及图画。1913年3月停刊，共出版十七期。

15日，恽铁樵的小说《文字姻缘》在《小说月报》第3年第3期刊出，标"言情小说"，署"铁樵"。同期还刊出《秘密室》（标"科学小说"，署"卓呆"）、《一元银币之旅行谈》（标"寓言小说"，署"虞灵靖之"）等创作小说。

本月，新剧团体开明社在上海成立，社长朱旭东。朱双云在《新剧史·春秋》中对该团体描述道："开明社者，又新剧中之别派也。缘其所为都注重于音乐舞蹈。东西洋之所谓歌派剧者，开明社其流亚欤？时有所谓国民捐者，人多踊跃输将。开明社乃乘时而作，演于大舞台，得资输国民捐。重以公益故，售券甚易，得资在千元以上。"在《初期职业话剧史料》中，朱双云总结道："开明社初期上演的戏剧，有两个特点，不同于其他职业剧团：一是剧情的取材，完全是西洋的，故所演之戏，都是西洋服装。二是每龉戏里，总有几支歌曲，几节舞蹈，实与西洋的歌舞剧，有些类似。"

七月

7日,《妇女时报》第7期刊出周瘦鹃所译小说《军人之恋》(署"[英]柯南达利著,瘦鹃译")和《无名之女侠》(署"[英]哈斯汀著,瘦鹃译")。

8日,《中国同盟会杂志》在广州创刊。该刊为中国同盟会粤支部的机关刊物。积极宣传民族和种族"同化"论,强调"今日共和成立,五族联合,昔日之恶感已泯,至程度不齐之故,苟普及教育实行之后,此问题当亦解决矣",认定"合汉、满、蒙、回、藏五族而同化之,今日之唯一政策也"。为使民族同化思想深入人心,他们还自觉地研究和宣传民族同化的历史。

10日,包天笑所译小说《苦儿流浪记》在《教育杂志》第4卷第4号开始连载,署"天笑"。引言称小说是"法国文豪爱克脱麦罗所著"。至第6卷第12号完。《苦儿流浪记》单行本由上海商务印书馆1915年3月出版,10月再版。

14日,蔡元培辞去教育总长职,刊出《蔡元培答客问》,详述辞职缘由。文中首先把北京国务院抽象地分为甲、乙两个对立派别,再说明不得不去职的原因:"夫以一国务院之中,而有此背道而驰之两派,乌得不机关停滞,万事丛脞,欲救其弊,非去一派而全委其权于对待之一派不可。我等甲派之人,自然以甲派为善;然即使尽去甲派而专任乙派,亦必差胜于甲乙两派之混合也。乙派之去,非我等所能为役,于是集甲派之人而商退职,皆承诺,且于甲派尽退后,集乙派中何等人才,可以重行组织,亦皆筹议概略,以备大总统之采用。"

19日,鲁迅得周作人信,获悉范爱农溺死,在《日记》中写道:"悲夫悲夫,君子无终,越之不幸也,于是何几仲辈为群大蠹。"三天后,即22日,鲁迅作《哀范君三章》,次日更做《〈哀范君三章〉附记》,述及他的沉痛难忘之情:"我于爱农之死为之不怡累日,至今未能释然。昨忽成诗三章,随手写之,而忽将鸡虫做入,真是奇绝妙绝,辟历一声,速死豝之大狼狈矣。"诗和附记皆载本年8月21日《民兴日报》,署"黄棘"。

25日,《民国新闻》在上海创刊。由同盟会会员吕志伊、徐肃、陈泉清、吴敬恒等人发起,社长蔡元培,总编辑原拟请汪兆铭担任,因故未成,后由吕志伊主持报务。该报日出三大张,以"保障共和政体、宣扬民主主义"为宗旨,宣传民主政治。创办不久即与《民立报》、《民权报》等7家报馆联名致电临时参议院及临时总统黎元洪，对黎元洪查封汉口《大江报》，缉拿何海鸣一事提出严正抗议，痛斥其"违背国宪、蔑视人权"，接着又抗议袁世凯杀害湖北军政府军务司张振武及将校团团长方维。1913年被袁世凯下令禁止发行。

26日，《小说时报》第16期刊出周瘦鹃所译《八万九千磅》（署"[英]宝伦特著，瘦鹃译"）等小说译作。

27日，章士钊《毁党造党论说》在《民立报》刊出，引发"毁党造党问题"之争。

章士钊（1881—1973），学者、教育家、政治家。字行严，笔名黄中黄、烂柯山人、孤桐、青桐、秋桐等。湖南长沙人。清末任上海《苏报》主笔。辛亥革命后，曾任北京大学教授、北京农业大学校长、广东军政府秘书长、南北议和男方代表。1924年任段祺瑞执政府司法部总长，次年兼署教育部总长。曾为"甲寅派"代表人物。1949年为南京国民党政府和平谈判代表团成员，后留北平。建国后曾任政务院法制委员会委员、全国人大常委、政协全国委员会常委、中央文史馆馆长。1973年在香港病逝。著有《柳文指要》等。

本月，孙中山在上海接见纽约《独立杂志》特约代表，美国长老会代言人李佳白（R.G.Reid）的采访。该采访记录以"中华民国"为题刊于1912年9月9日出版的纽约《独立杂志》（The Independent），署"孙逸仙"。在谈话中，孙中山认为共和政体适合于中国人民："民主的观念在中国一向颇为流行，没有理由要以君主政体来妨害这种民主观念。中国人民不但爱好和平，遵守秩序，而且也浸染了选择自己的代理管理自己事物的观念。我们所需要做的，只是把这种民主观念付诸实行。"

八月

1日，《生活杂志》半月刊于上海创刊。由陈训正主办，生活杂志社编辑，平民共济会发行，主要撰稿人有东阜、畏垒（陈布雷）等。该刊以"救世济贫，互助共济"为目的，宗旨为"策动劳动者生计，启迪劳动者知识，增进劳动者道德"。设有论说、译丛、讲演、调查、小说等栏目。从第5期起，取消栏目。刊有日本津村秀松的《社会主义管见》、孙中山的《社会主义之精髓》、陈布雷（畏垒）的《法兰西社会主义家小传》等文，评介了"社会主义"，所刊文章抨击了民初社会黑暗，反对在中国即行"社会主义",鼓吹"劳动者神圣",提出今后保护劳动者的政策,不在于"制富以益贫",而在于"增富"以救贫,鼓吹发展实业,振兴教育,实行互助合作制度,以达到"老有所归,壮有所用,内无怨女,外无旷夫,民安其生,比户皆足"的极乐世界。所刊小说《苦社会》《惨泪痕》,反映了劳动者生活的苦难。1913年改为月刊,出版过十四期。

2日,叶圣陶出任《大声报》文艺副刊"杂录部"编辑,并为"杂录部"作长篇理想小说《世界》。叶圣陶后来在《文艺写作经验谈》中写道:"民国元年,我当了小学教师,其时'社会主义'这个名词刚才输入,上海和各地都有'社会党'的组织,我看了他们的书报,就动手写一部小说,描写近乎社会主义的理想世界,大约写了四五章,就停笔了,……这份稿子已不知去向,不记得详细节目怎样,只记得是用白话写的。"

21日,鲁迅被任命为教育部佥事,"承长官之命分掌总务厅各司事务"。

25日,由同盟会改组的国民党成立大会在北京举行,选举理事九人:孙中山、黄兴、宋教仁、王宠惠、王人文、王芝祥、吴景濂、张凤翙、贡桑诺尔布(蒙族)。孙中山为理事长。孙中山出席大会,刊出演说,论及政党政治、军人职权、民生主义、男女平权等问题。

本月,上海新剧俱进会成立。据朱双云《新剧史》记述:"社会教育团团员王汉祥,以海上新剧摧残殆尽,用发起新剧俱进会,以通声气。"

九月

1日,《文艺俱乐部》创刊。由文艺俱乐部发行,扪虱谈虎客(韩文举)和孤愤生主编。设有六大栏目,栏目下或分若干小类,有时局谈(含中国之部、外国之部)、历史谈(含民国史谈、胜国史谈)、文苑(含文录、诗录、词录、俳体)、小说、谈荟(含见闻随笔、海外拾遗)、杂俎。以刊出短篇小说、传序、诗词、笔记为主。传序类尤重辛亥烈士事迹的辑录。现可见前三期,停刊时间未详。第1卷第1号刊出佚名小说《八角兽》《少林僧》《老僧》《红蛾传》《严恭》《弄猴记》《迷信》、《郭麒麟》《琼娘》《游债台说》《馆师风流》《胶东侠》《赠扇悔》《蚌蟒都督传》、《滑稽生》;蒋万里诗作《题红梅庵集》《秋日偶成》;汪精卫诗作《狱中杂感》、《口占·庚戌》，署"番禺精卫汪兆铭"。

17日，叶圣陶与顾颉刚组织放社，创办《放社丛刊》。《放社宣言》曰："社恶乎成？实行乎壬子夏；社恶乎地？或城或野，适性攸宜，坎止流行，不离昌亭者近是。社恶乎业？经史百氏，相与讲明，用壮其文诗，灵其书画。……社期之周疏，听诸时社友之多寡，听诸人大要，月恒四五作，作恒廿余士，礼乐兵农，所谓国学也；文诗书画，所谓美术也，悉详讨而明究之，然后宣诸绵蒙，异于忘本。……"《放社简约》云："月刊定名《放社丛刊》"，"月刊分类，曰：放社消息、文艺集、文艺专集、美术集、技术集、文艺话、美术话、技术话、说部、剧部、妇女世界、文美纪事、文美批评、法言、译著、笔记、游记、稗乘、通讯、编辑谈、附录，凡二十一。非社友之著作，列为外集，凡五类：一、文艺外集，二、美术外集，三、技术外集，四、杂著，五、读者俱乐部"。

18日，《新纪元星期报》周刊在北京创刊。由新纪元星期报馆发行，永川黄大暹编辑，章太炎撰《发刊辞》。停刊时间未详。

20日，《四川国学杂志》月刊在成都创刊。四川国学院主办，存古书局发行，曾培编辑，张子梁发行。1914年起改名为《国学荟编》，改署四川国学学校编辑。分设通论、经学、理学、子评、政鉴、校录、艺术、文苑、附录等栏目。所见最后一期是1917年10月出版的第6年第10期，停刊时间未详。

22日，《独立周报》周刊在上海创刊。由章士钊编辑，发行人为王无生。从1912年9月创刊到1913年7月章士钊投身"二次革命"时停刊，历时十个月，出版发行四十期，三十七本（第28与29期、第30与31期、第32与33期是合刊）。《独立周报》初设有纪事、政论、专论、投函、评论之评论、文苑等栏目，从第15期开始改为纪事部、论说部、文艺部、杂俎部。宋教仁案发生以前，章士钊几乎在每期政论栏或专论栏中都发有重要文章，有时甚至一期多达五篇，为《独立周报》奠定了基本的编辑方针和政论基调。故这一时期《独立周报》所发议论、所持主张，实际上就是章士钊关于时局的看法和主张。

23日，江亢虎被捕，叶圣陶在《日记》中写道："时事仓皇，妖魔昼现，……盖所谓革命始难之黎元洪，今已悉现其本来面目，摧残言论，杀害同胞，报纸上日必见之。今日又捕我社会党人江亢虎矣。此贼不杀，害将无穷，不可以其倡义独先而舍之也。人物类多如此，可叹。"

本月，高旭复书陈蜕庵，不同意改变南社的性质。陈蜕庵早先曾致书高旭，认为革命之后，兵、农、政、学、工、商各方面"皆求实进"，南社"亦当腾步，固非仅如前此潇风晦雨中，以沈音险语钩挽国魂已也"。高旭《答陈蜕老书》略云："来书谓兵、农、政、学、工、商，一一皆求实进，故吾社亦不得不图奋往。窃谓吾社本以文学为导师，今幸民族朝政，顿异曩昔，则吾社之宗风大畅而未尽者，非政治之发扬，乃在道德与文美耳。呜呼！我辈断断不提倡政法，以政法者时流之事也。吾辈乃拘墟之士，为他人所不欲为、不能为、亦不敢为之事。"指出国学商兑会章程"实多乖谬"，不应继续将孔子的著作称为"经"。本信刊出后，姚鹓雏又在《国学丛选》第一集刊出《与高剑公论孔学书》，反对"废孔用墨"，认为《兼爱》、《非攻》等破碎不全，不能成为"举国之学鹄"。高旭复书姚鹓雏，推崇墨子为"中国之圣人"，胜孔子千万倍。

十月

1日，《南社丛刻》第六集出版。该集收文五十六篇，诗三百九十三首，词一百一十五首。其中有陈蜕庵、胡寄尘、汪精卫、杨杏佛、诸贞壮、沈道非、高天梅、林百举、景耀月、高吹万、吕志伊、王蕴章等人的诗文作品。

2日，周作人作《童话研究》成。在本月5日将后半篇稿寄给鲁迅。

7日，严复辞去北京大学校校长职务，9日北京政府委派章士钊接替严复任北京大学校校长。严复任校长，前后仅九个月。

同日，孔教会在上海召开成立大会，"以昌明孔教，救济社会为宗旨"。

8日，梁启超自日本神户抵达天津，住旬余日，于20日前往北京，居京12日，11月1日复返天津，当日致长信与女儿梁令娴，言及北京各界的欢迎盛况和各党派的反应时说："一言蔽之，即日本报所谓人气集于一身者，诚不诬也。盖上自总统、国务院诸人，趋跄唯恐不及，下则全社会，举国若狂。此十二日间，吾一身实为北京之中心，各人皆环绕吾旁，如众星之拱北辰，其尤为快意者，即旧日之立宪党也。旧立宪党皆以自己主张失败，嗒然气尽，吾在报界欢迎会演说一次，各人勇气百倍，旬日以来，反对党屏息，而共和、民主两党，人人有哀鸣思战斗之意矣。国民党经此刺激，手忙脚乱，其中大部分人皆欲来交欢，其小部分则仍肆攻击，党中全无统一,狼狈之态尽露。"对比起孙中山等人在北京的情况,骄傲欣喜之意溢于言表:"孙、黄来时,每演说皆被人嘲笑,吾则每演说令人感动,其欢迎会之多,亦远非孙、黄所及。"

14日,孙中山在上海中国社会党本部连续3日刊出演说,评论社会主义学说及其派别:"自予观之,则所谓社会主义者仅可区分为二派:一即集产社会主义,一即共产社会主义。……两相比较,共产社会主义本为社会主义之上乘。然今日一般国民道德之程度未能达于极端,尽其所能以求所需者尚居少数,任取所需而未尝稍尽所能者,随在皆是。于是尽所能者,其所尽未必充分之能,而取所需者,其所取恐又为过量之需矣。狡狯诚实之不同,其勤惰苦乐亦因之而不同,其与真正之社会主义反相抵触。……故我人处今日之社会,则应改良今日社会之组织,以尽我人之本分,则主张集产社会主义,实为今日唯一之要图。……"表达了其对社会主义国家的预想:"社会主义之国家,人民既不存尊卑贵贱之见,则尊卑贵贱之阶级,自无形而归于消灭。……各尽其事,各执其业,幸福不平而自平,权利不等而自等,自此演进,不难致大同之世。"该演说在10月15—26日的上海《天铎报》刊出,毒药(张读侠)记录。

21日,《女子白话旬报》在北京创刊。由唐群英、沈南雅等编辑。后改称《女子白话报》,并和《亚东丛报》一起作为女子参政的宣传阵地。唐群英在"启事"中写道:"鄙人丁京师创办《女子白话报》,专为开通女习而设,凡关于女界事实,无不广辑搜罗,编成俚语,以补我女同胞阅报之不逮。"唐群英在第1期的《创办女子白话报意见书》中说:"当兹女学未发达之日,女权未伸张之时,示以高文则难达,演为白话或易懂。不必拘于文义,须为彼所乐观。不贵尽我之聪明,而贵开彼之新智,使听者如闻暮鼓晨钟,观者如见稗官野史。俾吾二万万女同胞,智识增进,能力扩充,于女界或不无少补欤。吾知海内硕儒,必乐于赞成。复其固有之平等自由、大同博爱之地位,吾女界尚其勉游,尚期勉游。"第1期还刊有宋教仁、唐绍仪、温世霖等人写的祝辞。在《简章》中又说:"本报专为普及女界知识起见,故以至浅之言引申至真之理,务求达到男女平权目的为宗旨。"唐群英既当经理,又亲自担任编辑,每期内容分政治教育、实业、时事及丛录等栏目,后又添设谐谈、小说、时评等。

24日,蔡元培撰《大学令》,由教育部颁布施行。《大学令》凡二十二条,规定:"大学以教授高深学术,养成硕学宏才,应国家需要为宗旨。""大学分文科、理科、商科、医科、农科、工科。"大学以文理二科为主,需满足以下条件之一,方得名为大学:"一、文理二科并设者。二、文科兼法商二科者。三、理科兼医、农、工三科或二科一科者。""大学各科学生修业期满,试验及格,授以毕业证书,得称学士。""大学设校长一人,总辖大学全部事务,各科设学长一人,主持一科事务"等等。

27日,南社在上海愚园举行第七次雅集,到者三十五人。改推高燮、柳亚子、王蕴章为编辑员,姚光为书记,胡怀琛为会计,胡朴安、汪文溥、朱少屏为庶务。

28日,柳亚子在《民立报》上刊出《柳亚子脱离南社之通告》,宣布脱离南社。在《南社纪略》中,柳自述:"我的脾气,是说得到做得到的。到了十月廿九日的早上,看见了报纸,大家觉得事情弄糟了,连天梅也隐隐然有些后悔。于是叫人来疏通、劝解,但我给他们一百个不理。自和叶楚伧、苏曼殊、陈陶遗、姚鹓雏玩了好几天,扬长而归黎里。"

本月,《国学丛选》在上海创刊。是国学商兑会编辑发行的会刊。国学商兑会成立于同年秋,发起人共十五名:高吹万、蔡哲夫、柳亚子、余天遂、高天梅、胡朴庵、周人菊、叶楚伧、文雪吟、姚石子、林百举、陈蜕庵、姚鹓雏、李叔同、闵瑞之。其前身是高吹万在1909年秋创组的寒隐社。刊物经理即姚石子(姚光)、主编高燮(吹万)、胡韫玉(朴安)。刊式仿《南社丛刻》。用有光纸(后改连史纸)四号铅字排印,并线装竖排。出至1920年10月第十二集后,改为大本,毛边纸印。原系不定期出版,自第六集起约一年出一期,自十三集至十八集合两集为一期,约两年出一册。1926年停刊,前后共出十五册。

十一月

30日,《民誓杂志》月刊在北京创刊。民誓杂志社发行,湖南黄藻编辑。第1期刊出小说《长安梦》,署"兰眉居士",至第2期完。停刊时间未详。

本月,《中国学报》月刊在北京创刊。由中国学报社编辑及发行。其宗旨是"保存国粹,瀹发新知"。编辑的体例,由第1期所载王式通《中国学报发刊词》所述,乃根据蔡元培的建议,"以科学部类标篇",即"首书画:以模范先哲,表示古物,发明美术为宗旨;次论著:凡就大义发端证明新理,不必一一傅会,或论一事,考一制，治一学说，本末贯串，不涉支离破碎者，悉所甄录；次经史、政治、小学、地理、金石、文学、目录诸学：择未刊本、孤本之精粹者；次丛录：凡笔记等类，学有根柢，书未经见者，胥坿于此。"1913年7月停刊，共出九期。1916年1月复刊，由刘师培编辑。同年5月停刊，共出五期。

本月，《神州女报》在上海创刊。由神州女界协济社编辑及发行，经理张昭汉，主编汤国黎。初为旬刊，1913年3月改为月刊，卷期另起，编辑所及发行所均改题神州女报社，由杨季威主编。停刊时间未详。该刊的思想较激进。内容分为社论、国政及要闻、女界要事、学术、传记、小说、文苑、时评、杂俎等门类，以刊出女性作品为主。所刊诗词有张姚蕙辑《锦心绣口录诗选》、《锦心绣口录词选》，秋瑾遗诗等也在此刊出。杂著有《海天丛话》等。宋教仁被袁世凯暗杀后，该刊曾刊出通讯《宋遯初先生被刺始末记》以及有关评论、挽词，公开谴责袁世凯。

十二月

1日，《庸言》杂志在天津创刊。发行人梁德猷。第1卷为半月刊，编辑人吴贯因。第2卷开始改为月刊，编辑人黄远庸。第1卷第1号刊出《馆员姓名录》："主干：梁启超，撰述：丁世峄、林唯刚、梁启勋、汤觉顿、魏易、吴贯因、林长民、麦孟华、黄为基、蓝公武、周善培、夏曾佑、麦鼎华、张嘉森、罗惇曧、周宏业、徐佛苏、陈衍、熊垓、林纾、梁启超、陈家麟、严复。"梁启超撰《庸言》一文，其内容为："庸之义有三，一训常，言其无奇也；一训恒，言其不易也；一训用，言其适应也。振奇之论，未尝不可以骤耸天下之观听，而为道每不可久，且按诸实而多阂焉。天下事物，皆有原理、原则，其原理之体常不易，其用之演为原则也，则常以适应于外界为职志。不入乎其轨者，或以为深赜隐曲，而实则布帛菽粟，夫妇之愚可与知能者也，言之庞杂，至今极矣！而其去治理若愈远，毋亦于兹三义者有所未惬焉，则《庸言》报之所为作也。"梁启超在当月给女儿梁令娴的信中提及该报出版的盛况时说："《庸言报》第一号印一万份，顷已罄，而续定者尚数千，大约明年二三月间，可望至二万份，果尔则家计粗足自给矣。"

同日，《南社丛刻》第七集出版，仍由柳亚子编校，此后柳不复问南社事二年。该书收文四十五篇，诗五百五十六首，词一百一十一首。

12日,陈衍《石遗室诗话》在《庸言》杂志第1卷第1号开始连载,自第1卷第1—10号、12、14号至第2卷5号(1912年12月—1914年5月)载完。

陈衍(1856—1937),诗人、学者。字叙伊,号石遗。福建福州人。举人出身,曾任官报局总编纂、学部主事等职。主张中国应设洋文报馆,延聘贯通中外时务之人,介绍西方国家的务材、训农、通商、兴工、敬教等要务。1898年春入京,著《戊戌变法榷议》。戊戌政变后,仍为张之洞幕僚,后任京师大学堂、厦门大学文科教授。编纂《闽侯县志》,并著有《石遗室集》、《石遗室诗话》、《石遗室诗》等,是晚清宋诗派的诗论家和诗人。

25日,《小说月报》第3卷第9号刊出反映在外华工悲惨生活的《猪仔还国记》,标"哀情小说",署"指严"。该篇后来被收入1914年商务印书馆出版的《说林》第七集,1960年北京中华书局出版的《反美华工禁约文学集》和1984年台湾广雅出版有限公司出版的《晚清小说大系》。同期还刊出了周瘦鹃所撰"历史小说"《磨坊主人》。

31日,《亚东丛报》在北京创刊。由唐群英、仇鳌主编。该刊原为同盟会在1911年创刊的《亚东新报》。言词激烈的《亚东新报》被迫停刊后,遂改组为该刊,《亚东新报》社长仇鳌仍担任该刊主编。分社说、译著、选论、女子教育、时评、文苑等门类,文苑门又分为"文录"、"诗录"、"词录"、"小说"、"联语"等栏目。所刊小说有瘦桐的《姻缘误我》、禺山一老南雅的《老婢吁天录》等。该刊有一个引人注目的特点,即关于妇女问题的文章较多,也有不少女性作者。创刊号(第1期)刊出了苏曼殊的散文《燕京随笔》(署"曼殊")等作品。停刊时间未详。

本月,柳亚子撰《岁暮杂感》诗四首。

本月,小说《外交秘事》由上海商务印书馆出版,署"[日]千叶紫草,商务印书馆编译所译"。

本年

本年,蔡元培、吴稚晖、汪精卫、李煜瀛等人在上海组织世界社,以"传布正当人道,绍介真理之科学"为号召。

本年,林纾与姚永概(京师大学堂文科教务长)同校中魏晋文派不和,一起辞去教职。姚永概欲归桐城，林纾作《姚叔节归桐城序》，对追随章太炎的人大加抨击。

本年，商务印书馆编成小学、中学、师范各种用书，经教育部审定为民国第一套完备的教科书。另外，还出版了《共和国歌唱集》，收了当时流行的三十首爱国歌曲，内有中国最早的戒烟歌。

本年，郭继泰的自传体谴责小说《带印奇冤郭公传》六卷五十二回由上海书局石印，题《新辑绣像带印奇冤郭公传》，署"也是道人手笔"。书首叙与凡例，叙署"时辛亥巧日晋榆寻梅山房主人叙于安徽省模范监狱之幽房下"。书有《诗文小序》一篇，署"宣统辛亥中秋下浣王国宾幼峰甫拜序"。书中有绣像一幅，其像赞曰："仕宦场上隐士，文艺传中豪杰，借问君是何许人，直笔继麟经绝。"据《凡例》及第四十八回，书撰于安庆府狱中，撰者"性爽直，与公合"，"愤公清官被害"，因撰是书。又自序道："惟道人交公最早，知公最深"，殆作者亦即郭公，其姓名生平不详。《凡例》第一则云："是编为安徽官场现形记代表，所叙事实皆有案宗可稽，与各种平空结撰或移步换形诸小说不同。"

本年，包天笑的长篇小说《埋石弃石记》由上海商务印书馆出版。徐枕亚的长篇小说《玉梨魂》开始在《民权报》连载，共三十章。这一时期先后刊出哀怨小说六十二种、言情小说三百八十三种，分别刊载在上海一百六十二家报刊杂志上。

1913年

一月

20日,《民国汇报》半月刊在上海创刊。由民国汇报发行所发行,徐血儿、邵力子编辑。主要栏目有言论之部(下分政治、法律、外交、财政、交通、军事等目)、纪事之部(下分政局、外交、财政、军事、交通、实业、国外纪事等目)、法令之部、杂纂之部等,选录范围极为广泛。停刊时间未详。

本月,《武德》月刊在北京创刊。武德社编辑,李著强主编,名誉社长黎元洪、黄兴、段祺瑞。以宣传军事国家主义为宗旨,强调只有发展军事力量,才能使中华民族立于世界强国之林。有论著、译述、调查、法令、记事等栏目。1914年11月停刊,共出九期。

本月,《人道周报》在上海创刊。系中国社会党后期的机关刊物。由于内部的分化,该刊前后期的主旨不完全一致,前期基本上反映了江亢虎一派的观点,后期则重点宣传了无政府主义思想。

本月,王国维的《宋元戏曲史》完稿。自1913年4月至次年3月,是书先后刊载于《东方杂志》上。王国维在此书的《自序》中说明他的曲学研究缘起。他认为"一代有一代之文学",而元人之所胜在"曲",但以往文人未能"观其会通,窥其奥窔",故未能理解元曲的好处,致使"两朝史志与《四库》集部,均不著于录;后世硕儒,皆鄙弃不复道"。王国维则认为元人杂剧有其独特的美处,"古所未有,而后人所不能仿佛"。于是他就立志研究戏曲,以弥补以往文学研究中的此一薄弱环节。由于这是一项全新的学术研究,在材料开掘与观点阐述方面,都需独辟蹊径、新开天地,故而他说:"凡诸材料,皆余所收集,其所说明,亦大抵余之所创获也。世之为此学者自余始,其所贡献于此学者,亦以此书为多。非吾辈才力过于古人,实以古人未尝为此学故也。"

本月,刘半农经徐半梅介绍,入中华书局编辑部工作,任编译员。

二月

9日,王钟麒的小说《血海花魂记》在《独立周报》第6期开始连载,署"天僇生"。

15日,教育部读音统一会开成立会,会员到四十四人,选举吴稚晖为议长,王照(小航)为副会长,经月余逐日开会详密讨论。

据《教育部汇编》所收《读音统一会章程》规定,这次会议的任务是:"一、审定一切字音为法定国音。二、将所有国音均析为至单至纯之音素,核定所有音素之总数,三、采定字母,每一音素均以一字母表之"。会员资格为:"一、精通音韵。二、深通小学。三、通一种或二种以上外国文字。四、通多处方言。"每省由行政长官选派二人为会员,教育部聘员无定额,另聘蒙藏少数民族代表及华侨代表为会员。1913年2月18日《爱国报》所载《读音统一会开幕》一文报道:开幕式上教育次长董鸿祎演说开会宗旨,吴稚晖演说统一国语九法。会议选出吴稚晖为正议长,王照为副议长。又据同年2月17日《平报》上发表的《读音统一会加派会员》一文所述,会员八十余人中,出席开幕式者仅四十四人,各省派来人员多未到齐。因此,教育部加派鲁迅、许寿裳等十二人为会员,并咨催各省都督派会员前来与会。

20日,《不忍杂志》月刊第一册在上海出版。为铅活字排印,二十四开本,上海广智书局印刷发行。此刊由康有为主办,由陈逊宜、麦鼎华任编辑,此后康思贯、潘其璇亦曾任编辑。该刊以阐扬孔教为宗旨,设有政论、教说、瀛谈、艺林、国闻等栏目。康有为在《不忍杂志》创刊序言中,对辛亥革命的一切皆表示"不能忍",攻击辛亥革命致使"举国礼崩乐坏,人心变乱"。康还在《不忍杂志》抛出"宪法草案",主张"以孔教为国教",宣扬"有孔教乃有中国,无孔教是散中国矣"。康有为利用《不忍杂志》刊出过不少政论文章,如《大借债驳议》、《理财救国论》、《废省论》、《中华救国论》、《中国从何方救危论》、《拟中国民国国会代议院议员选举法案》、《拟中华民国宪法草案》、《救亡论》、《中国还魂论》,等等。《不忍杂志》中刊出的文章多为康的旧著。其中最有价值的是康有为的代表作《大同书》,以连载的方式,首次向公众刊出。《不忍杂志》出十期后停刊,1917年张勋复辟时一度复刊。

24日,梁启超正式加入共和党。自称:"吾顷为时势所迫,今日已正式加入共和党,此后真躬临前敌也。"

25日,鲁迅的《儗播布美术意见书》在1913年2月《教育部编纂处月刊》第1卷第1册刊出,署"周树人"。后来收入《集外集拾遗》。文中说:"故作者出于思,倘其无思,即无美术。然所见天物,非必圆满,华或槁谢,林或荒秽,再现之际,当加改造,俾其得宜,是曰美化,倘其无是,亦非美术。故美术者,有三要素:一曰天物,二曰思理,三曰美化。""可知美术云者,即用思理以美化天物之谓。"即所谓美术,是通过美术家的思维所反映的客观世界;以唯物主义观点,阐明了艺术与现实的关系。

同日,周作人将波兰显克微支的中篇小说《炭画》的译稿寄往商务印书馆。3月1日,周作人得商务印书馆回信,云因《炭画》译稿"行文生涩,读之如对古书,颇不通俗",故将原稿退还。后又将《炭画》译稿寄中华书局。

本月,《孔教会杂志》月刊在上海创刊。由孔教会会长陈焕章主编,第2卷起改由景福主编。该刊以"保存国粹,发挥国性,博采孔教之良果、广聚中国之新花"为宗旨,辟有论说、讲演、学术、专著、文苑等栏目,内容反映了孔教会成员复古思潮的面貌。停刊时间未详。

本月,《震旦》月刊在北京创刊。由统一党政务讨论事务所发行,赵管候、王印川、董其成、李梦麟、严天骏等编辑。设有论著、报告、译论、命令、公牍、文苑、杂俎、小说等栏目。停刊时间未详。

三月

12日,鲁迅赴读音统一会,与朱希祖、许寿裳、马幼渔、钱稻孙等提议采用注音字母,经表决得多数。读音统一会开幕后,第一步照章审定国音,共计审定了六千五百余字。第二部照章核定音素,采定字母。由于人人争当新仓颉,会上争论很激烈。鲁迅曾描绘当时的混乱情况："劳先生（即劳乃宣）派了一位代表，王先生（即王照）是亲自到的，为了入声存废问题，曾和吴稚晖先生大战，战得吴先生肚子一凹，棉裤也落下来。"（《门外文坛·八》）

16日，《平论报》月刊在上海创刊。编辑主任张百麟，编辑人龚植兰，发行人李滁藩。设有社论、时评、译述、民国法令、中央要闻、地方要闻、外国大事、伟人传记、文苑等栏目。曾刊载许多革命党人的传记。停刊时间未详。

同日，南社在上海举行第八次雅集，到者十二人，在雅聚园晚宴。此次聚会修订章程，改三头制为一头制，俾柳亚子重新入会。函请柳亚子复会，然遭其拒绝。

20日，《文史杂志》月刊在武昌创刊。为文史社社刊，文史社编辑及发行，社长张仲炘（次珊），名誉总纂姚晋圻（彦长），编辑文葆心、李希如。设有经学、子学、史学、杂俎、选录等栏目。曾登载有孙中山、张泽霖、张仲瑞等革命党人的传记。同年8月停刊，共出十期。

同日，宋教仁在上海被刺，22日伤重而亡，享年33岁。于6月26日安葬，当时上海去送葬者达数万人之多。

同日，柳亚子知宋教仁被刺，撰《哭宋遯初烈士》诗。

25日，孙中山由日本回到上海，召集国民党骨干分子举行紧急会议，主张国民党五省都督（广东、湖南、江西、福建、安徽）起兵讨袁，同时将袁世凯擅借外债用以发动内战以及收买流氓刺死革命领袖的种种罪行宣告中外。黄兴以南方武力不足恃，主张法律解决。

27日，鲁迅作《〈谢承后汉书〉序》。魏晋之际，以纪传体编写后汉历史的有八家，而以谢承所著《后汉书》（凡一百三十卷）为最早，至宋代，谢书已失传。鲁迅对这部书，先后做了大量的纂辑校勘工作，成书后准备出版。1938和1941年编辑出版《鲁迅全集》和《鲁迅三十年集》时，许广平说这部手稿"至今不见"，故当时未能入集。本年3月5日至27日，鲁迅第三次纂集《谢承后汉书》成六卷，并写了这篇序。鲁迅在本文肯定了谢承的生平及其《后汉书》的散逸和辑校经过。《谢承后汉书》及《序》现编入《鲁迅辑录古籍丛编》第三卷。

28日，鲁迅写定《谢沈后汉书》一卷。这是鲁迅第二次辑录此书，现编入《鲁迅辑录古籍丛编》第三卷。

四月

1日，鲁迅同夏曾佑、齐寿山、戴芦舲赴前青厂观图书分馆新赁房屋。鲁迅等接办京师图书馆后，因该馆在内城西北隅，地处偏僻，交通不便，读者甚少；又因广化寺为古庙，房破地湿，不宜保存书籍，故决定在另觅新址准备迁馆的同时，在城南适中之地前青厂武阳会馆夹道租赁民房，设立一座分馆。本年六月，前青厂图书分馆正式开办，这是京师图书馆设立分馆之始。

同日，《言治》在天津创刊。由李大钊、郁嶷主编。开始为月刊，后改为季刊。该刊系天津最早的法律刊物之一，其内容主要是抨击军阀政客，介绍西方资本主义国家的议会、法律和民主制度。并刊有李大钊的一些早期作品，如《登楼杂感》、《大哀篇》、《隐忧篇》、《是非篇》等。1913年11月停刊，共出六期。李大钊在《大哀篇》里抨击袁氏政府的"共和"制度是"以暴易暴，传袭至今，敲吾骨，吸吾髓；北洋军阀拾先烈之血零肉屑，涂饰其面，傲岸自雄，不可一世，此辈肥而吾民瘠矣"。

李大钊（1889—1927），学者、革命家。原名耆年，字寿昌，号龟年，后改字守常。直隶（今河北）乐亭人。1916年在北京任《晨钟》总编辑。1918年任北京大学图书馆主任，后又兼任经济学教授。同年参加《新青年》编辑工作，与陈独秀等创办《每周评论》，并与王光祈等发起组织少年中国学会，担任《少年中国》编辑主任。曾先后刊出《庶民的胜利》、《布尔什维主义的胜利》、《我的马克思主义观》等著名文章，积极宣传马克思主义。1919年积极领导"五四"运动并与改良主义思潮作斗争。1920年3月领导组织马克思学说研究会，同年10月组建北京共产主义小组。后又积极帮助、指导北方地区的建党、建团工作。1927年4月6日在苏联大使馆旧俄兵营内被军阀张作霖逮捕，28日在北京京师看守所被秘密绞杀。遗著编为《李大钊选集》、《李大钊文集》等。

6日，《文艺周报》在成都创刊。由成都文艺周报社编辑。《文艺周报》内容有文苑、诗坛、诗余、诗话、戏曲、游艺、琐谈、杂俎、社课等。同年5月11日停刊，共出六期。

8日，《教育剧报》在成都创刊。为日报，成都教育剧报社编辑发行。内容有社论、教育政令、新闻、杂俎、文苑、剧评、传奇小说等。该报以"改良社会，补助教育"为宗旨。不久即停刊。

9日,旧历三月三日,为传统的"修禊日",北京、上海的同光体诗人分别集会,吟诗唱和,陈衍撰有《京师万生园修禊传序》。

20日,《谠报》月刊在日本东京创刊。先后由方宗鳌、杨赫坤等主编。分设图画、论说、译述、丛录、艺林、记载、附录等栏。所见最后一期是1914年8月出的第13、14期合刊,停刊时间未详。

25日,鲁迅1911年作的文言小说《怀旧》(署"周逴")在《小说月报》第4卷第1号刊出,是篇后编入《集外集拾遗》。针对这篇小说,鲁迅后来说:"我的最初排了活字的东西,是一篇文言的短篇小说……内容是讲私塾的事情的,后有恽铁樵的批语。"

同日,林纾翻译的小说《罗刹雄风》([英]希洛著)在《小说月报》第4卷第1号开始连载,至第4卷第4号(1913年8月25日)完。

27日,孔社在北京的湖广会馆举行成立大会,社员到者一千五百余人,来宾五百余人。徐琪任社长,恽毓鼎、饶智元任副社长。袁世凯派夏寿田为代表赴会并致词,大发"国体日固,孔学日昌"之论。

本月,《万国女子参政会旬报》在上海创刊。张汉英、任丽璠任经理兼编辑主任。初为旬刊,第4期起改为月刊,刊名亦相应改为《万国女子参政会月报》。以"造就女子之技能"、"灌输女子之学识"为宗旨。有社论、中外记事、教育、外交、法律、治军、筹边、实业等栏目及内容。

本月,《云南》月刊在上海创刊。为旅沪云南籍学生创办,编辑和发行人为杨大铸、吴双热、唐直仙等。该刊鼓吹民主、自由。设有时评、传记、文苑、中外大事等栏目。

五月

10日,《教育研究》在上海创刊。此系江苏省教育会刊物,主要撰稿者为黄炎培、王朝阳。初为月刊,从第27期起改为季刊。设有研究、学说、译著等栏目。意在"征求教育界之新经验、新学理,按期刊出,与邦人士共同探讨,以鼓舞全国研究之精神"。

11日,《大同周报》在上海创刊。大同学社编辑及发行。大同学社由吕凤痴、姜可生等人发起，柳亚子、姚鹓雏等先后加入。分图画、言论、纪事、文艺、丛录、附载 6 部。同月停刊，共出三期。

29 日，《论衡》周刊在北京创刊。编辑及撰稿人为黄远庸（思农）、知微、西楞、纯中等。该刊系以政治评论为主的刊物，以王充《论衡》为楷模，"释物类同异，正时俗嫌疑"。有通论、专论、译论等栏目。其政治倾向是拥护袁世凯，偏袒进步党，并对当事的一些社会现象予以揭露。

本月，袁世凯收买议员，以共和、民主、统一三党合并组成进步党，以对抗国民党。选举黎元洪为理事长，梁启超、张謇等九人为理事。

本月，陈蜕庵在上海去世，享年 54 岁。柳亚子撰《陈蜕庵先生传》。

陈蜕庵（1860—1913），诗人、报人。本名陈范，晚年更名蜕，字叔柔、蜕庵，号梦坡、退僧、退翁，别号有梦通、忆云、锡畴、瑶天等。原籍湖南衡山，生于江苏阳湖（今常州）。光绪二十六年（1900）购得上海《苏报》产权，遂锐意经营报业。起先鼓吹变法，提倡保皇立宪，后日渐倾向革命，以报纸为革命党人提供宣传阵地。"苏报案"发生，被列入逮捕名单，脱险后东逃日本，与孙中山、陈少白等革命党人结识后，往来于东京、横滨、香港。光绪三十一年（1905 年）春返国，在上海被捕入狱，翌年获释。武昌起义后不久，先后主持上海、北京的《太平洋报》、《民主报》笔政。遗稿有《映雪轩初稿》、《烟波吟航诗存》、《卷帘集》、《庚中集》、《蜕僧余稿》等。

本月，《国民月刊》在上海创刊。系国民党上海交通部的机关刊物。此刊封面、书脊仅题"国民"，目录、书口及发刊词题"国民月刊"。孙中山题写了刊头，并与黄兴一道为该刊撰写了《出世辞》，勉励党员要"以进步思想，乐观精神，准公理，据政纲，以达巩固中华民国图谋民生幸福之目的"。该刊记事甚详，似仅出两期即停刊。

本月，《白阳》在杭州创刊。三十二开本，浙师校友会编辑及发行。刊期未详，仅见诞生号一期，内多李叔同（息霜）作品，疑编者为李叔同。刊内设文库、谭丛、印稿、画稿四大栏目，其中文库栏下分文集、说部集、诗集、词集、曲集五类，谭丛栏下分文学篇、音乐篇、绘画篇三类，内容侧重文学与美术。李叔同（息霜）于创刊号上刊出《近世欧洲文学之概况》、《西洋乐器种类概况》等作品。

六月

1日，李大钊的论文《隐忧篇》在《言治》月刊第1年第3期刊出。其对国家前途深表忧虑，认为造成国家动乱的原因有三：党私、省私和匪氛。在篇末的"按语"中，李大钊述及撰文缘由："斯篇成于民国元年六月，迄今将及一纪，党争则日激日厉，省界亦愈划愈严。近宋案发生，借款事起，南北几兴兵戎，生民险遭涂炭。人心诡诈，暗杀流行，国士元勋，人各恐怖，而九龙、龙华诸会匪，又复蠢蠢欲动，匪氛日益猖炽，环顾神州，危机万状。抚今思昔，斯文着笔时，犹是太平时也。呜呼！记者附识。"

同日，《公论》半月刊在北京创刊。编辑刘小云、发行刘晦君。该刊乃部分老同盟会会员所办，设建言、杂说、时论、人物月旦、介绍名著、谈丛、文艺、小说等栏。内容以政论和时事为主，并设有文艺、小说、谈丛三栏。所刊登作品有翻译小说《钻石案》等，诗文作者主要是柳亚子、陈去病、黄晦闻等，多为南社社员。仅见四期。

同日，魏易翻译的长篇小说《二城故事》（即狄更斯《双城记》）开始在《庸言》第1卷第13号连载，至第2卷第1、2号合刊结束，署"[英]迭更司著，魏易译"。

9日，林纾译毕《离恨天》一书，该书由商务印书馆出版。在《(离恨天)译余剩语》中，林纾说："著是书者，为森彼得，卢骚友也。其人能友卢骚，则其学术可知矣。……凡小说家立局，多前苦而后甘，此书反之。然叙述岛中天然之乐，一花一草，皆涵无怀、葛天时之雨露。又两少无猜，往来游衍于其中，无一语涉及纤亵者。用心之细，用笔之洁，可断其为名家。""读此书者，当知森彼得之意，不为男女爱情言也；实将发宣其胸中无数之哲理，特借人间至悲至痛之事，以聪明与之抵敌，以理胜数，以道力胜患难，以人胜天，味之实增无穷阅历。"

10日，《四川译学报》月刊在成都创刊。由四川译学报社创办，社长李芍皋，总经理李璜。宗旨是"扶持国粹，输入欧化，巩固共和，发扬国魄"，其特点是重西洋、轻东洋，以道德宗教为务而不以物质文明为务，强调政治之进化、文学之昌明，主张维护国粹。停刊时间未详。

19—24日，鲁迅启程回乡省亲。19日"下午四点四十分发北京，七点二十分抵天津"。24日方"到家"。这是鲁迅入京后首次返回绍兴。此次带回《李翰林集》、

《梦溪笔谈》等书十八部，画册二十册。

22日，袁世凯发布尊孔祀孔令，狂叫："天生孔子，为万世师表"，因而下令要"根据古义，将祀孔典礼折衷至当，详细规定，以表尊崇而垂久远"。舆论大哗。

本月，柳亚子赴上海，以《春航集》稿付胡寄尘，并偕访冯春航于其寓所。

七月

12日，袁世凯下令撤消孙中山筹办铁路全权，又命北洋军入驻江西，国民党人江西都督李烈钧遂在孙中山指示下宣布江西独立，发檄讨袁，发动"二次革命"。接着，皖、粤、闽、湘等省相继独立，宁、沪、渝也宣布讨袁。但因国民党内部涣散，脱离人民，"二次革命"于九月以失败告终。

19日，吴稚晖与蔡元培、张继、汪兆铭等共创《公论》日刊，由上海民国新闻社及东海通信社出版，为四开铅印单页，附入《民立报》、《民权报》、《中华民报》、《民强报》附送，每晚六点钟出版，由吴与蔡、张、汪等共同担任选述，重要讨袁文字，《民立报》均有转载。

20日，《良心》月刊在上海创刊。系社会党机关刊物，重优（吕大任）主编。标榜改良人群心理、废除社会之恶制、联合全球之民党、建造大同之世界等"四大主义"。有论说、专件、译著、选录、传记、时评、要闻、杂俎等栏目，主要译介无政府主义的理论和历史，是研究民初中国无政府主义思潮的重要史料。同年八月停刊，仅出两期。

21日，苏曼殊所撰《讨袁宣言》在上海《民立报》刊出。苏曼殊在文中说："昔者，希腊独立战争时，英吉利诗人拜伦投身戎行以助之，为诗以励之……自国民创造，独夫袁氏作孽作恶，迄今一年。擅屠操刀，杀人如草；幽、蓟冤魂，无帝可诉。诸等平生，杀人者抵；人讨未申，天殛不道。况辱国失地，蒙边夷亡；四维不张，奸回充斥。上穷碧落，下极黄泉；新造共和，故不知今真安在也？独夫祸心愈固，天道愈晦；雷霆之威，震震斯发。普国以内，同起伐罪之师。衲等虽托身世外，然宗国兴亡，岂无责耶？今直告尔：甘为元凶，不恤兵连祸结，涂炭生灵，即衲等虽以言善习静为怀，亦将起而褫尔之魂！尔谛听之。"

27日，周作人在绍兴县教育会讨论小学教科书事，议定国文一科使用中华书局的教科书。鲁迅于本日启程回北京。

本月,《晦鸣录》周刊在广州创刊。该刊系中国无政府主义者主办的刊物,主编刘师复,仅出两期即为龙济光查封。1913年8月迁至澳门,并改名为《民声》继续出版,出至第5期迁上海秘密出版,托名东京发行。刘师复死后,由林君复、梁冰弦先后主持,1916年11月出至第29期曾停刊。1921年在广州复刊,主编梁冰弦、区声白,出至第34期再次停刊。本刊鼓吹无政府主义,曾站在无政府主义立场上,主张工人罢工。时有关于工人罢工事件的报道文章,如第23期载有刘师复写的《上海之罢工风潮》,第21期详细报道了1914年上海漆业工人的罢工运动。

八月

1日,《神州丛报》月刊在上海创刊。封面及书眉均题为《神州》,由神州丛报社编辑,神州编译社发行。主要作者有郑胥庵、冯梦祖、樊樊山、黄季刚、刘光汉等。设图绘、言论、漫画、文艺、稗乘、杂俎、报余等栏目,各栏下又分设几大目录,如文艺栏附设散文、骈文、诗选、词选。章太炎为本刊撰写了论文《驳建立孔教议》和诗作《过广陵》、《短歌》。仅见两期。

14日,章太炎因共和党之事由上海入京,本拟小住即行,不料一入都门,即遭袁世凯软禁。先后软禁于北京外城西南之龙泉寺、东城本司胡同及钱粮胡同等处,为时将近三年。直至1916年袁世凯死后始获自由。徐一士在《章炳麟被羁北京轶事》里称:"袁世凯以其持论侃侃,好为诋诃,固涤忌之,且闻其尝与谋二次革命,尤不慊于怀,对章之来,顿兴'天堂有路尔不走,地狱无门自来投'之感。"(1936年8月《逸经》第11期)1914年元旦,章决意赴津再南下,翌日冒死而行,然而被军警截留,于是有大闹总统府,大骂袁世凯之事。本年六月,为抗议袁世凯的无理软禁,在龙泉寺绝食七、八日。据《太炎先生自定年谱》记载:"……六月,余以资斧空匮,饬厨役断炊。不食七八日,神气转清,唯步起作虚眩耳。旧友广州黄节晦闻书致当事,道不平。当事惧余饿死,复令医工来省。得移东城钱粮胡同。政府月致银币五百圆,赁屋治食,悉自主之。以巡警充阍人。……余感事既多,复取《訄书》增删,更名《检论》。"鲁迅后来在《关于太炎先生二三事》一文中说:"考其生平,以大勋章作扇坠,临总统府之大门,大诟袁世凯的包藏祸心者,并世无第二人；……这才是先哲的精神，后生的楷范。"

15日，陈焕章、梁启超、夏曾佑等以孔教会名义，向参、众两院提出"请定孔教为国教"之请愿书，此后，浙江、山东、湖北、河南等省都督或民政长先后通电附和。但因遭国内舆论反对，未能得逞。

18日，因"二次革命"受挫，孙中山于八月初离沪秘密赴日，本日抵东京，继续筹划讨伐袁世凯。

同日，康有为的《〈日本杂事诗〉序》在《不忍杂志》第7册刊出。

25日，刘半农的短篇小说《假发》在《小说月报》第4卷第4号刊出，署"半侬"。这是一篇以他和刘天华的亲身经历作为素材的"小说"，叙述了他俩初到上海某新剧社任职时，和三教九流的社中人相处，感到很不习惯。一日，剧社托人从法国买来一具假发，重金五十元，竟不翼而飞。一时间，社里同人议论纷纷，有人甚至怀疑这次偷窃事件是平日不太合群的这兄弟二人所为。面对着七嘴八舌的明敲暗射，哥哥当即立断，跑茶馆、查剧团，顺藤摸瓜，穷追不舍，终于揪出了真正的窃贼方某，使案情真相大白。这篇小说，情节颇为生动，也是研究刘半农生平的佐证材料之一。

29日，周作人收到中华书局27日信，称因《童话略论》及《炭画》译稿"不甚合用"，故寄回。

本月，郑正秋创办的新剧团"新民剧社"成立，继起的有经营三的民鸣社、孙玉声的启民社、林梦鸣的移风社等。

九月

10日，鲁迅得周作人所寄旧小说译稿《炭画》《黄蔷薇》和《劲草》共三本，又《童话略论》一篇。据周作人回忆："癸丑九月三日寄往北京的旧译小说，共有三种，除《炭画》和《黄蔷薇》以外，还有一大本的《劲草》。"周作人将译稿三种和所撰《童话略论》寄到北京，是希望鲁迅帮助出版。后来，鲁迅助成了《炭画》一书的出版，并为《童话略论》找到了出路，刊载于《教育部编纂处月刊》第1卷第8册，此后又在《绍兴县教育会月刊》第2号转载。

20日，《自由杂志》月刊在上海创刊。十六开本，由申报馆发行。此为鸳鸯蝴蝶派刊物，前身乃是此刊主编童苍怀（字仲慕、别号爱楼，又署石窗山民）在1913年初秋组织的"自由谈话会"。刊物编排与一般文艺期刊不同，总目次仅排栏名，细目列各分栏之前，先后设立游戏文章、海外奇谈、千金一笑缘、心直口快、古今闻见录、小说丛编等栏目。首期刊有王钝根、陈蝶仙、童爱楼、丁悚的肖像。王钝根、窥愚庐主、曹家达分别撰序，童爱楼撰发刊词。至同年十月只出两期，后改组为《游戏杂志》。

27日，是日为阴历八月二十七日，孔子生日，孔教会在山东曲阜开第一次全国大会。袁世凯、黎元洪等派代表参加北京孔社召开的"孔子诞辰日纪念会"。黎元洪则在武昌举行祭孔。

28日，绍兴县教育会评议会开会决议改讲演会为出《绍兴县教育会月刊》，周作人任主编。

本月，国务院熊希龄刊出内阁名单，任梁启超为司法总长。

本月，南社社友宁调元为讨袁事在汉口被捕，囚禁三个月后被杀害。柳亚子作《闻宁太一噩耗，痛绝有作》七绝二首，事后还撰《三哀诗》。

宁调元（1883—1913），报人、革命家。字仙霞，又字太一。湖南醴陵人。曾在长沙照明德学堂毕业。1905年留学日本，在东京加入"同盟会"，不久愤而归国，参加创办中国公学。次年在长沙与禹之谟共同主持陈天华、姚宏业安葬仪式。旋赴上海，主编《洞庭波》杂志（后改名为《汉帜》），宣传革命，为清吏所疾视，逃避日本，掌管《民报》杂务。萍、醴、浏起义爆发后，回国策应，在岳阳被捕，囚禁于长沙狱中三年。其间曾以书信联系，参与筹建"南社"。1910年去北京主编《帝国日报》，影射朝政，无所忌讳。武昌起义后，奔走湘、鄂间，供职黎元洪、谭延闿戎幕。1912年初，在上海参加"民社"，创办《民声报》。旋因民社与"统一党"合并为"共和党"，与同盟会对抗，愤而退出，至广东任三佛铁路总办。1913年3月，宋教仁被暗杀，辞职到上海，电促谭延闿独立，并与熊越山到汉口秘密进行讨袁（世凯）活动，事泄被捕，在武昌遇害。宁调元诗有唐风，深受杜甫影响，其狱中之作，抒发了昂扬的斗志和乐观的心怀。著有《太一遗书》。

本月，徐枕亚的长篇小说《玉梨魂》单行本由上海民权出版部出版，吴双热为该书作序。周作人以为该书是鸳鸯蝴蝶派的起始："近时流行的《玉梨魂》虽文章很是肉麻，为鸳鸯蝴蝶派小说的祖师，所记的事，却可算是一个问题。"

徐枕亚（1889—1937），小说家、报人。名觉，字枕亚，以字行，别署徐徐、眉子、泣珠生、东海三郎等。江苏常熟人。早年就读于常熟虞南师范学校，与同邑吴双热为同学。在校期间已积诗八百余首，并写短篇小说和小品文。毕业后即在本地任教。与其胞兄徐天啸皆以才气横溢饮誉乡里，有"海虞二徐"之称。1912年初，与同学吴双热及胞兄徐天啸同赴上海，受《民权报》经理周浩之聘，同任该报编辑，与该报主编戴季陶及编辑何海鸣、李定夷等结识。徐枕亚撰哀情小说《玉梨魂》，刊于该报副刊，一鸣惊人。旋即以单行本行世，前后翻印三四十次，总计数十万册，为当时书籍印数之冠，远销至南洋各地，并被搬上银幕，成为鸳鸯蝴蝶派影响最大的代表作品。1913年，《民权报》因触犯袁世凯而被迫停刊，徐枕亚应聘任中华书局编辑，撰《高等学生尺牍》。1914年改任《小说丛报》主编，并兼任《黄花旬报》编辑。将《玉梨魂》改写为日记体，扩大篇幅，增加诗词，取名《雪鸿泪史》，在《小说丛报》上连载，受欢迎程度不亚于《玉梨魂》。后因《小说丛报》社发生意见分歧，于1918年脱离该社，与徐天啸创办清华书局，并创刊《小说季报》，又编《旭报》和《小说日报》。后因故关闭书局，回归故里，衣食无着，穷愁潦倒而卒，享年49岁。

徐枕亚工诗词，善书法与骈体文，以小说享誉文坛。其小说以哀感顽艳与骈四俪六之文体为其显著特点，对鸳鸯蝴蝶派的形成和发展产生过相当大的影响，被公认为该派代表作家。其著作除上述者外，尚有长篇小说十余部，如《余之妻》、《双鬟记》（初名《棒打鸳鸯录》）、《让婿记》、《秋之魂》、《兰闺恨》、《刻骨相思记》、《蝶花梦》、《燕雁离魂记》等。另有杂著《枕亚浪墨》四集、《无聊斋说荟》、《情海指南》、《花月尺牍》、《挽联指南》、《近代小说家小史》，以及《悼亡诗》一百首、《杂忆》诗三十首、《鼓盆遗恨集》等。此外还编有《无名女子诗》、《谐文大观》、《广谐铎》、《锦囊》等。

十月

1日，林纾的小说《剑腥录》由都门印书馆出版，署"冷红生"。在《序》中，林纾说："嗟夫！桃花插扇，云亭自写风怀；桂林陨霜，藏园兼贻史料。作者之意，其在斯乎？虽然阎浮世界，固有种民；而摩诘因缘，但归法喜。终以荼毗一炬，脱众生于三劫之论；从兹面壁十年，求样本作无缝之塔。"

13 日，刘半农在上海《时事新报·杂俎》上刊出百字小说《秋声》。该小说揭露了张勋部下镇压二次革命、荼毒地方的罪行，获得该栏悬赏第三十三次一等奖。

15 日，《绍兴县教育会刊》第 1 号出版，周作人刊出《遗传与教育》（署"周作人"）、《古迹调查（署名持光）、《书籍绍介（一）》（署"启明"），并刊出所译英国枢密院教育委员会长戈斯德著《民种改良之教育》（署"启明"）。周作人后来回忆说："我们办教育杂志，现在想起来也有许多好笑的事，文章是用古文，那是不必说了，起初几期还是每句用圈断句，等到后来索性不断句，理由是古文本不难懂，中国人的义务本应该能读懂古文的文章，所以没有圈点的必要。"

20 日，鲁迅校《嵇康集》毕，作《〈嵇康集〉跋》，署"周树人"，当时未刊出，后来收入 1938 年版《鲁迅全集》第九卷。鲁迅此次校录是以明吴宽丛书堂抄本为底本，用明黄省曾等五家刻本校勘，又取《〈三国志〉注》、《晋书》等多种古籍中的引文，考其异同。本文指出原抄本"颇多譌敚"，而黄刻本"帅意妄改"。

31 日，宪法起草委员会通过《天坛宪法草案》，其中第十九条规定"国民教育以孔子之道为修身大本"。

本月，新剧团体"启民社"成立，由孙玉声主持。南社在上海愚园举行第九次雅集。

本月，苏曼殊由杭州返上海，在《生活日报》《华侨杂志》上刊出《燕子龛随笔》，并撰《燕影剧谈》。

本月，鲁迅的《〈社会教育与趣味〉译后记》在《教育部编纂处月刊》第 1 卷第 9 册刊出，至次月第 1 卷第 10 册刊完，未署名。后来收入《鲁迅译文集》第十卷《译丛补》。本文指出"我国美育之论""未得其真"，这篇论文，可供"参鉴"。

本月，李大钊翻译出版《〈支那分割之命运〉驳议》一书。李大钊到达天津后，看到日本帝国主义出版的《支那分割之命运》一书，狂热鼓吹瓜分中国之说，李大钊与北洋法政学会同人"怵于亡国之痛"立即将它翻译出来，并附"驳议"数万言，"以为国人当头之棒，警梦之钟，知耻知惧，竞奋图存"。该书出版后，"风靡一时，远及外国"。

十一月

15日,林纾的短篇小说集《践卓翁小说》第一辑由北京都门印书局出版,署"践卓翁"。该书序文作于是年十月。在该文中,林纾说:"翁年六十以外,万事皆视若传舍。幸自少至老,不曾为官,自谓无益于民国,而亦未尝于有害。屏居穷巷,日以卖文为生。然不喜论政,故着意为小说。"林纾还谈及他对小说的理解:"计小说一道,自唐迨宋,百家辈出,而翁特重唐之段柯古。柯古为文昌子,文笔奇古,乃过其父,浅学者几不能句读其书,斯诚小说之翘楚矣。宋人如江邻几,为欧公所赏识者,其书乃似古而非古,胶沓绵覆,不审何以有名于时。"他还谈到对小说的纪实性理解:"盖小说一道,虽别于史传,然间有纪实之作,转可备史家之采撷。如段氏之《玉格》《天咫》,唐书多有取者。余伏匿穷巷,即有闻见,或且出诸传讹,然皆笔而藏之。能否中于史官,则不敢知。然畅所欲言,亦足为敝帚之飨。"

同日,《绍兴县教育会月刊》第2号出版,周作人在上面刊出《童话略论》(署"周作人")、《风俗调查二》(署"持光"),并刊出所译《日本黑田朋信的《游戏与教育》(署"启明")。

23日,康有为被拥举为孔教会会长。

26日,袁世凯再次下尊孔令,并接见"衍圣公"孔令贻,授予一等嘉禾章。

本月,《滑稽杂志》月刊在苏州创刊。十六开本,由江家桢(字荫香,署梦花馆主)及当时任《苏州日报》编辑主任吴度(字生花)纠集同好江亚兰、尤半狂、屈松声、陈孤雁等人在组织苏州滑稽杂志社的同时,出版了此刊。该刊目的在于"上讽国家,下通社会,守和平之宗旨,启黎庶之庸愚。载笑载言,可使消融党见;亦风亦雅,尤能体贴人情"。栏目有论说、文萃、诗词、小说、新剧、笔记、五洲趣闻、滑稽杂著等。仅出三期。

本月,《游戏杂志》月刊在上海创刊。十六开本,由中华书局发行,王钝根、天虚我生(陈蝶仙)主编。每期约二百余页。封面配以水彩仕女画,大都是丁悚手绘。各栏加衬页,栏名均由当时名人题签。首冠铜版图照,分别刊登了杂志编辑部同人、主撰人瘦鹃、常觉、剑秋、天虚我生、梦犊生、爱楼、瘦蝶、小蝶及社主人复初合影或小照,兼刊新剧家化妆照、名胜风景、书画美术。内容分滑稽文、诗词曲、译林、谈丛、剧谈、魔术讲义、戏学讲义、说部、传奇、乐府。较长的作品,有《绿绮琴》、《绿宙怨记》传奇,《聂慧娘》弹词,《没字碑》、《五千磅》、《双报父仇》、《不了缘》、《芙蓉影》、《琼花劫》、《新官场现形记》等小说,短篇如《髯骑士》、《情欤孽欤》、《双花冢》、《一小时之夫妇》等。笔记有许瘦蝶的《我梦园十二金钗传》、汪率公的《试砚斋随笔》、卢天白的《十年游记》等。1915年5月停刊,共出十九期。

本月在上海创刊的杂志还有《歌场新月》、《华侨杂志》等,皆为月刊;另有在成都创刊的《蜀风报》半月刊,此系共和党四川支部机关刊物,曾刊载过梁启超、康有为、汤化龙、章太炎等人的文章。

十二月

15日,《绍兴县教育会月刊》第3号出版,周作人在上面刊出《书籍介绍(二)》(署"作人")、《论保存古迹》(署"启明")、《儿童研究导言》(署"持光")。在《儿童研究导言》中,周作人将儿童研究视为"教育之根本学业",并将儿童分为"婴儿期"、"幼儿期"、"少年期"、"青年期"。周作人认为,一般所谓儿童研究,侧重于对前三个时期的研究,并指出:"儿童研究故与人类学相关,歌谣游戏之研究,亦莫不有藉于此,以进化论见地论儿童之发达,推究所极,自以是为之源宿矣。"

20日,《墨海》在上海创刊。墨海社编辑兼发行,该社设于上海圣约翰大学内。其宗旨为"商量旧学,交易新知",社员"以学界中人为限"。仅见一期。

25日,《雅言》半月刊在上海创刊。由章太炎弟子康宝忠主编,上海古文社发行。分设论说、纪事、文艺、杂录四栏。此刊倾向,与《不忍杂志》针锋相对,创刊号就刊出章太炎的《驳建立孔教议》。这是针对孔教会所作的反击文章。康有为连续刊出《孔教会序》、《以孔子为国教配享天坛议》等文,鼓吹孔教的主张,声势极盛。章太炎此文特从国情、从学理各方面作正面驳斥。此后章太炎诗文常载于此刊。主要撰稿人有刘师培、剑心、张靖、黄侃等。约1915年2月停刊,共出十二期。

本月,章太炎在北京开始正式讲学。12月15日《家书》中说:"吾今且以讲学自娱,每晚必开会两点。"讲学地点就在化石桥共和党本部。"讲室设于党部会议厅之大楼,报名者沓至。袁氏私人受命来监察者,亦厕讲筵。讲授科目为经学、史学、玄学、子学,每科编讲义。党中此类书籍无多,先生亦不令向外间购借,便便腹笥，取之有余。讲授时源源本本，如数家珍，贯串经史，融和新旧，阐明义理，剖析精要，多独到创见之处。讲学时绝无政治上感情，不惟专诚，学子听之忘倦，即袁氏之私人，无不心服，忘其来意矣。"

本月，周作人在《丞社丛刊》第 1 期刊出《丹麦诗人安兑尔然传》（署"周作人"）。文中略述了丹麦童话家安徒生的生平及创作情况，称赞其所著童话能"以小儿之目观察万物，而以诗人之笔写之，故美妙自然，可称神品。"《丞社》在浙江绍兴创刊，系文学同人社团丞社社刊。丞社成立于 1913 年秋，前身乃是浙江第五中学校屠钦樾（少益）、陈涌洛、王殿元等人发起组织的"同志研究社"，其后社员扩至萧山、嵊县、余姚、诸暨、新昌、上虞等县，人员从最初四十多人增加到几百人，也是辛亥革命后，继"越社"之后浙江地区较有影响的文艺社团之一。由此社发行的《丞社》年刊，实为不定期刊，三十二开本，署"丞社编辑"，实际编务由杜尔梅、陈涌洛等人负责。第 2 期起杂志改名为《丞社丛刊》。1917 年 3 月 18 日，丞社循常例在绍兴教育会号开社员大会，会后出版了第 4 期，后因形势变化，长达 5 年之久的丞社解体，此刊亦终止。

本年

本年，王钟麒去世，享年 34 岁。

本年夏，黄人（1866—1913）以狂疾卒，享年 48 岁。黄人博学多能，行为奇特，素以奇士著称。吴梅称赞他"凡经史、诗文、方技、音律、遁甲之术，辄能晓其大概，故其为文，不屑屑于绳尺而光焰万丈"。张鸿称其词："其奥如子，其怨如骚，其空寂如禅，其幽眇如鬼，其冶荡如素女。"金鹤冲曰："其诗专主才力，奇伟恣肆，自比于舒王人，又自号诗虎，识者以为不诬。"秦琪称其："近体高华秀拔，神骨天成。古体跌荡纵横，雄奇瑰丽，骨苍而韵逸，气勃而趣博。"著有《摩西词》、《石陶梨烟室诗存》、《中国文学史》等。

本年，章太炎的《文始》手稿石印本发行；丘逢甲的《岭云海日楼诗钞》十二卷由粤东编译公司刊印；柳亚子的《春航集》由广益书局印行。王灿所译《中国五千年文学史》二卷由开智书局铅印。

本年，在戏剧演出方面，梅兰芳同王凤卿第一次赴上海演出京剧《彩楼配》、《玉堂春》《武家坡》等;汪笑侬再赴上海参加《宦海潮》演出,还编演了《党人碑》《哭祖庙》《博浪锥》《受禅台》等时事新戏;欧阳予倩编话剧《鸳鸯剑》成,与扬尘因、张冥飞编演京剧《黛玉奔葬花》成,1915年演出于春柳剧场。

1914年

一月

1日,《中华小说界》月刊在上海创刊。沈瓶庵编辑,中华书局刊行。创刊号刊出沈瓶庵撰《中华小说界发刊词》。内容分短篇、长篇、新剧、文苑、笔记、名著、美术史等栏目。除文学作品外,还有中外风俗杂谈、谈历史人物等,有一定的史料价值。共出三卷,前二卷各出六期,1916年6月停刊,共出三十期。

15日,《正谊杂志》月刊在上海创刊。正谊杂志社发行,发行人李宣,编辑谷钟秀。设图画、论说、艺文、译述、杂纂、轶闻等栏目。其中小说均为译作,诗词作品主要作者有汪精卫、苏曼殊、郑孝胥、林学衡等。仅见九期。

20日,周作人在《绍兴县教育会月刊》第4号上刊出《儿歌之研究》(署"周作人")、《征求绍兴儿歌童话启》(署"周作人")。《征求绍兴儿歌童话启》一文提到:"作人今欲采集儿歌童话,录为一编,以存越国风土之特色,为民俗研究儿童教育之资材。即大人读之,如闻天籁,起怀旧之思,儿时钓游,故地风雨,异时朋侪之嬉戏,母子之话言,犹景象宛在,颜色可亲,亦一乐也。"并列八则条例。从此,周作人开始了在绍兴收集儿歌的活动。

25日,胡适在日记中记下他这样的一种看法,认为"今日吾国之急需,不在新奇之学说,高深之哲理,而在所以求学论事观物经国之术"。其术有三:"一曰归纳的理论,二曰历史的眼光,三曰进化的观念。"同一天又记他最关心的学问:一、泰西之考据学,二、致用哲学,三、天赋人权说之沿革。

本月,袁世凯正式宣布解散国会,并指使其御用机构"政治会议"通过祭天、祀孔两大决议。

本月,《笑报》在浙江绍兴创刊。日出横四开四版一张,系辛亥革命后绍兴地区出现的第一张文艺报纸,其风格类似《笑林报》。创办人与编者不详,似与一杜姓之人有关。创刊前,即 1913 年 11 月 19 日曾在《越铎日报》刊出《笑报出现之预告》,曰:"本报以提倡风雅,纠正风俗,开通风气,纪录风闻为宗旨",又称"本报内容无美不备,材料无奇不有,纸张特别美丽,印刷格外精神"等。停刊时间未详,但据实物,知其 1916 年 8 月中旬仍在发行。

二月

1 日,鲁迅将所收集儿歌六首及注文抄寄周作人。当时周作人在绍兴从事收集、研究儿歌和童话的工作,鲁迅特别支持。这六首儿歌所属地域,有北京、河北高阳、江西南昌、安徽。其中安徽儿歌全文是:"车水,车水。车到杨家嘴。杨奶奶,好白腿。你走你的路,我车我的水,你管我白腿不白腿!"这首歌谣,据旧说是"下等社会小二唱之",但其内容和思想感情都不符合儿童特点,所以鲁迅尖锐指出"不似儿歌"。

5 日,鲁迅为许寿裳的儿子许世瑛"开蒙"。许寿裳在《亡友鲁迅印象记》里说:"吾越乡风,儿子上学,必定替他选一位品学兼优的做开蒙先生,给他认方块字,把笔写字,并在教本面上替他写姓名,希望他能够得到这位老师的品学的熏陶和传授。一九一四年,我的儿子世瑛年五岁,我便替他买了《文字蒙求》,敦请鲁迅作开蒙先生。鲁迅只给他认识两个方块字:一个是'天'字,一个是'人'字,和在书面上写了'许世瑛'三个字。我们想一想,这个天人两个字的含义实在广大的很,举凡一切现象(自然和人文),一切道德(天道和人道)都包括无疑了。"

7 日,《清华周刊》在北京创刊。清华学校编辑及发行。内容有言论、译丛、文苑、杂纂、校闻等。连续出至第 349 期后,于 1935 年改称第 24 卷。再续出至 1937 年 5 月第 46 卷第 6 期停刊。同年改出《清华月刊》,卷期重起,仅出二期即停。1947 年周刊复刊,卷期再重起,停刊时间未详。

20 日,周作人在《绍兴县教育会月刊》第 5 号上刊出《小说与社会》(署"启明")、《玩具研究(一)》(署"持光"),刊出所译日本作家新井道太郎论文《小儿争斗之研究》（署"启明"）及所译日本长滨宗佑著《小儿育养之心得》（译名为《玩具研究（二）》，未署名）。《小说与社会》略述西方小说与中国小说之源流，指出："西方小说已多历变革，进于醇文。而中国则犹在元始时代，仍犹市井平话，以凡众知识为标准，故其书多芜秽。"对于用文学陶熔性情之事，"通俗小说缺陷至多，未能尽其能事"，故今后"当别辟道路，以雅正为归，易俗语而为文言，勿复执著社会，使艺术之境萧然独立，斯则其文虽离社会，而其有益于人间甚多"。

24日，王国维撰写《〈流沙坠简〉序》。因对巴黎法兰西学院沙畹教授所寄来的《汉晋木简文字考释》一书初校本不满意，王国维与罗振玉二人从该书991片木简中，选取588片，编撰为《流沙坠简》三卷，考释三卷，第一卷为小学术数方技书，共80片，由罗振玉署名，第二卷为屯戍丛残，由王国维署名，第三卷为简牍遗文，亦由罗振玉署名。

25日，《章太炎文录》、《章太炎诗存》在《雅言》第5期刊出。

本月，梁启超辞去司法总长职，写《呈请改良司法文》一文。

本月，李涵秋的长篇小说《广陵潮》开始在上海的《大共和日报》、《神州日报》上连载，八十回，原名《过渡镜》。《广陵潮》以中法战争到"五四"运动的扬州为背景，以秀才云麟与表妹淑仪、妻子柳氏、情人红珠的爱情婚姻纠葛为中心线索，编织了一幅清末民初三十余年的历史画卷。大至戊戌变法、辛亥革命、洪宪帝制、张勋复辟、"五四"运动等重大的历史事件。小至民风民俗、儿女私情、家庭琐事，可谓包罗万象、巨细无遗，是一幅清末民初社会大变迁的历史长卷。作者的意图在于描绘一幅清末民初数十年历史的长卷，因而起初给小说命名为《过渡镜》，并且在小说中强调它的"镜子"作用。《广陵潮》在连载时并不顺利，但成书后受到热烈欢迎。

本月，吴双热的长篇小说《孽冤镜》单行本由上海民权出版部出版。全书共二十四章，徐枕亚为之作序。在《自序》中，吴双热表达了对现代自由婚姻的肯定，他说："嗟乎！《孽冤镜》胡为乎作哉？予无他，欲普救普天下之多情儿女耳；欲为普天下之多情儿女，向其父母之前乞怜请命耳；欲鼓吹真确的自由结婚，从而淘汰情世界种种之痛苦，消释男女间种种之罪恶耳。"

三月

20日,周作人在《绍兴县教育会月刊》第6号上刊出《儿童问题之初解》(署"持光")。文中批评了封建时代"视父子之伦,不为互系,而为统属","对儿童亦仅禽育而兽爱之"。因而,倡导在中国应开展"儿童之学",以"振革"旧的观念。

29日,南社在上海愚园举行第十次雅集。会中通过柳亚子复社条件,修改南社章程。会后柳亚子重行加入,复为社友。

本月,《留美学生季报》在上海创刊。季刊,系中国留美学生会会刊,中华书局发行,前身为《留美学生年报》。历任总编朱起蛰、任鸿隽、胡适、张宏祥等。分设立言、论著、译述、诗词、文苑、小说、传记、丛谈、笔记等栏目。胡适在此刊1917年3月第4卷第1期的《文学改良刍议》,与《新青年》上刊出的同文,文字稍有不同。胡适在本刊共撰写诗词四十多首。该刊1928年停刊。

本月,静庵编辑的《章太炎文钞》由上海中华图书馆石印出版。这部《文钞》的编辑出版,虽然基本属于书商摄利的性质,但内容上都是学术文,以《訄书》为主,辅以部分传记、书信、哲学论文等。其中部分文章,未收入《章氏丛书》,如《解辫发》、《谢本师》、《诸子学略说》、《再复吴敬恒书》等。《文钞》编排颇具匠心,似乎是按问题的大小及性质来排列,首先是论国家、论社会、宗教、哲学诸文;然后论历史和文化,然后论语言文字等学术问题,然后列传记、书信及其他文章,全部五卷,隐然有内在联系。

本月,新剧同志会成立"春柳剧场",所演剧目有《不如归》、《猛回头》、《家庭恩怨记》、《社会钟》、《热泪》等。周恩来与同学常策欧、张瑞峰等共同发起成立"敬业乐群会",并积极投入新剧运动。

四月

18日,鲁迅买佛书一批,计有:《选佛谱》一部,《三教平心论》、《法句经》、《释迦如来应化事迹》、《阅藏知津》各一部。次日,又购《华严经合论》三十册,《决疑论》二册,《维摩诘所说经注》二册,《宝藏论》一册。许寿裳说:"民三以后,鲁迅开始看佛经,用功很猛,别人赶不上。……他对于佛经只当做人类思想发展的史料看,借以研究其人生观罢了。别人读佛经，容易趋于消极，而他独不然，始终是积极的。他的信仰是在科学，不是在宗教。"许广平说：鲁迅从1914年4月起"就以大部分时间去看佛学"，"不但自己看，还与住在绍兴的周作人互相交流地寄书看来"。"惟其对古代文化能批判地接受，所以他就能沉浸于中而超拔于外。"

20日，周作人在《绍兴县教育会月刊》第7号上刊出《童话释义》（署"启明"），并刊出所译日本作家新井道太郎的《小儿争斗之研究（续）》（署"启明"）。

25日，《民权素》月刊在上海创刊。由刘铁冷、蒋箸超主编，民权出版社发行。至1916年4月15日结束，共出十七集。《民权素》以反袁坚决、言论激烈而闻名于世。该刊内容分名著、艺林、游记、诗话、说海、谈丛、瀛闻、剧趣、碎玉等栏。作品多文言体，多创作。撰稿人除原《民权报》的编辑外，尚有康有为、唐才常、章太炎、钱基博、苏曼殊、周瘦鹃等。该刊重点栏目为"说海"，多刊登鸳鸯蝴蝶派作品。曾因连载徐枕亚的《玉梨魂》而风靡一时，被认为是鸳鸯蝴蝶派的发祥地，成为鸳鸯蝴蝶派早期主要刊物之一。在该刊刊出的长篇小说还有权予的《铁血鸳鸯记》，倏然的《双鸾冢》，碧痕的《桃花泪》，杨南村的《红冰碧血录》，蒋箸超的《白骨散》、《满腹干戈》，芙岑的《茉莉花》，吴双热的《女儿红》、《花开花落》、《冬烘先生》，秋心的《梅仙外传》，徐枕亚的《屈贞女》，悟痴的《刺马记》，天醉的《莽和尚之姊》，周瘦鹃翻译的《万里飞鸿记》等。滑稽短篇小说《家天下》和《敬瘟神》，则是讽刺袁世凯及其政权的，嬉笑怒骂，入木三分。"诗话"栏中，苏曼殊的《燕子龛诗话》，陈匪石的《旧时月色斋词谭》，曾连载若干集。"艺林"栏中，有康有为、章太炎、严几道、樊山、梦秋、君木、晦闻等诗词。"谈丛"栏中，有南村的《呵冻小记》，《寻花日记》，肝岩的《琴心剑气楼忆墨》等。"碎玉"栏中，有惨佛的《醉余随笔》，逸梅的《慧心集》，天醉的《玩世语》，箸超的《敝庐谈屑》、《过瘾》，藜青的《心》，志渭的《敢问》等。

本月，上海六大文明新戏剧团新民社（主持人郑正秋）、名鸣社（主持人张石川等）、开明社、文明社、春柳社（陆镜若负责）组成新剧公会，联合公演，获得了很高的盈利。由于和政治紧密联系的早期话剧在辛亥革命失败后陷入低谷，故此次话剧的繁荣被称之为"甲寅中兴"。以上海为中心，以"职业化"与"商业化"为主要特色的职业剧团在一年之内即成立了数十个。此次"中兴"是以演出家庭戏为主的。1913年，郑正秋编写了《恶家庭》，叙述一个封建家庭中后母虐待前子的故事。此剧演出之后,大受欢迎。于是接连编演了一系列的家庭戏,如《童养媳》、《尖嘴姑》等。《申报》广告概括了这种戏的特点:"借剧场为教育场,借艺员为教务员,将家庭中种种恶现状,形容得淋漓尽致。""家庭戏"与传统戏剧的故事套路往往不谋而合,如"落难公子中状元,私订终身后花园"这样的故事经常上演。

本月,《亚东小说新刊》旬刊在上海创刊。三十二开本,由上海印刷公司印刷,自办发行,社址设泥城桥北兴里177号。编辑韩天啸曾著有《苦海花传奇》、《昙花梦弹词》等书。共见两期,第2期也署四月出版。停刊时间未详。

五月

1日,《新剧杂志》月刊在上海创刊。经营三、杜俊初创办,夏秋风编辑。设序言、言论、传记、纪事、小说、脚本等栏目。属文学及文艺理论类刊物,亦反映了当时上海戏剧界的情况。

2日,周作人收到鲁迅自北京寄来的文明书局出版的《炭画》十册。此系周作人所译波兰显克微支的中篇小说,印行一千册,封面设计为钱稻孙。但这本书在鲁迅看来"校印纸墨俱不佳"。

10日,章士钊在黄兴的支持下,于日本东京与谷钟秀等创办《甲寅杂志》月刊,在上海发行,第5号迁至上海出版。署甲寅杂志社发行,发行人渐生,创办人及主编章士钊,助编陈独秀、杨永泰、易培基等。因这年是农历甲寅年,故以"甲寅"作为刊物的名称。又因寅年十二支属虎,所以在封面上绘有一虎,时人称之为"老虎报",称章士钊为"政坛文虎"。该报从舆论上为再起革命做准备,"旨在讨袁"。在创刊号的《本志宣言》中说"本志以条陈时弊,朴实说理为宗旨"。该刊为政论性月刊,1915年10月出至第10期遭禁停刊。设评论之评论、通信、文录、诗录、时评、小说等栏。章士钊用笔名"秋桐"和"无卯"刊出了17篇文章。陈独秀、吴虞、章太炎、文廷式、易培基、康有为、王国维、王闿运、刘申叔、杨昌济、高一涵、梁漱溟、胡适等人都曾在此刊出诗作或文章。1925年改为周刊,在北京发行。

同日,《民国》月刊在日本东京创刊。民国社发行,胡汉民(署名去非),居正(署名东辟)任总编辑。分社说、译述、文艺、中外大事记、杂著等栏目。文艺栏刊出了一百多篇作品，主要撰述人有苏曼殊、孤愤子、翔天、采珊等。约于同年十二月停刊，共见六期。

同日，苏曼殊的小说《天涯红泪记》在《民国》月刊第 1 年第 1 号刊出，署"三郎"。所刊为作品第一章全部及第二章部分，未完，亦不见续出。

20 日，周作人在《绍兴县教育会月刊》第 8 号上刊出所译英国作家加伐威尔的《外缘之影响》，所译日本作家新井道太郎的《小儿争斗之研究》（续完）二篇论文，均署"启明"。

24 日，南社在上海愚园举行临时雅集，欢迎柳亚子复社。

本月，袁世凯废除《临时约法》，公布《中华民国约法》，改国务院为政事堂，总理为国务卿，直隶于总统；又恢复政治讨论会及参政院。

本月，《小说丛报》月刊在上海创刊。创刊时由国华书局发行，第 2 期起改由小说丛报社自行发行。1919 年 5 月停刊，共出四十四期。该刊系由刘铁冷等原《民权报》编辑人员合资创办的，是当时鸳鸯蝴蝶派影响较大的刊物之一。经理兼编译员署名水心，主要撰稿人有徐枕亚、李定夷（兼诗词）、吴双热、刘铁冷（兼笔记、杂谈）、沈东纳、倪灏森、徐啸天等；补白则由警众、逸梅、慕韩等执笔。内容有图画、长篇小说、短篇小说、文苑、译丛、谐林、笔记、传奇、弹词、新剧、余兴等。其中，小说占主要部分，小说分言情小说、社会小说、历史小说、侠义小说、滑稽小说、侦探小说等。该刊刊出的作品，以言情小说即描写才子佳人的哀情小说为主。主要有定夷的《潘郎怨》，双热的《燕语》、《断肠花》，杨南村的《翡翠芙蓉》，箸超的《琵琶泪》，鸳雏的《桃李姻缘》、《玉楼珠网》，独鹤的《小说迷》，绮缘的《冷红日记》，逸如的《剩水残山录》，枕亚的《刻骨相思记》、《棒打鸳鸯录》、《雪鸿泪史》等。

本月，《消闲钟》月刊在上海创刊。小三十二开本，主编李定夷，初由消闲钟社总发行，后改由国华书局发行。以消遣为宗旨，除小说、笔记外，也刊载一些反映风土人情的诗钟、谐联、竹枝词及新旧剧评等。1915 年 3 月停刊，共出十二期。

六月

1 日，《黄花旬报》在上海创刊。由黄花旬报社发行，徐天啸、吴双热、徐枕亚编辑。

刊社附设于小说丛报社中。《黄花旬刊》与南社有某种联系。据徐天啸的《发刊词》说，其取名"黄花"，既寓纪念黄花岗烈士之义，也含有黄花"秉奇气、傲霜雪"之义，"黄花之特质，亦本报之精神"。内容分为社论、记载、说海、艺林、庄谐录五类，所刊多为忧国愤世之作。小说有《黄花》、《爱之魔》等，诗词有关于纪念黄花岗起义、鄂军起义的。作者有李定夷、病哑、孤剑等。停刊时间未详。

同日，《国学丛刊》在北京创刊。清华国学研究会刊行，系清华大学学生会组织的中文刊物。创刊号"经篇"中有《经学源流变迁考》，"史篇"中有《历代远东与西方之关系》，"文篇"中有《辛亥革命以来之文学观》。此外还有传奇、乐府、诗、词等内容，反映了一定的学术水平。停刊时间未详。

6日，《礼拜六》周刊在上海创刊。每逢星期六出版，由中国图书馆发行，王钝根、孙剑秋主编，周瘦鹃任编辑。至1916年4月29日停刊，共出一百期。1921年3月复刊，又出了一百期。此为鸳鸯蝴蝶派又一重要刊物。第1期载王钝根撰《礼拜六出版赘言》，说："买笑耗金钱，觅醉碍卫生，顾曲苦喧嚣，不若读小说之省俭而安乐也。且买笑、觅醉、顾曲，其为乐转瞬即逝，不能继续以至明日也。读小说则以小银元一枚，换得新奇小说数十篇，游倦归斋，挑灯展卷，或与良友抵掌评论，或伴爱妻并肩互读，意兴稍阑，则以其余留于明日读之。晴曦照窗，花香入坐，一编在手，万虑都忘，劳瘁一周，安闲此日，不亦快哉。""故人有不爱买笑，不爱觅醉，不爱顾曲，而未有不爱读小说者。况小说之轻便有趣如《礼拜六》者乎？《礼拜六》名作如林，皆承诸小说家之惠。诸小说家夙负盛名于社会，《礼拜六》之风行，可操券也。"

10日，李大钊在《甲寅杂志》第1卷第3号上刊出《风俗》一文，署"李守常"。李大钊所谈的"风俗"，实指国家和民族的世风国风问题。文章指出：世风、国风坏了，比亡国还可怕。他说："哀莫大于心死，痛莫深于亡群。""心死"、"亡群"就是国家和民族的世风、国风败坏。那样就会"人欲横于洪流，衣冠沦于禽兽……仁义充塞，人将相食"。

张次溪在为《李大钊先生传》所作序中写道："从邮件中突接论文一首，余读之，惊其温文醇懿，神似欧公，察其自署，则赫然李守常也……言覆之，请其来见。翌日，守常果至，于是在小石川町一斗室之中，吾二人交谊以士相见之礼意而开始……"谈话中章偶然问道："守常者为君呼？字呼？"答曰："字耳。""然则文稿中君何不署名？"李大钊郑重回答："投之于《甲寅》，吾何敢与先生同名？"说罢二人放怀大笑，自此之后，李大钊的著名论文《大哀篇》、《国情》、《厌世心与自觉心》等便署名李大钊在《甲寅杂志》上刊出。以文会友，二人相识。李大钊虽才华纵横，学识渊博，章士钊却常说他："才不如识，识不如德"，以表示对他高贵品格的赞扬。

17日，胡适参加康奈尔大学（Cornell University）毕业式，之后继续念哲学研究院。此后，在本年九月，胡适进入哥伦比亚大学哲学系学习，师从当时的系主任杜威。

20日，《夏星杂志》月刊在上海创刊。夏星杂志社编辑及发行。该刊作者有同盟会会员，有南社会员，也有倪嗣冲等反动人物，虽然有的文章对袁氏新约法等持批判态度，但他们的矛头没有指向袁世凯，对袁持维护态度。停刊时间未详。

同日，周作人在《绍兴县教育会月刊》上刊出论文《家庭教育一论》（署"启明"）、《童话释义》（署"启明"）。《家庭教育一论》论述了家庭教育的重要性，并指出家庭教育"有二事当先治理者：一曰儿童研究，二曰妇人问题是也"。

25日，吴梅的《顾曲麈谈》在《小说月报》第5卷第3号开始连载，至第6卷第10号（1915年11月25日）完。第一次署"长洲吴梅"，其他皆署"吴梅"。

本月，王国维代罗振玉作《〈国学丛刊〉序》，叙述了历代学术演变的情况，表现了前所未有的学术观点，对学术类别及涵义，也作了界说。

七月

1日，刘半农在《中华小说界》第1卷第7期上，刊出根据丹麦安徒生《皇帝之新衣》改写的"滑稽小说"《洋迷小影》，署"半侬"。作品前作者自述："是篇为丹麦物语大家安德生氏（1805—1875）原著。名曰《皇帝之新衣》。陈义甚高，措词诙诡。日人节取其意，制为喜剧，名曰《新衣》。大致谓某伯爵崇拜欧人，致贻裸体之笑柄。今兼取安氏原文及日人剧本之义，复参以我国习俗，为洋迷痛下针砭，但求不失其真，非敢以推陈出新自诩也。"

5日，《五铜元》周刊在上海创刊。小三十二开本，创办人吴双热，五铜元周刊社编辑及发行，社址设在上海美租界七浦路627号。

7日，陈独秀为苏曼殊带来的章士钊著《双枰记》作序，后在1914年11月

10 日出版的《甲寅杂志》第 1 卷第 4 号刊出。

18 日,叶圣陶的文言短篇小说《穷愁》在《礼拜六》第七期刊出,标"社会小说",署"叶匋"。

20 日,《学生杂志》月刊在上海创刊。学生杂志社编辑,商务印书馆发行。中间曾停刊 2 次,先后在香港、重庆出版。1947 年 8 月停刊,共出二十四卷。1918 年底分设图画、论说、学艺、修养、文苑、小说、杂纂等栏目。论说与文苑栏以刊出学生诗词与议论散文习作为主。

同日,王国维的《人间词话稿》在《夏星杂志》第 2 期刊出,樊志厚的《〈人间词话稿〉序》也在同期刊出。

29 日,鲁迅寄金陵刻经处银五十元,拟刻《百喻经》。据《鲁迅日记》载,本年 10 月 7 日,又"寄南京刻经处印《百喻经》费十元",至 1915 年 1 月 11 日,"《百喻经》刻印成"并"寄来卅册"。金陵刻经处由杨仁山(1837—1911,名文会,号仁山,安徽石埭人)创办,刻校佛经精确,在亚洲各佛教国有影响。鲁迅的母亲信佛教,为庆祝母亲六十生辰,托该处刻此书百本,以资纪念。鲁迅在《〈痴花鬘〉题记》中说:"佛藏中经,以譬喻为名者,亦可五六种,惟《百喻经》最有条贯。"

同日,《戏剧新闻》在北京创刊。日出四开四版一张,戏剧新闻社出版,创办人尊匏、警民。编辑主任陈优优,曾任北京《民宪日报》社剧评员,所写文章在剧界甚有影响。今仅见创刊号一份,停刊时间未详。

本月,孙中山在东京筹组"中华革命党",谋划第三次革命,决志"非去袁不可"。孙中山强调"此次重组革命党,首以服从命令为唯一要件,凡入党各员,必自问甘愿服从文一人,毫无疑虑而后可"。黄兴因不同意党员服从党魁一人和中华革命党入党的形式,没有加入中华革命党。但他又不愿意损坏孙中山的威信,离日赴美,宣传反袁。

本月,陈独秀在日本入"雅典娜法语学校"学习法语。开始结识帮助章士钊编辑《甲寅杂志》的高一涵,以文会友认识李大钊、易白沙。

易白沙(1886—1921),学者。名坤,字越邨,又称月村。湖南长沙人。自幼聪颖,十六岁就主持安徽永绥师范学校,后又主持怀宁县立中学堂,任旅皖湖南中学校长。辛亥革命时,助韩衍组织"青年军",韩任总军监,易与王肖山分任两个分监;初设三个队,韩、易、王分任队长。二次革命失败后,亡命日本,

1914年5月到《甲寅》杂志社工作，与陈独秀关系密切。翌年，与陈独秀一起回国，曾助陈创办《青年》杂志。1917年到湖南省立第一师范任教，后去天津南开大学、上海复旦大学执教。1919年返湖南，独居祖先墓庐和岳麓山僻室两年。期间编写《帝王春秋》一书，列举几千年君主专制的丑陋恶习，孙中山称之为"从历史事实，唤起知识阶级诛锄独夫民贼，可谓严于斧钺矣"，并为该书题签推介。曾谋划刺杀北洋军阀头目不成，又对时局感到绝望，遂于1921年端午节渡船赴明代名儒陈献章故乡新会县陈村，蹈海自杀，享年36岁。

本月，《娱闲录》半月刊在成都创刊。此系《四川公报》的增刊，昌福公司印刷并发行，主笔编辑与主撰者为《娱闲录》记者爱智（吴虞）、瓠斋、蘅斋、墨公、吟痴、度公、丘民等二十二人。首期载有《束阁生来简》代发刊词，该文宣称："所谓'娱'者，其必有主不娱者；所谓'闲'者，而其心乃天下之至不闲者矣。"在娱闲中常存忧国忧民之心。该刊设有杂说、益智集、异闻录、笔记、小说、谐薮、名优、名妓、杂俎、文苑、剧本等栏目。作品多能揭露社会黑暗、抨击政治腐败、反映群众疾苦。第一卷出了二十四期，第二卷出了三期，约于次年九月停刊。

本月，李定夷的长篇言情小说《霣玉怨》出版单行本，最初在《民权素》上刊出，全书三十回。《霣玉怨》叙述的爱情故事肯定了当时青年男女的恋爱自由，却又承认婚姻问题上父母的权威，宣传"改良礼教"的思想。小说主人公刘绮斋虽深爱史霞卿，对此至死不渝，但他最大的痛苦是托人向史家求亲被拒。在他眼中，男女间心心相应、自由恋爱是应该的，否则双方就无夫妻情感可言，但夫妻之名得不到父母承认，总是情真而名不正，家庭的"名分"对他们来说仍然十分重要。李定夷的哀情小说构思曲折，文笔细腻，故事不落俗套，人物情感描写层层推进，脉络清晰。有人称赞他："以穷工绝巧之笔，描摹理想精微之事；以平淡无奇之笔，铺写日常男女之情。"《霣玉怨》后被称为民初三大怨情作品之一。

八月

1日，刘半农的小说《财奴小影》在《中华小说界》第1卷第8期刊出，标"滑稽小说"，署"半侬"。

22日，《欧洲风云周刊》在上海创刊。由中外编译社编辑及发行。设有本社评论、战争论丛、战地特别通讯、欧洲战纪、战事丛谈、小说等栏目。内容有欧洲参战各国的状况及他们之间的关系、中国在战争中的态度、战争对中国的影响及后果等。停刊时间未详。

同日，鲁迅与许寿裳同至钱粮胡同，谒见章太炎。他们又于次年1月31日、2月14日、5月29日等多次看望章太炎。

23日，绍兴县教育会召开会议，决议将《绍兴县教育会月刊》改为《绍兴教育杂志》，周作人仍任主编。

本月，孙中山领导的"二次革命"失败。第一次世界大战爆发后，袁世凯政府刊出中立宣言。

本月，李根源等在日本东京成立"欧事研究会"，陈独秀参加了该会。该研究会主要成员有黄兴、李烈钧、熊克武、钮永建、冷遹、程潜、殷汝耕、陈炯明、邹鲁、李书诚、谷钟秀、沈钧儒、李明杨等一百多人。对于该会的评论，诋誉均有。有人说这些人都因不同意孙中山改组国民党为"中华革命党"，而从同盟会中分裂出来自成一派，未必尽然，陈独秀在该会中没有什么活动。后来，他评论"欧事研究会"时，称它是右派，以后又演变成为支持北洋政府段祺瑞的"政学会"。

本月，《好白相》旬刊在上海创刊。由池龙（嵇中散）、治安（陈耕渔）编辑。内容大都是小说，长篇有慧禅的《春闺梦》、飞鸿子的《东郭传奇》以及如湛的《劫后姻缘》（后又改名《玉鱼缘》）。短篇如休宁华魂的《伯鸾怨》、痴魂的《鸳鸯惨劫》，由新民社排成新剧，演诸红氍，引起社会注意。又池龙的《凤鸾劫》、病尘的《情疑》，都是一个类型的作品，只刊出十期。

本月，《江东杂志》在上海创刊。由师伶、破浪、天逸、阿素、啸霞轮流编辑，主要撰稿人还有善身、卧云、文兰等，皆署笔名。宗旨是提倡趣味文学，主要刊载"鸳鸯蝴蝶派"作品。停刊时间未详。

本月，康有为、梁启超的《康梁文集》由共和编译局出版。但康梁师生之间，当时关系很冷淡。康有为自本年归国以来，一再拒绝袁世凯的邀请，坚持不入政坛，而实际则从事于复辟活动。康有为对梁启超参加袁世凯政府之事，激烈批评甚至于责骂。梁启超对乃师的政治态度以至学术观点，也颇有不赞成处。前此"考文苑"事，虽然由马良实际主持，但梁启超毕竟是三个发起人之一，而康有为竟被排斥于"考文苑"之外。

本月，林梦曾编纂的《中国文学史》（附中国文学史参考书）由商务印书馆印行，至1926年8月出至第二十版。

九月

10日，《小说旬报》第1期在上海创刊。三十二开本，旬刊，国华书局总发行，羽白、英荤、剪瀛编辑。内容以小说为主，兼及弹词、戏剧。1914年9月30日停刊，共出三期。

13日，孙福源（伏园）拜访周作人，约定从周作人学习英文，每周两次。18日，孙福源开始学习。这是周作人与孙福源的最初交往。

20日，《俳优杂志》半月刊在上海创刊。文汇图书局总发行，编辑兼发行人冯叔鸾。创刊号刊出镜若、叔鸾的戏剧评论《伊蒲生（易卜生）之剧》，以及马二的《自由演剧之将来》《演剧之等级》《俳优新志》等评论文章。

23日，胡适做札记《传记文学》，比较东西方传记文学的长短。指出东方向少长传，而短传太略不足以传真写实，不足以写一个人的成长历史。

本月，袁世凯率文武官吏举行祀孔典礼，加紧复辟帝制。

本月，《白相朋友》旬刊在上海创刊。三十二开本，由广益书局发行，胡寄尘编辑，另署编辑人俞松笠、管义华、夏秋风、江风花，另聘柳亚子、胡朴庵为名誉撰述。1914年12月出至第8期，该刊登出特别启事，声称因编者胡寄尘生病，暂行停刊，后未见再出。

本月，苏曼殊所编中英诗歌合集《汉英三昧集》由东京三秀社出版，1923年上海泰东书局再版时改为《英汉三昧集》。

本月，马君武翻译的小说《心狱》由上海中华书局印行，标"社会小说"。是书为［俄］列夫·托尔斯泰著长篇小说《复活》三部中的第一部，译文共57章，马君武以文言从德文译出。尽管这是一个删节译本，仍然受到读者的热捧，1916年9月印行第三版，1933年印行第四版，后收入该书局出版的《小说汇刊》中。阿英曾评价该译作和林纾1918年译的《献身说法》在当时堪称"名著名译"。

十月

1日,《共和杂志》综合性半月刊在四川成都创刊。共和杂志社编辑及发行,社长钟山,总编辑马质,总经理李维霖。设有论说、国内外纪事、小说、丛谈等栏目。以政治性文章为多,还有对国内教育、实业、公债等问题的分析研究。停刊时间未详。

10日,南社在上海愚园举行第十一次雅集。时年柳亚子28岁,被选为主任,总揽社务。

20日,《公言》综合性月刊在长沙创刊。公言杂志社编辑及发行。全刊不设栏目,内容侧重论说、谈丛、诗词与小说,集国内外时事、趣闻、文苑娱乐为一体,有介绍欧洲战争与战史以及达尔文进化论等方面的文章,还刊载当地名流的诗句如王闿运的《湘绮楼最近诗》等。仅见三期。

本月,《眉语》月刊在上海创刊。高剑华主编,新学社发行,1916年出至第18期停刊。此刊系鸳鸯蝴蝶派作家的阵地之一。创刊号《〈眉语〉宣言》称:"花前扑蝶宜于春,槛畔招凉宜于夏,倚帷望月宜于秋,围炉品茗宜于冬。璇闺姐妹以职业之暇,聚钗光鬓影能及时行乐者,亦解人也。然而踏青纳凉赏月话雪,寂寂相对,是亦不可以无伴。本社乃集多数才媛,辑此杂志,而以许啸天夫人高剑华女士主笔政。锦心绣口,句香意雅,虽曰游戏文章、荒唐演述,然谲谏微讽,潜移默化于消闲之余,亦未始无感化之功也。每当月子弯时,是本杂志诞生之期,爰名之曰《眉语》,亦雅人韵士花前月下之良伴也。"

十一月

1日,《剧场月报》月刊在上海创刊。三十二开本,由王笠民编辑,民友社总发行和印刷。此刊于1915年2月停刊,共出三期。

3日,鲁迅作《〈会稽郡故书杂集〉序》。同年十二月载《绍兴教育杂志》第2期,署周作人名。收入1915年绍兴木刻本《会稽郡故书杂集》。后编入1938年版《鲁迅全集》第八卷,《会稽郡故书杂集》收会稽先贤的著作逸文共八种。前四种记载人物事迹;后四种记载山川地理和名胜传说。鲁迅在幼年时代,见到甘肃武威人张澍所撰集的凉州地区文献,深受启发,开始搜集散佚的会稽古籍,中间停顿了一段时间，1910年在绍兴府中学堂任教时重新辑录。本年写成的引序八则，概述了他编纂本书的意图，经过以及八种逸文的原书和作者情况，表现了他对于故乡贤俊名人和美好风土的景仰和热爱，以及善于发掘我国历史遗产的爱国精神和科学态度。

6日，梁启超在北京青年会刊出题为《欧战后思想之变迁》的演讲，演讲稿载本月11日《申报》。

7日，《七襄》旬刊在上海创刊。由七襄社发行，小凤（姚鹓雏）、倦鹤（陈倦鹤）编辑。每月三期，逢七出版。内容以小说为主，并有传奇、话剧、笔记等，与戏剧颇有关系。1915年2月停刊，共出九期。

10日，陈独秀在《甲寅杂志》第1卷第4号上刊出为章士钊《双枰记》所作第二篇序（署"独秀山民"），忆亡友赵声、杨笃生、吴樾、陈天华、何梅士等，叹十年前中国民党之零丁孤苦更甚于今日，赞颂赵等亡友"有道德，有诚意，有牺牲精神，由纯粹之爱国心而主张革命，……不惜自戕以励薄俗"；"自感吾辈迂儒之隐忧得未少减，……坠落不堪，愧对亡友"。《序》还说"作者称此书为不祥之书，献于不祥之社会。书中人不祥之痛苦，予可痛哭而道之。作者及社会不祥之痛苦，予不获尽情痛哭道之者也，呜呼！"宣称同情章士钊的观点，即"对国家主张人民之自由权利，对社会主张个人之自由权利"；认为"团体之成立乃以维持及发达个体权利耳。个体权利不存在，则团体遂无存在之必要"。

同日，在本期的《甲寅杂志》，陈独秀第一次用"独秀"刊出《爱国心与自觉心》，批判传统的"国家观"，认为"土地人民主权者，成立国家之形式耳"；近世国家是指"为国人共谋安宁幸福之团体"。而如今之中国，"民无建国之力"，即没有建设这种近世国家的自觉心；袁世凯政府又"滥用国家威权"，进行种种卖国害民的罪恶活动。

11日，冰心所撰小说《半个滑头》在《共和杂志》第3期刊出，至4期完，署"冰心"。

12日，鲁迅将《会稽郡故书杂集》初稿三册寄给周作人。周作人在本月23日开始校阅，并于25日至清道桥许广记刻字铺定刻木板，第二年的5月21日刻成，书于6月14日印刷完毕，共印一百册。刊行《会稽郡故书杂集》时，署名周作人。但周作人晚年承认："查书的时候我也曾帮过一点忙，不过这原是豫才的发意，其一切编排考订，写小引序文，都是他所做的，起草以致誊清大约有三四遍，也全是自己抄的，到了付印时却不愿出名，说写你的名字吧，这样便照办了。"

20日，周作人在本日出版的《绍兴教育杂志》第1期上刊出《读书论》（署"启明"）。

本月，教育部拟定《整理教育方案》，大力提倡尊孔读经。

本月，南开新剧团正式成立，系南开学校组织。据《剧团成立》介绍："内容分四部，曰编纂部，曰演作部，曰布景部，曰审定部。公举职员团长一人，各部正副部长各一个，庶务兼会计二人，书记二人。当举定时趾周先生为团长，尹劭询先生、陈君钢为编纂部正副部长，马千里先生、黄君春谷为演作部正副部长，华午晴先生、周君恩来为布景部部长，审定部不举职员，即以各部部长任其职。"（1914年11月23日《南开星期报》）从1908年至1937年上演的剧目有一百五十多个。

十二月

10日，《女子世界》月刊在上海创刊。中华图书馆发行，天虚我生（陈蝶仙）编辑，第5期增加醉蝶同编。分设图画、文选、译著、谈丛、笔记、诗话、词诗曲选、说部、音乐、海外奇谈、工艺、家庭、卫生、美术等栏目，文学占全刊约四分之三。1915年7月停刊，共出六期。

20日，周作人的论文《妇女商兑》在《绍兴教育杂志》第2期刊出，署"启明"。

21日，《上海滩》旬刊在上海创刊。三十二开本，由上海夏星社编辑发行，社址设派克路昌寿里。内有"上海闲话"一栏，其中有几篇作者为毕倚虹。同年次月停刊，共出五期。

30日，鲁迅助湖北赈捐两元，收观剧券一枚。1915年1月1日晚鲁迅持此券与许季上同至第一舞台观剧。他这次观剧的印象，后来在小说《社戏》里有所反映。鲁迅曾说"这一夜，就是我对于中国戏告了别的一夜，此后再没有想到他，即使偶而经过戏园，我们也漠不相关，精神上早已一在天之南一在地之北了"。

本月，《销魂语》月刊在上海创刊。三十二开本，其创办人戚饭牛为南社骨干和"国魂七才子之一"，一度任教圣约翰大学教授，曾出版《绿杉野屋诗话》、《红树楼吟草》等书多部。分设小说、尺牍、网珊集、筠绿词、杂俎、歌台月旦等栏。次年一月停刊,共出两期。

本年

本年,《东社》在上海创刊。每年一集,是上海文学社团东社的社刊。先后由上海商务印书馆右文社和文明书局印刷,东社编辑。停刊时间未详,共见三集,第三集出版于1916年。东社创建于1913年夏天,创办人有郭佛魂(郭绍虞)、金天翮、曾泣花、周影竹、吴冰心、黄松庵等。

本年冬,《香艳杂志》月刊在上海创刊。十六开本,主编乃是南社诗人王均卿(刊内署"新旧废物")。据图画栏内每期更换的肖像照注解,其编辑另有张葶孙、邹翰飞、高太痴、徐梦鸥、沈伯经、鼍华室主、平等阁主等。由中华图书馆发行、民友社印刷社承印。1915年冬停刊,共出十二期。本年是鸳鸯蝴蝶派文艺报刊大量流行之年,流行的期刊杂志除了《香艳杂志》外,还有海上漱石生编辑的《七天》(周刊)、师伶、天逸编辑的《江东杂志》、许廑父编辑的《情杂志》、佚名编辑的《上海滩》、以及戚饭牛、奚燕子、汪野鹤编辑的《销魂语》等等。

本年春,李大钊考入东京早稻田大学政治本科学习,广泛阅读社会科学书籍,并开始研究马克思著作。高一涵在回忆录里说:"那时日本西京帝国大学的经济学教授河上肇博士已将马克思的'资本论'译成日文,河上肇博士本人也有介绍马克思学说的著作,守常接触马克思主义就是通过河上肇博士的著作"开始的。日本早期工人运动的著名领袖,社会党领导人之一幸德秋水的著作,也给了他以较大影响。

本年,马君武的《马君武诗稿》由文明书局印行,收诗九十七首,又译有拜伦、歌德等人诗三十八首。所作诗革命思想极浓。马君武自序云:"此寥寥短篇,断无文学存在之价值,惟十年以前,君武于鼓吹新学思潮,标榜爱国主义,固有微力焉,以作个人之纪念而已。"

本年,《民国经世文编》由上海经世文社刊行,共四十册,是研究辛亥革史的重要资料。此外,康有为的《康南海文钞》十二册由共和编译局编集出版;朱双云的《新剧史》由上海新剧小说社发行;《南社》第九集"文录"刊出了柳亚子撰《鉴湖女侠秋君墓碑》和陈去病撰《鉴湖女侠秋瑾传》。

本年，程小青开写"霍桑探案"系列。秋，上海《新闻报·快乐小品》征文，程小青写了小说《灯光人影》应征。这是他首次用"程小青"的笔名写的小说，也是他的第一篇以霍桑为主人公的作品。1919年，他刊出文言侦探小说《江南燕》，受到读者的热烈欢迎。从此之后，他在近三十年的创作中，共创作三十种"霍桑探案小说"，1946年世界书局陆续出版了《霍桑探案全集袖珍丛刊》，共计三十种：《朱项圈》、《黄浦江中》、《八十四》、《轮下血》、《裹棉刀》、《恐怖的话剧》、《最后的归宿》（又名《雨夜枪声》）、《白衣怪》、《催命符》、《矛盾圈》、《索命钱》、《魔窟双花》、《两粒珠》、《灰衣人》、《夜半呼声》、《霜刃碧血》、《新婚劫》、《难兄难弟》、《江南燕》、《活尸》、《案中案》、《青春之火》、《五福觉》、《舞宫魔影》、《狐裘女》、《断指团》、《沾泥花》、《逃犯》、《血手印》、《黑地牢》。《霍桑探案》明显借鉴了《福尔摩斯》，但又有所不同。霍桑是一个具有"侠骨热肠"的私家侦探，跟福尔摩斯一样有着敏锐的观察、缜密的思维，善于逻辑推理，能从蛛丝马迹中推出事物的真相。同时又学识不凡，具有高深的现代科学知识造诣。但他身上有着同时又有坚忍仁义，不慕荣华、富有牺牲精神的中国传统精神。此外，程小青还率先探索中国现代侦探小说理论，他对侦探小说的文学价值、结构方式及陶情益智的功利作用进行了探讨，有许多精辟独到的见解。因而，程小青也被誉为"中国现代侦探小说的鼻祖"。

本年，戏曲女班社"奎德社"本年在北京成立；北京戏曲艺人行会组织"正乐育化会"在北京成立，谭鑫培、田际云任正副会长。

1915年

一月

1日,《小说海》月刊在上海创刊。中国图书公司和记发行,黄山民编辑。1917年12月停刊,共出三卷三十六期。

同日,梁启超在《中华小说界》第2卷第1期上刊出《告小说家(一)》,强调小说的感染、教育作用,并对鸳鸯蝴蝶派小说和黑幕小说泛滥的社会风气提出激烈批评,指出当时小说"其什九则诲盗与诲淫而已,则或尖酸轻薄毫无意义之游戏文也"。认为这是造成当时社会风气一落千丈的一个原因。

5日,《妇女杂志》月刊在上海创刊。商务印书馆发行,妇女杂志社编辑,历任主编为王蕴章、朱胡彬夏。分设图画、论说、学艺、名著、小说、译海、文苑、传记、美术等栏。1931年12月停刊,共出十七卷,每卷十二期。

10日,《游艺杂志》月刊在杭州创刊。该刊十六开本,委托杭州兴业公司印刷。仅见一期,停刊时间未详。《游艺杂志》系浙江报纸《之江日报》社发行的刊物。《之江日报》乃是张树屏集资在1913年2月创刊,同时在杭州和江、浙两省出版。其主笔曾士瀛、徐文藻常在报端抨击复辟政治势力,深为北京筹安当局不满,几次遭查禁厄运。

11日,鲁迅将历来所购石印名人手书及石刻小册,清理汇集,请工人装订成册并开始大量搜集古碑和研究金石。这时正值袁世凯复辟帝制时期。鲁迅后来在《〈呐喊〉自序》中说:"许多年,我便寓在这屋里钞古碑。客中少有人来,古碑中也遇不到什么问题和主义……"其次,钞碑按许广平的理解是:"一方面可以研究中国字体史，另方面可以作为写中国文学史的风俗习惯的正确了解的一面"。

18日，日本帝国主义向袁世凯政府提出"二十一条"，作为支持袁复辟称帝的交换条件。

20日，《大中华杂志》月刊在上海创刊。大中华杂志社编辑及发行，中华书局发行，梁启超主撰。分设图画、文苑、法令、选报等栏目。文苑栏主要撰述人为梁启超、章太炎、康有为、林纾、王湘绮、王尺荪、桂伯华等。该刊于1916年12月停刊，共出二卷，每卷十二期。

同日，马君武所译［德］许雷（今译"席勒"）的五幕历史悲剧《威廉退尔》开始在《大中华杂志》第1卷第1期连载，标"国民戏曲"，署"马君武"，至第1卷第6期（1915年6月20日）完。

25日，《中华学生界》月刊在上海创刊。中华学生界社编辑及发行，中华书局总发行。全刊除设图画与国文成绩（专载学生习作）外，其余文章混排。1916年出至第2卷第6期停刊，共出十八期。刘半农在创刊号上刊出短篇小说《终身恨事》，署"半侬"。

同日，《中华妇女界》月刊在上海创刊。中华妇女界社编辑发行，中华书局发行。全刊除设图画、文艺、国文成绩、特别纪事栏外，其余类目均混排。1916年6月停刊，共出十八期。刘半农在创刊号上，刊出"家庭小说"《忏吻》，署"半侬"。

29日，袁世凯指使其御用机构"政治会议"，通过祭天、祀孔两个决议案，掀起复辟、尊孔的逆流。

本月，罗振玉撰《殷墟书契考释》一卷成，该书在内容上多采王国维之说，写成后又请他为之校写，并为之撰前后序各一篇附之。王国维在《〈殷墟书契考释〉序》中称赞此书为"三百年来小学之一结束也"。

二月

1日，刘半农的小说《福尔摩斯大失败》（1—3案）在《中华小说界》第2卷第2期上刊出，标"滑稽小说"，署"半侬"。同期，刘半农还刊出书信《剧话》，此系他与恽铁樵有关戏剧问题见解的通信摘录。

同日，《莺花杂志》在上海创刊。由上海新中华图书馆总发行，中新书局代印。

十六开本，署为月刊，实为不定期刊。第2期于同年四月出版，第3期延至次年五月出版后即停刊。

2日，鲁迅得陈师曾为作冬花四帧，原画现存。陈师曾多次为鲁迅作画。1914年12月10日《鲁迅日记》载："陈师曾为作山水四小帧，又允为作花卉也。"可见这次送画，是履行前约。周作人说，民国初年，"师曾的书画篆刻已大成就，很为鲁迅所重"。1933年，鲁迅郑振铎编印的《北平笺谱》中，收录了陈师曾作"梅花笺"、"花果笺"、"山水笺"共三十二帧。在《〈北平笺谱〉序》中，鲁迅还说："及中华民国成立，义宁陈君师曾入北京，初为镌铜者作墨盒、镇纸画稿，俾其雕镂；既成拓墨，雅趣盎然。不久复廓其技于笺纸，才华蓬勃，笔简意饶，且又顾及刻工省其奏刀之困，而诗笺乃开一新境。"

陈师曾（1876—1923），画家、学者。又名衡恪，号朽道人、槐堂。生于湖南凤凰，祖籍江西义宁（今修水）。湖南巡抚陈宝箴孙，陈三立长子，陈寅恪之兄。曾留学日本，攻读博物学，归国后从事美术教育工作，1913年到北京，历任北京各大学教授。善诗文、书法，尤长于绘画、篆刻。其山水画注重师法造化，从自然景观中汲取创作灵感；写意花鸟画画风雄厚爽健，富有情趣；人物画以意笔勾描，注重神韵，带有速写和漫画的纪实性；风俗画多描绘底层人物。著有《中国绘画史》、《中国文人画之研究》、《染苍室印存》等。

4日，袁世凯制定《教育纲要》，是日，由国务卿徐世昌发交教育部，并令该部"分别妥订细目，缮具正式公文呈明次第办理"。《纲要》共分"总纲"、"教育要旨"、"教科书"、"建设"、"学位奖励"五项，其中"教育要旨"规定："各学校均应崇奉古圣贤以为法师，宜尊孔以端其基，尚孟以致其用。"

7日，吴稚晖至法国南部都鲁斯，与李煜瀛、蔡元培、张继等发起组织"世界编辑社"，未成。夏，又与李煜瀛等发起"勤工俭学会"，主张以工资学。吴稚晖复与蔡元培等四人倡议组织国史馆条例。

本月，袁世凯称帝心切，急于取得日本的支持，竟不顾亡国灭种的危机，派外交总长陆征祥，次长曹汝霖与日本驻华公使日置益，参赞小幡酉吉开始秘密谈判"二十一条"问题，准备大肆卖国。当日本帝国主义灭亡中国的"二十一条"的消息在报上透露后，我国留日学生总会立即召开会议。会上公推李大钊为文牍干事，负责起草通电——《警告全国父老书》。文章痛陈了甲午海战以来列强瓜分中国的情况:"日人挟其战胜之余威,索我辽东半岛","《卡西尼中俄密约》之结果,旅大租于俄,广州租于法,威海租于英,胶州租于德。意大利闻而生心,亦欲据我三门湾"。庚子之后,帝国主义更加如"争食之饿虎"强行瓜分中国,"英之于西藏及长江流域也,俄之于外蒙、伊犁也,日之于福建、南满也,法之于滇,德之于鲁也。或由战胜攻取,或由秘密缔约,或由清廷断送,或由列国协谋"。

本月,徐枕亚的长篇小说《雪鸿泪史》由大众书局出版。此系文言小说,初载1914至1915年《小说丛报》,是《玉梨魂》的姐妹篇。

三月

5日,吴梅的杂剧《白团扇》在《女子世界》杂志第3期开始连载,至第6期(1915年7月6日)完。

11日,袁世凯颁布《褒扬条例》规定:凡"孝行"、"妇女节操可以风世者",由大总统给予"匾额题字,并金质或银质褒章",受褒人及其家族"愿建坊立碑者,得自为之",以宣扬和维护封建纲常名教。

14日,时任《甲寅杂志》主持人章士钊致信胡适。对他投寄所译《柏林之围》一稿表示谢意,告知已登入四期,并说:"曩在他报获读足下论字学一文,比傅中西,得未曾有,倾慕之意,始于是时。不识近在新陆所治何学?稗官而外,更有论证论学之文,尤望见赐,此吾国社会所急需,非独一志之私也。"又嘱:"能作通讯体随意抒写时事,以讽示国人,亦所尸祝者也。""同学中能文之士并望广为介绍。钊又及。"

15日,《双星杂志》月刊在上海创刊。双星杂志社编辑及发行,文明书局发行,创办人及主编黄松风、朱抱一。首期刊载西神残客、姚鹓雏的《发行词》各一。内容设有长短篇小说、传奇、文苑、话剧和京剧方面的论说、剧本及野史、剧评、杂俎、词话、曲话、艳屑、弹词、美术、谐海、幻术等栏。共出八期。

18日,上海绅商学界三、四万人,在张园召开国民大会,反对中日"二十一条"交涉。会议决议排斥日货,储金救国。自日本提出"二十一条"后,北京、上海、汉口、广州、奉天、吉林、哈尔滨等地,先后掀起抵制日货运动,致使日本对华输出商品锐减。

25日，袁世凯通令各省，严禁人民抵制日货。

本月，《小说新报》月刊在上海创刊。上海国华书局发行。第1卷第1期至第5卷第7期，编辑主任李定夷；第5卷第8—12期编辑许指严；第6卷第1—12期，编辑兼校订包醒独；第7卷第1—12期，编辑贡少芹；第8卷1—9期，编辑主任天台山农，理事编辑朱大可，编辑兼校订陈逸民。第7卷时曾出过闰五月增刊号一册。1921年曾停刊一年，1923年9月停刊，先后共出了九十四期。为鸳鸯蝴蝶派期刊中出版时间较长、影响较大的大型刊物之一。设有长短篇小说、传奇、弹词、笔记、艳藻、艺府、谐薮、花史、谜海、风俗、剧话、剧本、译丛等栏目，拟与《小说丛报》相抗衡。撰稿者先后有陈蝶仙、周瘦鹃、吴双热、江山渊、胡寄尘、吴绮缘、刘哲庐、许廑父、姚民哀、林琴南、程小青、徐卓呆、张碧梧、郑逸梅、包醒独、李涵秋、徐哲身、赵眠云、朱瘦菊、王西神、严独鹤、范烟桥等。刊登的小说有《同命鸟》、《新上海现形记》(定夷)、《无边风月传》(双热)、《恐怖党》(瘦鹃译)、《鹦鹉晚香》(蝶衣)，还有《星剑侠传奇》(东园)、《钿影钗光录》(廑父)、《冤海燃犀》(好事、轶池)等。

本月，《戏剧丛报》月刊在上海创刊。十六开本，戏剧丛报社编辑，上海新剧小说社发行，创办人及编辑主任夏秋风(夏维春，秋风馆主)，编撰人胡寄尘、俞剑尘、钱化佛等。设图画、论说、剧评、商兑、传记、小说、脚本、杂俎、文府、译著、余兴数栏。此刊的图画栏保留了著名新旧剧家梅兰芳、郑正秋、胡恨生、朱双云、潘月樵、夏月恒、毛韵珂等人珍贵的舞台剧照。只见一期，停刊时间未详。创刊号刊出了夏秋风的《旧剧与历史》、《新旧剧之比较观》，白苹的《外国人之论中国旧剧》等文章。

本月，柳亚子编《南社丛刻》第十三集出版。

四月

2日，袁世凯公布《报纸条例》。其中第十条规定，凡涉及"淆乱政体"、"妨害治安"的一概不准登载，违者重罚。

10日，周作人定字启明，别号持光。持光系希腊"晨星"——dowodoopos的字意。据周作人《知堂回想录》回忆："章太炎先生于一九○九年春夏之间写一封信来,招我们去学梵文,写作'豫哉启明兄',我便从此改写启明。"

14日,《国学杂志》月刊在上海创刊。由国学昌明社发行,倪羲抱编辑。名为月刊,实为不定期刊。分设总论、经学、小学、史学、舆地学、兵学、文学、学术、附录栏。1917年1月停刊,共出八期。

本月,《滑稽时报》月刊在上海创刊。由上海有正书局总发行,系上海大报《时报》馆编辑汇印的文学杂志。《时报》乃是狄葆贤(楚青)于1904年6月21日创刊的,1911年该报出版了它的文艺副刊,取名《滑稽时报附刊》,由包天笑主编。不久又改名为《滑稽余谈》,《滑稽时报》即是继其后于1915年4月作为期刊单独发行的一份刊物。编辑是谁并无署名,但稿件却取自于该报副刊未发之文。从编排体例和风格审视,包天笑主编的可能性较大。《滑稽时报》为十六开大本,共出四期,于同年十一月停刊。

本月,钱须弥编《太炎最近文录》由上海国学书室铅字排印出版,内容分为发刊辞、论说、书牍、附录四类,凡一册。文录所收,大多是章太炎辛亥革命返国后至1913年间,刊出在这部报刊上的宣言、函电、演说及发刊辞等。附录中有较多辛亥革命以前的作品。

本月,梅兰芳到上海观摩学习时装戏和京剧之后返北京,从本月起至1916年9月编演了如《孽海波澜》、《一缕麻》等十一出时装新戏。

五月

1日,《光华学报》双月刊在武昌创刊。武昌中华大学发行,恽代英、陈时等编辑。分设图集、丛论、学海、译玄、评林、艺苑、思潮等栏目。恽代英在该刊刊出了多篇政论文、随笔和诗词。仅见五期,停刊时间未详。

同日,刘半农的《外交小说·烛影当窗》在《中华小说界》第2卷第5期上刊出,署"英国文豪柯南达里著,半侬译"。

9日,当袁世凯接受"二十一条"的消息传来时,章士钊写下了《时局痛言》一文,对袁世凯政府提出了严厉的批判。承认"二十一条"是"史中奇辱"。据他分析:中国之所以不亡,"乃列强均势之赐"。反之,有帝国主义在中国互相牵制着,日本就不敢并吞中国。因此,承认"二十一条"是政府之咎过。当初的对策应该是不宣战亦不承认，不予之口实为出兵借口，看他且奈我何。若公然犯我，则通告各国，彼得曲名，而犯众怒，将无以善其后。最后作者说，可哀可痛之举，数不胜数，"此非人之来伐，而己之自割也"。他希望国人自立自强，克服危难。但当道者置国家而不顾，尽情享乐，比如"近者凤凰城破，而戏称寿不休，台湾赔割，而泄沓怠傲如故"，如此，国家何以得治。所以作者才下痛言。

同日，南社在上海愚园举行第十二次雅集。柳亚子赴雅集途中，有感于袁世凯接受日本提出的"二十一条"要求，在车上口占二绝，有"至竟何关国家事，羞教人说是诗人"。

22日，《时报》刊出《章氏丛书》广告，其末云："一、本书《丛书》原由先生及门诸君编录，现复经先生自行审定，略加修改，《文录》中并增若干篇。二、《訄书》一种，先生改名《检论》，大加修改，与初印本绝异。"据此推断，《检论》的最后定稿时间，可能延迟至1915年年初。《检论》即《訄书》的修改增删版，这是章太炎最重要、最具代表性的学术成果之一。这部著作的修改完成，前后历时十几年之久。

同日，《中国白话报》旬刊在上海创刊。宗旨为"灌输政治常识，引起真正民意"，鼓吹"从根本上"爱国救亡，宣扬近代资产阶级的国家观念、民主意识，对袁世凯通知表示不满，同时报道日本侵略、"要索"中国的事实。设有言说、时事、批评、特著、译丛、戏曲、小说等栏目。停刊时间未详。

本月，《新剧杂志》月刊在上海创刊。新剧杂志社编辑及发行，创办人经营三、杜俊初，发行人张蚀川，编辑夏秋风，主撰管义华、许啸天、王瘦月，另聘名誉撰述者柳亚子、胡寄尘、蒋箸超、江季子。同年七月停刊，共出两期。

本月，《摩尼》旬刊在上海创刊。又名《最新小说旬刊》，三十二开本。创办人摩尼社社长沈印秋，摩尼小说社发行，民友社印刷。第1期由陈血香、庄病骸编辑，第2期由陆蛰民编辑。全刊无栏名，除附有社长及诸编辑肖像外，余皆为各类小说。……所见两期，均是短篇创作，且以文言体见多。

本月，柳亚子编《南社丛刻》第十四集出版。

本月，林纾、陈家麟合译的《哀吹集》由商务印书馆印行，收巴尔扎克短篇小说《猎者斐里朴》、《耶稣显灵》、《红楼冤狱》和《上将夫人》。译本注法国"巴鲁萨"，这是巴尔扎克在中国第一次出现的汉译名。

六月

5日，鲁迅夜补修《汉碑篆额》。鲁迅对书籍、拓本十分爱惜，专门备有修书工具；遇有破损的书籍或残碑，除请工人修裱外，还经常自己动手修补或装订。本月8日晚又修钉《金石萃编》。川岛在《鲁迅先生生活琐记》中说："有时从他那里借来一部线装书，有的书页分外板正，书头洁净，钉着双线，也是他亲手装订收拾过的。"

10日，郁达夫在上海的《神州日报》"文苑"上刊出署名"郁达夫"的《日暮归舟中口占再叠前韵》诗作一首，这是他在《神州日报》刊出一系列旧体诗作的开始。

22日，为加强反动统治，镇压革命党人，袁世凯颁布《惩办国贼条例》。几乎与此同时，广东、湖北、湖南、安徽、奉天等地国民党反袁武装、团体和机关连遭破坏，大批国民党人被拘捕或枪杀。

本月，柳亚子与高吹万、姚石子合资印行《三子游草》，系在沪、杭游程中所撰诗的汇集。

七月

1日，刘半农在《中华小说界》第2卷第7期上刊出《杜瑾讷夫之名著》，署"半侬译"。杜瑾讷夫，今译屠格涅夫。作者的译序里介绍了这个作家："俄国文学家杜瑾讷夫，与托尔斯泰齐名。托氏为文，浅淡平易者居大半，其书易读，故知之者较多；杜氏文以古健胜，且立言不如托氏显，故知之者少。至举二氏并论，则实不能判伯仲。杜氏成书凡十五集，诗文小说并见，然小说短篇者绝少，兹于全集中得其四。曰《乞食之兄》，曰《地胡吞我之妻》，曰《可畏哉愚夫》，曰《嫠妇与菜汁》，均为其晚年手笔。案：杜氏生于1818年，卒于1883年，此四篇，成于1878年2月至5月间，时年已六十。措辞立言，均惨痛哀切，使人情不自胜。余所读小说，殆以此为观止。"

8日，孙中山在日本东京举行中华革命党成立大会并公布宣言。"以扫除专制政治，建设完全民国为目的"，力主武装讨袁。

10日，陈衍的《石遗室诗话续编》在《东方杂志》第12卷第7号开始连载，署"侯官陈衍"。

同日，陈独秀的诗作《远游》、《夜雨狂歌答沈二》及为苏曼殊《绛纱记》所作的序在《甲寅杂志》第1卷第7号刊出。在序中，陈独秀自叙"予性懒惰，每日靧面进食，且以为多事，视执笔为文，宁担大粪"。叹曰：死与爱是"人生最难解之问题"。佛教之"十二因缘"说"不可说其究竟"，而耶稣之解释比佛教"妥帖而易施"。读者梁漱溟写了一封长信抗议此《序》"讥难佛理"。几年以后，梁又以一篇论佛理的文章，毛遂自荐于北大文科学长陈独秀，得聘为教授，在北大讲"印度哲学"。不久，以《东西文化及其哲学》一书出名。

同日，陈独秀选录的四川吴虞《辛亥杂诗》，并加诠释，载《甲寅杂志》第1卷第7号。从此这两位"打倒孔家店"的名将发生关系。

吴虞（1871—1949），学者。原名姬传、永宽，字又陵，亦署幼陵，号黎明老人。四川新繁人。1906年留学日本，回国后任四川《醒群报》主笔，鼓吹新学。1910年任成都府中学堂教习，不久到北京大学任教，并在《新青年》上发表《家族制度为专制主义之根据论》、《说孝》等文，猛烈抨击旧礼教和儒家学说，在"五四"时期影响较大。胡适称他为"中国思想界的清道夫"，"四川只手打倒孔家店的老英雄"。

同日，苏曼殊的短篇小说《绛纱记》，在《甲寅杂志》第1卷第7号刊出。小说以四对青年的爱情为题材，展现了辛亥革命前"山雨欲来风满楼"的革命形势，批判了以金钱财富为主轴的婚姻。

20日，谢无量的《德国大哲学家尼采之略传及学说》在《大中华杂志》第1卷第7期刊出，至第8期（1915年8月20日）完。

本月，章太炎的《章氏丛书》由上海右文社铅字排印出版，共两函，二十四册。《章氏丛书》所收均为学术著述，且经章太炎亲自审定，但章太炎对右文版的排印质量颇有意见，致龚宝铨的信中多次谈及，并谋重新刊刻。

八月

1日，《小说大观》季刊在上海创刊。上海文明书局和中华书局共同发行，编辑包天笑，发行人沈芝芳。1921年6月停刊，共出十五集。包天笑编《燕支井》（庚子纪念剧本），载《小说大观》第一集。是刊为鸳鸯蝴蝶派刊物。其《例言》里自称："所载小说，均选择精严，宗旨纯正，有益于社会，有功于道德之作，无时下浮薄狂荡诲盗导淫之风。""所载小说，均当世有名文家，所有撰译，皆负责任，决无东钞西袭改头换面之弊。""无论文言俗语，一以兴味为主，凡枯燥无味及冗长拖沓者皆不采。"该刊多登载长短篇小说或笔记，每集刊长篇小说三四种，短篇小说十余篇。除篇幅长达十余万字或二十余万字的作品进行连载以外，其余均一次刊登。小说杂志采用季刊的形式出版，此为创始。内容有政治、外交、历史、社会、伦理、家庭、学校、言情、纪实、警世、军事、侦探、神怪、滑稽、科学等各类小说，亦有译作。除小说外，尚有剧本、笔记、日记、宫词、外传、蠹余录等栏目。各种作品多为文言。每集篇首有铜版插图十余幅，内容为仕女、名画、风俗、名胜风景等。

同日，《通俗杂志》半月刊在上海创刊。通俗杂志社发刊，汪建刚发行，李辛白编辑。全刊分设演说、时事、特著、译丛、小说、戏曲、词林、杂录等栏目。

10日，袁世凯授意其政治顾问、美国人古德诺刊出《共和与君主》一文，制造称帝舆论。

同日，李大钊的论文《厌世心与自觉心》一文在《甲寅杂志》第1卷第8号刊出，批评陈独秀《自觉心与爱国心》一文"厌世之辞嫌其泰多，自觉之义嫌其泰少"；人心所蒙之影响"甚巨"。认为方今政象阴霾，众生厌倦，"作者之责在于奋生花之笔，扬木铎之声，激吾民之觉悟"。又说陈独秀之文的言外之意，"未为牢骚抑郁之辞所尽也"，"欲寻自觉之关头，辄为厌世之云雾所迷"，所以世人"赞可与否，似皆误解"。

同日，苏曼殊的小说《焚剑记》在《甲寅杂志》第1卷第8号刊出，署"昙鸾"。

14日，杨度、孙毓筠、严复、刘师培、李燮和、胡瑛等组织"筹安会"并刊出宣言，以研究"共和政治得失"为名，鼓吹帝制，为袁世凯称帝敲起了开场锣鼓。

20日，《船山学报》在长沙创刊。原月刊，第7期起改季刊。由湖南船山学社印行，历任编辑刘人熙、曹左熙、余明谔等。1917年8月停刊，共出八期。1932年12月复刊，卷期另起，至1938年6月停刊，又出了二十五期。

同日，梁启超的论文《异哉所谓国体问题者》在《大中华杂志》第1卷第8期刊出，批评组织筹安会和鼓吹帝制。此文刊出后，梁启超接到许多匿名的诬陷信。

同日，周作人的"读书杂录"二则《建初买山题记》和《萧二将祠堂记》在《绍兴教育杂志》第9期刊出，署"启明"。

23日，"筹安会"宣告成立，并拼凑所谓"公民请愿团"，请求参政院议决实行君主立宪。但袁世凯却嫌如此"民意"还装点得不够冠冕堂皇，假惺惺地要"征求多数国民之公意"。因此参政院又于9月20日议决以"国民会议"代表"多数国民之公意"。9月26日，袁世凯大搞尊孔活动，为其复辟制造舆论。本日政事堂礼制馆拟定《祀孔典礼》一卷，并附说明书，经国务卿徐世昌核定，袁世凯批令执行。

28日，《世界观杂志》月刊在成都创刊。世界观杂志社编辑及发行，发行人傅殷弼。分设插画、论说、学艺、文苑、杂史、传奇、小说等栏。约同年年底停刊，共见五期。

本月，王国维撰成《袴褶服考》，后改为《故胡服考》，刊入《国学丛刊》第18期。是文叙述了胡服行于中国的经过，及流入中国后历朝变革的大致情况，研究了我国古代汉族与北方少数民族文化的关系。

本年

按《太炎先生自定年谱》，吴承仕本年就学于章太炎。章为吴说内典及诸子学，兼及小学等，由吴承仕录为《菿汉微言》。这两件事情都很值得重视。章太炎治佛学及诸子学，是作为哲学来研究的。他的《自述学术次第》所论十个方面中，这一方面列为第一，可以反映这在他心目中的地位。然而，尽管章门弟子众多，有造诣有成就者不少，佛学和诸子学方面却乏传人。章太炎对此深怀遗憾，时有流露。朱希祖1936年7月《致潘承弼书》中回忆说："先师尝言经史小学传者有人，光昌之期，庶几可待；文章各有造诣，无待传薪，惟示之格律，免入歧途可矣。惟诸子哲理，恐将成广陵散矣。此二十年前在故都绝粒时之言也。"

本年，王国维《宋元戏曲史》由商务印书馆出版单行本，此后又多次重印。该书主要内容：一、上古至五代之喜剧，二、宋之滑稽戏，三、宋之小说杂剧，四、宋之乐曲，五、宋官本杂剧段数，六、金院本名目，七、古剧之结构，八、元杂剧之渊源，九、元剧之时地，十、元剧之存亡，十一、元剧之结构，十二、元剧之文章,十三、元院本,十四、南戏之渊源及时代,十五、元南戏之文章,十六、余论。最后附录元戏曲家小传。在《宋元戏曲史》之前,王国维曾先行完成《曲录》(1908)、《戏曲考原》(1909)、《优语录》(1909)、《唐宋大曲考》(1909)、《录曲余谈》(1910)、《古剧脚色考》(1911)等著作。可以说,《宋元戏曲史》实际上是在上述诸书的基础上,稍加剪裁而成。《宋元戏曲史》主体部分虽在"宋元",但实际亦包括"宋元"之前各种现象和事实的考察,从著述体例看,是一部起自上古、止于宋元的戏剧史著作,是当时论中国戏曲源流最系统也最精博的著作,也是开山之作。

本年,蒋瑞藻的《小说考证》前十卷由上海商务印书馆出版。该书钩辑了大量小说研究资料,较鲁迅《中国小说史略》的出版尚早十二年。此后,蒋瑞藻又完成《戏剧考证》一卷,增辑《续编》五卷,以及《拾遗》一卷。1919年,商务印书馆将这前后十七卷归集为《小说考证》合订本出版。

本年春,周作人在《叒社丛书》第2期上刊出《英国最古之诗歌》(署"启明")、《〈新希腊小说三篇〉译记》(署"启明")。前者介绍了英国最古老的长诗《培阿邬尔夫》,周作人称该书为"英国之圣书"。

本年,容闳的自传《西学东渐记》由商务印书馆出版节译本。原书用英文写作,书名直译当作《我在中国和美国的生活》,共二十二章,1909年由纽约亨利·霍尔特图书公司(Henry Holtand Company)出版。

本年出版的小说有:话本小说选集《京本通俗小说》,由缪荃孙辑录、作跋、刊印;《续海上繁华梦》单行本,海上漱石生(孙玉声)著,由民权出版部刊行。

本年,在戏剧方面,京剧改革家汪笑侬从上海到北京,加入翊文社,排演时装京剧,并编排了《党人碑》一剧,用以讽刺袁世凯的卖国行径;王大错编《戏考》(京剧剧本集)初版开始出书,至1925年出齐,计四十册,收京剧(包括部分梆子戏、昆剧)剧本近六百出。而郑正秋领导的新民剧社开始以家庭题材为内容编演新剧,各地剧团加以仿效,新剧走上庸俗的商业化道路。

本卷主要作家人名索引

A

阿　素　156
阿　英　2　24　36　37　70　87
　　　　107　157
安镜全　31

B

白逾桓　68
包公毅　8
包天笑　11　34　56　65　76　78
　　　　80　81　84　93　97　100
　　　　103　117　126　168　172
包醒独　167
抱　真　92
毕倚虹　160
冰　心　159
病　尘　156
不　才　99

C

蔡乐苏　2
蔡元培　58　89　108　109　110
　　　　117　122　123　125　135
　　　　165
蔡召华　46
蔡哲夫　67　83　116　123
惨　佛　149
惨　缘　101
沧　浪　99
曹祖参　30
曹左熙　172
长　佛　92
怅　庵　92
怅　盦　88
陈宝琛　30
陈伯平　20
陈布雷　75　118
陈春生　6　48

| 陈大镫 51 55 72
| 陈蝶仙（天虚我生） 24 25 99
| 138 141 160 167
| 陈匪石 149
| 陈黻宸 52 53 74
| 陈耕渔 156
| 陈孤雁 141
| 陈国权 14
| 陈鸿璧 16 100
| 陈华同 67
| 陈焕章 129 137
| 陈家鼎 14 21
| 陈家麟 48 50 51 55 60 72
| 82 91 124 169
| 陈景韩 11 13 28 33 62 65
| 76 77 78 80 82 106
| 陈平伯 35
| 陈其美 77
| 陈去病 7 25 31 61 66 67 72
| 76 87 90 99 134 162
| 陈泉清 117
| 陈三立 54 62 165
| 陈师曾 57 165
| 陈陶遗 67 123
| 陈蜕庵 121 123 133
| 陈训正 75 118
| 陈逊宜 128
| 陈　衍 29 30 36 54 86 124
| 125 132 137 171

陈以益 55
陈逸民 167
陈玉澍 12
陈　渊 20
陈援庵（陈垣） 91
陈止澜 75
陈志群 20
陈仲衡 50
程小青 162 167
痴　魂 156
池龙（嵇中散） 156
仇　鳌 125
褚嘉猷 7 8
褚灵辰 47
纯　中 133

D

戴季陶 75 112 139
邓慕韩 83
邓　实 105
狄葆贤 84 168
丁宝臣 15
丁传靖 49
丁惠康 60
丁世峰 124
杜俊初 150 169
杜协民 85
杜学衡 71
段瑞兰 28

铎　　人　92

F

樊志厚　154

范光启　83

范鸿仙　50

范韵鸾　104

方笛江　27

方宗鳌　132

飞鸿子　156

冯　开　75

冯梦祖　136

冯世德　16

冯叔鸾　157

冯心侠　67

冯　煦　53

冯有为　77

负剑生　99

傅殷弼　173

G

甘作霖　110

高汉声　59

高剑父　116

高剑华　158

高奇峰　116

高太痴　161

高燮（吹万）　25　83　123

高　旭　7　25　27　66　67　72　81　83　90　103　106　121

高一涵　150　154　161

高　缨　7

葛啸侬　50

龚宝铨　84　171

龚植兰　130

贡少芹　63　167

古盐补留生　26　89

谷剑尘　2

谷思慎　32

谷钟秀　20　145　150　156

顾颉刚　120

顾　琅　6

顾锡爵　71

管西园　40

管义华　157　169

桂伯华　164

郭佛魂（郭绍虞）　161

郭继泰　107　126

郭沫若　99

H

韩天啸　150

韩文举　27　119

杭慎修　65　72

何国桢　73

何海鸣　88　112　118　139

何其芳　110

何　遂　82

何震主 27
何 诹 82
鹤 笙 11
恒 钧 27
洪炳文 15
洪亮吉 58
洪允样 75
侯 毅 33
胡汉民 71 150
胡寄尘 102 104 113 121 135
　　　 157 167 169
胡栗长 67
胡良箴 75
胡石庵 59 104
胡韫玉（朴安）105 123
华承瀛 107
华 兮 41
华子才 28 30 33 35 36 54
化 尘 99
黄伯耀 12 40 70
黄翠凝 54
黄大暹 120
黄 公 20
黄 缓 98
黄季刚（黄侃）57 100 136 142
黄 节 31 105
黄人（黄摩西）70 86 143
黄世仲（黄小配）3 12 28 29
　　　 40 50 54 70 73 84

　　　 97 105
黄松庵 161
黄为基 124
黄 序 35
黄炎培 132
黄一簿 21
黄远庸（思农）124 133
黄 藻 123
黄 增 23
黄遵宪 25 46 87

J

剪 瀛 157
剑影客 69
江家桢 141
江亢虎 102 120 127
江荫香 45
姜梅龄 45
蒋观云 5
蒋景缄 44 70
蒋瑞藻 92 174
蒋翊武 14 89
蒋箸超 112 113 149 169
金 石 7 8 10
金天根 13
金天翮 161
金天朗 7
景定成 32
景 福 129

景耀月　32　67　83　86　103　108
　　　　121
警　僧　10　34
弳　端　43
倦鹤（陈倦鹤）　159
觉　民　85　104

K

康宝忠　142
康有为　2　29　42　43　46　50　51
　　　　53　106　109　128　129
　　　　137　141　142　149　156
　　　　161　164
康仲荦　91
况周颐　37

L

蓝公武　16　83　124
劳乃宣　36　37　68　129
雷昭性（雷铁崖）　28　67
冷　眼　76
藜　青　149
李伯元（南亭亭长）　2　5　13　34
　　　　36　94
李大钊　21　131　134　140　152
　　　　153　154　161　165　172
李　诡　20
李定夷　113　139　151　152　155
　　　　167
李　铎　50
李涵秋　167
李怀霜　75
李葭荣（怀湘）　35　83
李剑农　105
李亮丞　26
李孟哲　83
李梦麟　129
李庆芳　25
李石曾　27
李世中　30　51
李叔同　18　84　113　114　123
　　　　133
李希如　130
李小白　60
李燮枢　50
李心灵　36
李新甫　39
李友琴　54　70　72
李　哲　33
李著强　127
梁冰弦　136
梁纪佩　79
梁启超　51　80　82　87　92　96
　　　　98　105　106　111　124
　　　　129　133　137　138　142
　　　　147　156　158　159　163
　　　　164　173
梁启勋　124

梁慎余　91

梁漱溟　150　171

林百举　121　123

林长民　124

林传甲　86

林　刚　92

林君复　136

林立山　67

林秋叶　67

林　纾　7　16　24　25　26　28　30
　　　　38　42　44　46　48　50
　　　　51　52　55　57　60　67
　　　　68　70　77　82　84　91
　　　　94　114　124　126　132
　　　　134　139　141　157　164
　　　　169

林唯刚　124

林文聪　39

林一厂　115

林映青　75

林紫虬　36　39

刘半农　128　137　140　155　164
　　　　166　170

刘　鹗　31　63

刘复基　14　89

刘光汉　109　136

刘积学　35

刘季平　25　31

刘木铎　77

刘师复　136

刘师培（刘申叔）　21　27　45　109
　　　　115　124　142　150　172

刘铁冷　149　151

柳亚子　2　25　31　43　66　67
　　　　72　76　81　86　87　90
　　　　99　102　103　104　111
　　　　112　114　123　125　130
　　　　133　134　135　143　148
　　　　151　157　158　161　167
　　　　169　170

卢谔生　15

卢天白　142

鲁迅（周树人）　3-10　17　18　22
　　　　34　37-41　46　48　52　57
　　　　58　59　62　64　68　84
　　　　89　91　92　93　110　112
　　　　114　117　119　121
　　　　128-131　134　136　137
　　　　140　146　148　154　156
　　　　159　160　161　163　165
　　　　170

陆恩熙　94　95

陆费逵　9　106

陆光熙　45

陆鸿逵　68

陆恢权　27

陆镜若　18　62　78　80　87　113

陆秋心　42　83

陆士谔	49　54　59　63　68　70
	72　76　79　85　89　96
	99　107
吕凤痴	132
吕思勉	32
吕志伊	117　121
罗　纶	98
罗振玉	86　147　164

M

马绛士	18　113
马君武	7　12　17　105　157　161
	164
马其昶	70　86
马仰禹	5　32
马以君	43
马裕藻	111
马　质	158
麦鼎华	124　128
麦孟华	124
曼陀（杨莹）	22
毛思诚	76
冒广生	53
孟　森	20
孟昭常	20　40
缪荃孙	64　86　174
莫纪彭（侠仁）	47

N

南　溟	75
倪羲抱	168
倪轶池	61
宁调元	14　68　138
牛辟生（匹逊）	112

O

欧阳钜源（茂苑惜秋生）	5　36　67
欧阳予倩	2　18　33　113　144

P

潘飞声	24　53
潘公弼	35　98
潘其璇	128
潘树生	88
潘志僖	16
庞树柏	67　86
佩　华	27
彭翼仲	12
彭　俞	34　54
皮锡瑞	42　76
濮文暹	72

Q

戚饭牛	160　161
齐宋濂	73
钱稻孙	129　150
钱基博	81　149

钱锡宝	18	
钱须弥	168	
钱玄同	53	
钱应清	16	
秦瑞玠	20 40	
秦树声	54	
丘逢甲	111	
秋　瑾	2 20 28 31 34 44 61 75 84 86 95 112 115 124 162	
区声白	136	
屈松声	141	
权　予	149	

P

任鸿隽	148
任丽璠	132
任墨缘	6
任天知	85 91 96 100 104
荣　炳	32
荣福桐	32
容　闳	114

S

善　身	156
邵力子	127
邵振华	60
沈　翀	49
沈粹芬	70

沈丹成	30
沈南雅	122
沈瓶庵	146
沈其昌	23
沈雁冰	2
沈颖若	86
沈宗畸	53
师　伶	156 161
施仁荣	115
时牲（但焘）	21
倏　然	149
睡　狮	91 93
思绮斋	30
松友梅	48
宋教仁	83 89 90 98 101 103 112 116 119 122 124 130
宋　恕	74
苏曼殊	21 31 43 44 55 57 65 86 99 100 113 114 115 116 123 125 135 140 145 149 151 153 157 171
苏　琴	26
孙福源（伏园）	157
孙家鼐	68
孙家振	54
孙剑秋	152
孙诒让	45

孙玉声 74 137 140 174
孙毓修 53 56 57 84 99

T

谈天同 77
汤尔和 33
汤国黎 124
汤化龙 142
汤寿潜 75
汤志钧 42
唐宝谔 2
唐人杰 52 74
唐直仙 132
陶巽人（陶花奴） 80
天悔生 47 73
天　逸 156 161
田　桐 7 16
童苍怀 138
秃　工 99

W

完　公 65
汪精卫 71 119 121 125 145
汪康年 23 104
汪率公 142
汪庆祺 15
汪野鹤 161
汪允中 58
汪兆铭 117 135

汪仲阁 35 98
汪子宾 112
汪宗沂 16
王　灿 143
王朝阳 132
王尺荪 164
王钝根 75 101 138 141 152
王国维 36 48 52 62 69 78
　　　 89 127 147 150 153
　　　 154 164 173 174
王厚齐 77
王均卿 161
王浚卿 87
王闿运 21 86 150 158
王汝通 73
王式通 123
王颂贤 16
王文濡 70
王无生 25 120
王遐龄 80
王宪章 89
王湘绮 164
王蕴章（莼农） 80 81 82 84
　　　 103 116 121 123 163
王之瑞（云五） 35
王钟麒 26 32 39 40 42 50
　　　 59 66 86 128 143
王钟声 19 33 77 80 87
王子贞 15

伟　侯　6
魏　易　7　16　25　26　28　30　38
　　　　42　44　46　50　51　55
　　　　57　60　61　62　68　124
　　　　134
文葆心　130
文　兰　156
文廷式　150
卧　云　156
乌泽声　27
无闷居士　65
吴冰心　161
吴步青　33
吴超澂　12
吴　度　141
吴贯因　124
吴趼人（我佛山人）　4　14　52　69
　　　　75　78　87
吴敬恒（稚晖）　27　89　117　125
　　　　128　130　135　165
吴匡予　39
吴　梅　8　19　21　31　49　66　84
　　　　143　153　166
吴起潜　33
吴弱男　11
吴双热　113　132　138　139　147
　　　　151　153　167
吴我尊　18　113
吴永珊（吴玉章）　38

吴　虞　150　155　171
吴芝瑛　35
吴　仲　53
伍光建　5　31　45

X

西　楞　133
郗朝俊　40
奚　若　8
奚燕子　161
息　观　62
夏丏尊　68
夏秋风　150　157
夏曾佑　124　131　137
夏重民　23
香梦词人　62
项起凤　74
晓　耕　99
啸　庐　45
啸天生　88　92
啸　霞　156
谢慧禅　84　156
谢抗白　18
谢飘云　97
谢诮庄　14
谢无量　171
谢　炘　28
心　石　92
心一（杨心一）　17　100　114

惺 言 99

醒 己 33

熊范舆 20

熊 垓 124

徐凤书 52 74

徐佛苏 80 124

徐寄尘 20 35

徐梦鸥 161

徐念慈（觉我） 9 22 41 47

徐 肃 117

徐天啸 139 151 152

徐文藻 163

徐筱泉 75

徐血儿 127

徐枕亚 113 126 138 139 149 151 166

徐卓呆（徐半梅） 78 80 87 93 97 100 128 167

许伏民 15

许广平 130 149 163

许廑父 161 167

许寿裳 17 37 53 58 68 91 93 128 129 146 148 156

许瘦蝶 142

许指严 85 167

薛大可 20

薛一谔 48 50

Y

严 复 22 77 86 114 121 124 172

严几道 149

严天骏 129

颜观棠 104

杨昌济 150

杨大铸 132

杨笃生 25 159

杨 度 20 21 106 172

杨赫坤 132

杨季威 124

杨曼卿 48

杨南村 149 151

杨守仁 14 58 101

杨杏佛 121

杨与龄 79 84 96

杨毓辉 2

杨紫驎 8

姚伯欣 73 80

姚宏业 2 4 138

姚石子（姚光） 123 170

姚雨平 113

姚鹓雏 121 123 133 159 166

叶楚伧 42 61 113 123

叶圣陶 90 103 111 119 120 154

乙 符 6

易白沙 154

易本羲　71

易培基　150

殷湘深　54

尹仲材　112

英　蕚　157

忧时子　65

尤半狂　141

于右任　25　26　42　59　65　83
　　　　95　101　115

余天遂　115　123

俞　锷　99

俞剑华　67　86

俞　樾　21　24　58

羽　白　157

郁达夫　170

郁　窾　131

袁文薮　37

袁祖光　44　72

越　卤　26

云间天赘生　96

恽代英　168

恽树珏（恽铁樵、黄山民）　80　81
　　　　163

Z

曾存吴　18

曾俊修　85

曾　培　120

曾　朴　22　106　114

曾泣花　161

曾士瀛　163

曾宗巩　7　16　28　48　82　84

詹大悲　88　99　100

张百麟　130

张百熙　24

张春帆　18　64　70

张丹斧　40

张东荪　16

张萼孙　161

张宏祥　148

张嘉森　124

张鸣珂　41　53

张墨君　100

张镕西　13

张亚昭　115

张一鹏　4

张怡庵　54

张云锦　37

张之洞　29　70

张仲炘（次珊）　130

张竹平　35

章季伟　32

章士钊　57　118　120　121　150
　　　　153　154　159　166　168

章太炎（章炳麟）　8-15　21　22
　　　　23　31　43　45　46　51
　　　　53　57　58　59　69　74-78
　　　　81　86　100　104-111

	114　115　126　136　142
	147–150　156　164　167
	168　169　171　173
章仲谥	32
赵管候	129
赵汉卿	67
赵厚生	67
赵　伸	13
赵世钰	40
赵万里	6
赵　熙	86
赵尧臣	65　72
赵正平	82　90
振　落	91
郑观应	64
郑孝胥	2　62　145
郑胥庵	136
郑正秋	137　149　167　174
钟　山	158
仲　密	51
周桂笙	5　15　19　56　75　80
周宏业	27　124
周家禄	71
周建人	110　111
周善培	124
周　实	69　86
周瘦鹃	82　98　103　104　117
	118　125　149　152　167
周影竹	161

周作人	8　16　29　34　37　45　50
	51　52　53　57　58　59
	80　88　89　92　110　117
	121　129　135　137　138
	140　141–151　153　156–161
	167　173　174
朱抱一	166
朱炳勋	88
朱梁任	67
朱起蛰	148
朱少屏	67　81　103　104　113
	123
朱树人	101
朱希祖	53　68　129　173
朱旭东	116
诸贞壮	67
竹　书	11
庄景和	17
邹翰飞	161

本卷后记

本卷是北京师范大学文学院、福建师范大学文学院部分教师和现当代文学专业研究生通力合作的结果。具体分工如下：

林分份：全卷统稿。

胡福君、林分份：本卷导言。

黄育聪：1906 年 1 月—1908 年 12 月。

曹　典：1909 年 1 月—1910 年 12 月。

余明发：1911 年 1 月—1912 年 12 月。

林分份：1913 年 1 月—1915 年 8 月。

在编年史初稿的基础上，有选择性地吸收了以下成果：

魏绍昌主编：《中国近代文学大系·史料索引集Ⅰ、Ⅱ》，上海书店出版社 1996 年版。

陈文新主编：《中国文学编年史》，湖南人民出版社 2006 年版。

赵山林编：《中国近代戏曲编年》，华东师范大学出版社 2008 年版。

陈大康：《中国近代小说编年》，华东师范大学出版社 2002 年版。

程华平编：《近代上海散文系年初编》，上海教育出版社 2003 年版。

陈平原、夏晓虹编：《二十世纪中国小说理论资料》（第 1 卷，1897-1916），北京大学出版社 1989 年版。

上海图书馆编：《中国近代期刊篇目汇录》，上海人民出版社 1979 年版。

本书的出版是所有参与人员共同努力的结果,我们要对他们的辛苦付出表示谢意。由于工作量大,这一卷编年史可能有疏漏之处,我们真诚地希望诸位专家与广大读者给予批评和指正。

林分份

于北京师范大学